KB135512

나도 문화해설사가 될 수 있다
북한산 둘레길편

초판 발행	2013년 7월 26일
지은이	최동군
펴낸이	서경원
편집	이현지, 정준기
디자인	정준기
사진	도서출판 담디
펴낸곳	도서출판 담디
등록일	2002년 9월 16일
등록번호	제9-00102호
주소	서울시 강북구 수유6동 410-310 2층
전화	02-900-0652
팩스	02-900-0657
이메일	dd@damdi.co.kr
홈페이지	www.damdi.co.kr

지은이와 출판사의 허락 없이 책 내용 및 사진, 드로잉 등의 무단 복제와 전재를 금합니다.

정가 15,000원
저자와의 협의 하에 인지는 생략합니다.

© 2013 최동군, 도서출판 담디
Printed in Korea
ISBN 978-89-6801-013-2
ISBN 978-89-91111-81-3 (set)

나도
문화해설사가
될 수 있다

북한산 둘레길편

글 / 최동군

들어가는 글

최근 들어 전국적으로 걷기 열풍이 대단합니다. 올레길, 둘레길 등 명칭은 각기 다르지만 누구든지 쉽게 자연과 벗하면서 자신의 건강을 유지, 증진하고 또한 주위 사람들과 친목을 도모할 수 있게끔 도와줍니다. 거기에 덧붙여 우리 선조의 정신적, 물질적 유산인 문화재를 만날 수 있다면 금상첨화겠지요?

그런데 굳이 멀리 가지 않아도 남한 전체인구의 절반이 모여 사는 수도권 내에서, 둘레길 탐방과 더불어 다양한 역사와 문화, 종교를 담고 있는 많은 문화재를 만날 수 있는 곳이 있습니다. 게다가 무료입니다. 그곳은 바로 북한산둘레길 입니다.

물론 북한산 둘레길에서 만날 수 있는 각종 문화재 주변에는 지금도 해당 문화재에 관해 설명 해주는 안내판이 있습니다만, 저는 다양한 사람들의 눈높이에 맞는 충분한 정보를 제공함에 있어서는 부족함이 많다고 생각합니다.

이에 저는 지금까지 '나도 문화해설사가 될 수 있다(나문사)' 시리즈를 집필하면서 궁궐편, 사찰편, 능묘편 등 주제별로 나누어 접근했던 방식에서 벗어나, 북한산 둘레길이라는 특정한 지역에 집중하여, 이곳에 있는 다양한 문화재를 쉽게 이해할 수 있도록 하는 작업을 해 왔습니다. 그 결정체가 바로 이 책입니다.

우선 이 책에 실린 문화재들은 북한산 둘레길의 20개 코스를 순서대로 걸으면서 둘레길 주변의 반경 약 400m 이내에서 만날 수 있는 국가지정문화재와 시도지정문화재들을 주요대상으로 선정했습니다. 또한, 책의 내용은 기존 나문사 시리즈 궁궐편, 사찰편과 마찬가지로 엄마, 아빠, 아들, 딸 이렇게 4명으로 구성된 한 가족이 북한산 둘레길로 나들이 겸 문화답사하는 컨셉을 유지하고 있습니다. 책의 난이도는 중학교 1학년 정도의 기준으로 설정했습니다.

이 책의 장점은 실제 북한산 둘레길을 걸으면서 현장에서 직접 활용할 수 있다는 것이고, 자신이 원하는 코스만을 발췌해서 읽어 볼 수도 있다는 점입니다.

이 책의 대략적인 구성은 다음과 같습니다.
둘레길의 〈제1구간~제3구간〉부분은 〈서울시 강북구 우이동, 수유동 지역〉을 중심으로 주로 순국선열 묘역과 국립 4.19 민주묘지가 내용의 대부분을 차지하고 있으며 사찰로는 화계사가 있습니다. 따라서 대한민국의 독립과 민주화를 위해 순국하신 분들에 대해 알아보고 그분들을 추모하는 내용이 주를 이루고 있으며, 화계사를 통해서는 기본적인 불교와 사찰의 이론을 배우실 수 있습니다.

둘레길의 〈제6구간~제7구간〉부분은 〈서울시 종로구 평창동, 구기동〉지역인데 상대적으로 문화재의 출현빈도가 뜸한 곳으로 보현산신각과 탕춘대성 암문이 등장하며, 민간의 산악숭배신앙과 조선시대 성곽의 역할을 알 수 있습니다.

둘레길의 〈제8구간~제11구간〉부분은 〈서울시 은평구 진관동 및 고양시 효자동〉지역을 중심으로 다양한 성격의 문화재가 좁은 지역에 집중적으로 나타납니다. 조선왕실의 종친인 화의군과 영산군 묘역이 있고, 여기소 터, 내시묘역, 송금물침비, 숙용심씨의 묘표, 효자비 등 다양한 문화재가 있으며, 사찰로는 조선시대 한양의 4대 사찰이었던 진관사가 있습니다. 이 구간에서는 비석읽기를 통해 왕실종친과 관련된 조선시대의 관직 및 품계를 알아보고, 진관사를 통해서는 좀 더 심화된 불교 및 사찰의 배치원리와 불교문화재를 이해할 수 있습니다. 특히, 진관사 태극기를 통해서 우리나라의 상징인 태극기의 원리를 재조명 합니다.

이후로는 주목할 만한 문화재가 보이지 않다가 둘레길의 마지막 부분에 근접하여 〈제17구간~제20구간〉까지 〈의정부시 호원동 및 서울시 도봉구 도봉동, 방학동〉지역을 중심으로 의혜공주묘, 정의공주묘, 연산군 묘 와 도봉서원 및 그 진입로에 있는 각석군을 답사하고 공부합니다. 특히, 도봉서원으로 들어가는 길목의 각석군은 옛선비들의 묵향을 느낄 수 있는 수준높은 답사 코스가 될 것입니다.

그런데, 한 가지 아쉬운 점이 있다면 일부 묘역의 경우 사유지에 해당하기 때문에 평상시에는 출입문이 굳게 닫혀 있어 근접하여 답사하기가 쉽지 않다는 것입니다. 또한, 도봉서원도 2014년까지는 복원공사가 진행되기 때문에 직접 답사를 할 수 없으며, 도봉서원까지 가는 도봉계곡 역시 현재 북한산국립공원에서 청정계곡을 보호하고 계곡생태계를 보전하기 위해 출입제한구역으로 설정하고 있기 때문에 각석군 전체를 답사하려면 국립공원관리공단에 별도로 허가를 받아야만 출입할 수 있습니다.

그럼에도 불구하고 북한산 둘레길 코스는 제가 정말 추천해드리고 싶은 가족단위의 나들이 코스입니다. 이 책에 등장하는 제 가족처럼 지금 당장이라도 온 가족이 가벼운 마음으로 간단한 간식을 배낭에 넣고 북한산으로 트레킹을 한번 떠나보시기 바랍니다. 그리고 배낭속에 이 책을 넣어가는 것을 꼭 잊지 마세요!

2013. 4. 14 파주 운정 자택에서

저자 최동군

차례

등장인물 소개

아빠 _ 저자인 최동군

엄마 _ 아빠와 연애 시절부터 고적 및
문화 답사를 함께한 답사 애호가

호림 _ 문화 답사는 관심 제로이지만,
가족과 여행하는 것을 좋아하는 중3 청소년

아름 _ 2013년 현재 중학교 1학년에 재학 중인
저자의 똑소리나고 사랑스런 딸

본문에서의 표시는 동쪽임금 가족의 현재 위치를 나타냄.

북한산 둘레길 개관

북한산 둘레길
개관

구간별 요약표

산너미길 **14구간**
안골계곡
서울외곽순환도로
15구간 안골길
송추마을길 **13구간**
의정부시
화룡탐방
자원센터
원각사 입구
16구간 보루길

도봉산
원도봉입구
17구간
자운봉
다락원길
교현 우이령길 입구
21구간 우이령길
다락원
충의길 **12구간**
● 사전예약을 해야 방문 가능함
우이령길 예약
18구간 도봉옛길
사기막골 입구
무수골
효자길 **11구간**
19구간 방학동길
우이
우이령길
입구
정의
공주 묘
효자동 공설묘지
북한산
20구간 왕실묘역길
내시묘역길 **10구간**
솔밭근린공원 상단
1구간 소나무숲길
백운대
2구간 순례길
방패교육대 앞
이준열사묘역 입구
마실길 **9구간**
진관생태다리 앞
3구간 흰구름길
은평구
8구간
성북구
북한산생태숲 앞
구름정원길
정릉주차장
형제봉
입구
4구간 솔샘길
북한산
생태공원 상단
탕춘대성
암문입구
6구간
5구간
옛성길 **7구간**
평창마을길
명상길

북한산 둘레길 개관

구간명	출발점	도착점	거리	소요시간	난이도
1구간 소나무숲길	우이우이령길 입구	솔밭근린공원 상단	3.1 km	01:30	하
2구간 순례길	솔밭근린공원 상단	이준열사묘역 입구	2.3 km	01:10	하
3구간 흰구름길	이준열사묘역 입구	북한산생태숲 앞	4.1 km	02:00	중
4구간 솔샘길	북한산생태숲 앞	정릉주차장	2.1 km	01:00	하
5구간 명상길	정릉주차장	형제봉 입구	2.4 km	01:10	상
6구간 평창마을길	형제봉 입구	탕춘대성 암문입구	5.0 km	02:30	중
7구간 옛성길	탕춘대성 암문입구	북한산생태공원 상단	2.7 km	01:40	중
8구간 구름정원길	북한산생태공원 상단	진관생태다리 앞	5.2 km	02:30	중
9구간 마실길	진관생태다리 앞	방패교육대 앞	1.5 km	00:45	하
10구간 내시묘역길	방패교육대 앞	효자동 공설묘지	3.5 km	01:45	하
11구간 효자길	효자동 공설묘지	사기막골 입구	3.3 km	01:30	하
12구간 충의길	사기막골 입구	교현 우이령길 입구	3.7 km	01:45	중
13구간 송추마을길	교현 우이령길 입구	원각사 입구	5.3 km	02:40	하
14구간 산너머길	원각사 입구	안골계곡	2.3 km	01:10	상
15구간 안골길	안골계곡	회룡탐방지원센터	4.7 km	02:20	중
16구간 보루길	회룡탐방지원센터	원도봉 입구	2.9 km	01:30	상
17구간 다락원길	원도봉 입구	다락원	3.1 km	01:30	하
18구간 도봉옛길	다락원	무수골	3.1 km	01:30	하
19구간 방학동길	무수골	정의공주묘	3.1 km	01:30	중
20구간 왕실묘역길	정의공주묘	우이 우이령길 입구	1.6 km	00:45	하
21구간 우이령길	우이우이령길 입구	교현 우이령길 입구	6.8 km	03:30	중
합 계			71.8 km	35:40	

구간별 지도

제1구간 소나무숲길

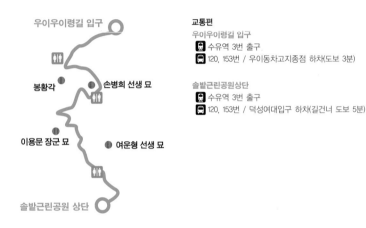

제2구간 순례길

제3구간 흰구름길

교통편

이준열사묘역 입구
- 수유역 1번 출구
- 강북 01번(마을버스) / 통일교육원 하차

북한산생태숲앞
- 길음역 3번 출구
- 1014, 1114번 / 북한산생태숲(종점) 하차

제6구간 평창마을길, 제7구간 옛성길

교통편

형제봉 입구
- 길음역 3번 출구
- 153, 7211번 / 롯데삼성아파트 하차(도보 15분)

탕춘대성 암문 입구
- 길음역 3번 출구
- 7211번 / 구기터널 · 한국고전번역원 하차(도보 10분)

북한산생태공원 상단
- 불광역 2번 출구
- 건너편 7022, 7211번 / 독박골 하차(도보 7분)

제8구간 구름정원길, 제9구간 마실길

방패교육대 앞

화의군 이영 묘역

진관사
숙용심씨 묘표

영산군 이전 묘역
진관생태다리 앞

교통편
북한산생태공원 상단
- 불광역 2번 출구
- 건너편 7022, 7211번 / 독박골 하차(도보 7분)

진관생태다리 앞
- 연신내역 3번 출구
- 7211번 / 진관사 입구 하차(도보 15분)

방패교육대 앞
- 구파발역 1번 출구
- 건너편 704, 34번 / 입곡삼거리 하차(도보 5분)

북한산생태공원 상단

제10구간 내시묘역길, 제11구간 효자길

사기막골 입구

교통편
방패교육대 앞
- 구파발역 1번 출구
- 704, 34번 / 입곡삼거리 하차(도보 5분)

효자동공설묘지
- 구파발역 1번 출구
- 704, 34번 / 효자동마을금고 하차(도보 5분)

사기막골 입구
- 구파발역 1번 출구
- 704, 34번 / 사기막골 하차(도보 5분)

효자비

효자동공설묘지

경천군 송금물침비

내시묘역

여기소

방패교육대 앞

북한산 둘레길 개관

제17구간 다락원길, 제18구간 도봉옛길

교통편
원도봉 입구
🚇 망월사역 3번 출구 – 신흥대학 방면(도보 5분)

다락원
🚇 도봉산역 1번 출구
🚌 106, 107, 108번 / 다락원 하차(도보 8분)

무수골
🚇 도봉역 1번 출구 – 건너편 무수골 방향(도보 15분)

제19구간 방학동길, 제20구간 왕실묘역길

교통편
무수골
🚇 도봉역 1번 출구 – 건너편 무수골 방향(도보 15분)

정의공주 묘
🚇 쌍문역 3번 출구
🚌 130번 / 연산군 · 정의공주 묘 하차(도보 3분)

우이우이령길 입구
🚇 수유역 3번 출구
🚌 120, 153번 우이동성원아파트 하차(도보 3분)

북한산

북한산은 서울의 옛 이름인 한산漢山의 북쪽이라는 뜻이다

아 빠 애들아, 이번 주말에는 북한산 둘레길로 소풍을 가 볼까?

아 름 북한산이요? 저는 등산이 싫어요. 너무 힘들단 말이에요.

엄 마 등산이 아니고, 둘레길이야. 둘레길은 등산코스가 아니라서 누구나 쉽게 다녀올 수 있단다.

호 림 아빠, 궁금한 것이 있는데요, 북한산은 우리 남한에 있는데, 왜 북한산이라고 불러요?

아 빠 호림아, '부산, 마산, 울산, 익산, 서산, 아산' 중에서 가장 높은 산이 어느 산일까?

호 림 아빠, 농담하지 마세요. 그것들은 산 이름이 아니라 지명이잖아요?

아 빠 북한산도 원래는 산 이름이 아니라 '부산, 마산, 울산'과 같은 지명이었어. 북한산이란 이름이 생기기 전에, 먼저 '한산'이라는 이름이 있었는데, 그 한산은 '큰 땅'이라는 뜻을 가진 서울의 옛 지명이었어. 결국, 북한산은 '한산'의 북쪽에 있는 땅이라는 뜻이야.

아 름 서울의 옛 이름이 '한산'이었다고요? 그럼 '한강'도 '한산'의 옆을 흐르는 강이어서 한강인가요?

엄 마 한강의 이름이 생겨난 유래도 한산과 비슷하단다. 우리말에서 접두
사로 쓰이는 '한'이라는 말은 '크다'라는 뜻을 가진 말인데, 사람이
나 차가 많이 다니는 큰 길을 '한길'이라고 부르는 것도 같은 이치란
다. 그래서 옛날에는 한강을 한가람이라고도 불렀는데, 가람은 강
의 옛말이니깐, 결국 한가람은 큰 강, 한강이라는 뜻이지.

호 림 한강을 '아리수'라고도 부르던데, 그건 무슨 뜻이에요?

아 빠 광개토대왕 비문에 한강을 아리수阿利水라고 했는데, '아리'는 곧 '알'
을 가리키는 말이고, 고대에는 '아리'가 크다거나 신성하다는 의미
로 쓰였던 말이야.

아 름 아, 그래서 주몽이나 박혁거세, 김알지, 김수로왕 등 나라를 세운
위인들은 모두 알에서 태어났구나!

북한산의 원래 이름은 삼각산이다

아 빠 이렇게 불리던 것이 중국문화가 도입되면서 한자를 빌어 '한수漢水
또는 한강漢江'이라고 불리었어. '삼국사기'의 백제건국설화에는 찰
한寒자를 써서 한수寒水라고도 되어 있어. 아무튼 한산漢山도 결국 '큰
땅'이라는 뜻이었는데, 그중에서도 북쪽에 있는 한산 땅을 '북' 한
산으로 불렀던 것이 잘못 사용되어서, 엉뚱하게도 땅이 아니라 산

뱀의 발 가노라 삼각산(三角山)아, 다시보자 한강수(漢江水)야
고국산천(故國山川)을 떠나고자 하라마는,
시절(時節)이 하 수상(殊常)하니, 올동말동하여라.

김상헌이 병자호란 때 청나라로 끌려가면서 지은 시조이다.

북한산

을 가리키는 말로 둔갑을 한 셈이지. 세종실록지리지에서 지금의 서울인, 경도한성부京都漢城府를 설명한 내용을 찾아보면, '본래 고구려의 남평양성南平壤城으로, 일명 북한산군北漢山郡인데, 백제 근초고왕이 남한산南漢山으로부터 와서 도읍을 정했다.'고 되어 있어.

호 림 그렇다면 북한산의 원래 이름은 무엇이었나요?

아 빠 고려시대와 조선시대의 기록을 살펴보면, 가장 높은 세 봉우리인 '인수봉, 백운봉, 만경봉'이 삼각을 이루고 나란히 서있는 모습 때문에 생겨난 '삼각산'이라는 이름을 줄곧 사용해 온 것을 알 수 있어. 그러던 것이 조선후기 숙종 임금 때 북한산에 산성을 축성하자는 내용이 처음으로 실록에 등장하는데, 그때부터 북한산이란 이름이 사용되기 시작한 것 같아. 이런 역사적인 내용을 근거로 해서 최근에는 '북한산'이라는 근본도 없는 이름을, 원래의 이름이었던 '삼각산'으로 다시 바꾸자는 운동도 벌어지고 있어.

북한산은 우리나라의 중악中岳에 해당한다

아 빠 그리고 북한산은 백두산, 지리산, 금강산, 묘향산과 함께 우리나라의 오악伍嶽/伍岳에 포함되는 명산이야.

엄 마 오악이라면 음양오행에서 영향을 받은 것 같군요!

아 빠 응, 중국과 우리나라는 예로부터 산을 신성시하는 산악 숭배사상이 있었어. 여기에 오행사상의 영향을 받아서 오악 즉, 동악東岳, 서악西岳, 남악南岳, 북악北岳, 중악中岳이라는 개념이 생겨났어. 한반도에서 동, 서, 남, 북과 중앙지역을 대표하는 명산인 오악은 동쪽으로는 금강산, 서쪽으로는 묘향산, 북쪽으로는 백두산, 남쪽으로는 지리산이고, 마지막 중앙에는 북한산(삼각산)이 자리를 잡고 있지. 재미있는 것 하나 가르쳐줄까? 관상에서는 사람의 얼굴에도 오악이 있다고 해. 사람의 얼굴에서 오악을 찾으면 어디 어디일까?

호 림 사람 얼굴에서 산처럼 가장 튀어나온 다섯 곳을 찾으면 되겠네요? 일단 가운데는 코인데….

아 름 북쪽은 이마, 남쪽은 턱 같아요. 그런데 동쪽과 서쪽은 뭐지? 양쪽 귀인가?

엄 마 좌우의 광대뼈란다. 귀는 너무 뒤쪽에 있어.

아 빠 관상에서는 이마, 턱, 좌우 광대뼈, 코처럼 튀어나온 부분을 오악이라 하고, 눈, 귀, 콧구멍, 입처럼 쏙 들어간 부분을 사독四瀆이라고 해. 여기서도 음양을 확인할 수 있지. 튀어나온 것은 양수인 5개로 구성되고 들어간 것은 음수인 4개로 구성되어 있어. 그리고 대체적으로 좋은 관상은 오악이 잘 나와 있어야 하고, 사독은 잘 들어가 있어야 한대. 우리 문화는 음양오행을 알고 나면 참 이해하기가 쉬워.

뱀의 발 중국 / 신라 / 경주의 오악

중국의 오악: 동쪽 태산(泰山), 서쪽 화산(華山), 남쪽 형산(衡山), 북쪽 항산(恒山), 중앙 숭산(嵩山)
신라의 오악: 동쪽 토함산, 서쪽 계룡산, 남쪽 지리산, 북쪽 태백산, 중앙 팔공산
경주의 오악: 동쪽 토함산, 서쪽 선도산, 남쪽 금오산(경주 남산), 북쪽 소금강산, 중앙 낭산(또는 단석산)

북한산 둘레길

북한산 둘레길을 하루 만에 다 돌 수 있을까?

호 림   아빠, 북한산 둘레길을 하루 만에 다 돌 수 있나요?

아 빠   글쎄, 북한산 둘레길은 모두 71.8km라서 일반인이 하루 만에 다 도는 것은 거의 불가능해. 그런데 그건 왜 물어보니?

호 림   지난 겨울에 아빠가 눈 쌓인 북한산 둘레길을 하루 만에 다 돌았다고 하는 말을 들었는데, 그것이 어떻게 가능한지 궁금했거든요.

아 빠   아하, 그것이 궁금했던 거구나! 북한산 국립공원 안에 있는 북한산 둘레길은 가운데 우이령을 기준으로, 남쪽의 '북한산 구간'과 북쪽의 '도봉산 구간'으로 나눌 수 있는데, 내가 처음으로 북한산 둘레길을 하루 만에 다 돌았던 2010년 겨울에는, 북쪽의 '도봉산 구간' 둘레길이 아직 개통되지 않았었어. 그래서 당시의 북한산 둘레길은 북쪽의 '도봉산 구간'을 제외한 남쪽의 '북한산 구간'과 우이령 길을 연결하는 45.7km이었기에 가능했던 거야.

엄 마   북한산 둘레길의 대략적인 생김새는 숫자 '8'과 비슷한데, '북한산 구간'은 8의 아래쪽 동그라미 부분이고, '도봉산 구간'은 위쪽 동그라미 부분이라고 생각하면 돼.

아 빠   그러다가 2011년 여름에 북쪽의 '도봉산 구간'까지 완전히 개통되

선너미길 14구간

안골계곡

15구간 안골길

서울외곽순환도로

의정부시

송추마을길 13구간

원각사 입구

화룡탐방
지원센터

16구간 보루길

도봉산

자운봉

원도봉입구

17구간
다락원길

교현 우이령길 입구

다락원

충의길 12구간

21구간 우이령길

● 사전예약을 해야 방문 가능함

우이령길 예약

사기막골 입구

무수골

18구간 도봉옛길

효자길 11구간

북한산

백운대

효자동 공설묘지

우이
우이령길
입구

정의
공주 묘

19구간 방학동길

내시묘역길 10구간

방폐교육대 앞

20구간 왕실묘역길

1구간 소나무숲길

솔밭근린공원 상단

마실길 9구간

진관생태다리 앞

은평구

이준열사묘역 입구

2구간 순례길

3구간 흰구름길

8구간
구름정원길

성북구

북한산생태숲 앞

정릉주차장

북한산
생태공원 상단

탕춘대성
암문입구

형제봉
입구

4구간 솔샘길

옛성길 7구간

6구간
평창마을길

5구간
명상길

면서 총 길이가 71.8 km가 되었기 때문에 이제는 일반인이 북한산 둘레길을 하루에 도는 것은 거의 불가능해 졌지. 내가 지난겨울에 두 번째로 북한산 둘레길을 하루 만에 돌았던 것도 '도봉산 구간'을 제외한, 2010년 겨울에 돌았던 북한산 구간 코스였어. 다만, 방향만 반대로 돌았지.

아 름 평지에서 45.7km를 걷는 것도 어려운데 산길을, 그것도 눈이 쌓인 산길을 어떻게 하루 만에 다 돌아요? 저는 이번 주말에 북한산 둘레길에 가는 것은 사양하겠어요.

아 빠 아름아, 내가 북한산 둘레길을 단 하루 만에 돈 것은 오로지 운동이 목적이었기 때문이야. 하지만 이번 주말에 너희를 데리고 북한산 둘레길을 가는 목적은 완전히 다르단다. 우리 가족이 둘레길을 걸으며 자연을 느끼고, 둘레길 주변에 있는 우리 선조들이 남긴 수많은 역사의 흔적이 배인 문화재를 답사하기 위해서야.

엄 마 엄마가 맛있는 간식도 준비할 텐데?

호 림 그럼, 난 무조건 따라갈 거야!

엄 마 여보, 그런데 어떤 코스를 선택할 거죠?

아 빠 항상 선택은 우리를 힘들게 하지. 음… 그럼 이렇게 하는 건 어떨까? 굳이 어떤 코스를 선택하지 않고, 북한산 둘레길을 통째로 다 돌아보는 거야!

아 름 아빠! 그건 아빠도 불가능하다고 하셨잖아요?

아 빠 내가 언제 하루 만에 다 돌아본다고 했니? 시간이 날 때마다 우리가 갈 수 있는 만큼만 걸어보는 거야. 어때? 여보, 당신도 걷는 운동 좋아하잖아!

뱀의 발 대중교통편으로 가는 북한산 둘레길 문화답사 3대 추천코스

(1) 우이동 종점에서 걸어서 가는 〈순국선열묘역〉코스 (4~5시간 소요)
해당구간: 제1, 2, 3구간
우이동 버스종점(도선사 입구) → 손병희 선생 묘역 ~ 조병옥 박사 묘역 → 화계사

(2) 구파발역(3호선)에서 걸어서 가는 〈은평구〉코스 (4~5시간 소요)
해당구간: 제9, 10구간
구파발역 1번 출구 → 이말산(구파발역 뒷산) → 하나고등학교 뒷산 길 → 숙용심씨묘표
→ 영산군 이전 묘역 → 진관사 → 여기소 터 → 내시묘역(백화사 앞) → 경천군 송금물침비
→ 북한산성탐방지원센터

(3) 도봉산역(1호선, 7호선 환승)에서 걸어서 가는 〈도봉구〉코스 (4~5시간 소요)
해당구간: 제18, 19, 20구간
이동경로: 도봉산역 1번출구 → 도봉탐방지원센터 → 도봉서원(각석군) → 유턴 → 도봉사
→ 정의공주묘 → 연산군묘

제1구간
소나무 숲길

우이우어령길 입구

손병희 선생 묘

봉황각

이용문 장군 묘

여운형 선생 묘

솔밭근린공원 상단

손병희 선생 묘

tip 손병희 선생 묘역은 평상시에는 잠겨있으나, 천도교 의창수도원에 요청하면 답사할 수 있다.

북한산 둘레길의 시작은 순국선열들의 묘역에서부터

 우이동 버스종점(도선사 입구)

아 빠 자, 이제 북한산 둘레길 체험을 시작해 볼까? 북한산 둘레길의 총 21개 구간 중에서 첫 번째 코스인 이곳은 소나무 숲길이라 하고, 우이동 우이령길 입구에서 솔밭근린공원까지는 약 3.1km 구간인데, 보통 걸음으로 1시간 30분 정

우이동 입구

도면 갈 수 있는 쉬운 코스야. 그리고 이 길은 이름에서도 알 수 있듯이 소나무가 주변에 많이 심어져 있고, 길이 넓고 완만해서 산책을 즐기기에 안성맞춤이야.

아 름 맞아요. 바로 옆에 맑은 계곡도 있어서 소풍 나온 것 같아요.

아 빠 북한산 둘레길 중에서도 맑은 계곡을 따라서 500m 이상을 걷는 코

스는 이곳밖에 없는데, 이 계곡을 줄곧 따라가다 보면, 계곡이 끝나는 지점에 우리가 돌아볼 첫 답사지가 있어.

→ 천도교 의창수도원(봉황각) 정문 앞

천도교 의창수도원 입구, 우측은 도선사와 백운대로 올라가는 길이고 좌측으로 가면 소나무숲길이다

호 림 어, 이곳은 무슨 학교 같아요. 우리의 첫 답사지가 이곳인가요?

엄 마 정문 좌우 기둥에 한자로 뭐라고 쓰여 있는데... 천도교 종학대학원? 천도교 의창수도원? 천도교와 관련 있는 건물이군요!

아 빠 응. 이곳은 전국에 흩어져 있는 천도교의 수도원 중에서 서울시에 있는 의창수도원인데, 이 안에 있는 유명한 건물의 이름을 따서 봉황각 이라고도 불러. 그리고 이 수도원 안쪽에는 의암 손병희 선생 1861~1922의 묘역이 있는데 우리가 가려고 하는 곳이 바로 그곳이야.

아 름 손병희? 어디서 많이 들어본 이름인데... 아, 알았다. 3 · 1 독립운동 하셨다고 학교에서 배웠어요!

호 림 그런데 천도교는 뭐하는 거죠? 천주교랑 비슷한 건가?

아 빠 천도교天道敎는 조선 말기에 제1대 교조이자 순교자인 수운水雲 최제
우崔濟愚가 1860년에 창시한 민족종교인 '동학'이 바뀐 이름이야. 천
도교로 이름이 바뀐 데는 제3대 교조 손병희의 역할이 컸지.

동학의 이름이 천도교로 바뀐 이유

엄 마 사람의 이름을 바꾸기도 쉽지 않은
데, 하물며 수많은 사람이 신앙하는
종교의 이름을 바꾼 데는 뭔가 특별
한 사연이 있을 것 같아요.

제1대 교조 최제우   제2대 교조 최시형

아 빠 1894년의 갑오농민전쟁, 즉 동학혁
명이 실패하고 4년 뒤에는 제2대 교조 해월海月 최시형崔時亨마저 체
포되어 순교함으로써 동학은 일대 위기에 빠지게 되었어. 게다가
지도급 인물들이 계속 탄압을 받고 순교하는 일이 잇달았지. 그때
손병희 선생은 국외에 있었는데, 그동안 국내에서는 일본이 세력을
키워나가자 당시 국내 동학의 지도자였던 이용구는 노골적인 친일
행위를 자행했어. 이에 손병희 선생은 1905년에 동학을 '천도교'
로 개칭하고, 귀국한 뒤에 조직을 재정비하면서 이용구를 포함한
친일교도들을 쫓아냈어.

아 름 친일잔재를 털어내기 위해서 이름을 바꾸었군요!

아 빠 그것뿐만이 아니라 종교적인 측면에서도 교리상, 초기의 정교일
치론을 포기하고 정교분리의 새 원칙을 내세우는 등 커다란 변화
가 있었어. 그러다가 1910년 한일합방으로 나라의 주권을 일본

뱀의 발 동학농민전쟁(東學農民戰爭), 동학혁명

동학농민전쟁은 1894년 동학 지도자들과 동학교도 및 농민들에 의해 일어난 민중의 무장 봉기를 가리킨다. 동학농민혁명(東學農民革命)으로도 불리며, 갑오년에 일어났기 때문에 갑오농민운동(甲吾農民運動), 갑오농민전쟁(甲吾農民戰爭)이라고도 한다. 청일전쟁의 직접적인 원인이 되었다.

1894년 고부군수 조병갑의 학정에 고부군의 동학도들과 농민들은 쟁기와 낫 등 농기구를 들고 집단으로 무장 시위를 벌였다. 이들의 움직임은 곧 중앙정부의 탐관오리들에 대한 분노로 향했다. 보국안민과 폐정개혁을 기치로 내건 농민들의 기세가 걷잡을 수 없이 전국적으로 확산되었다. 한편 정부에서 안핵사 이용태를 보내 이들을 위로하고 탐관오리 처벌을 약속하자 제1차 동학군은 저절로 자진 해산하였다.

그러나 안핵사 이용태는 첫 봉기를 동학도의 반란으로 규정하고, 사후처리를 동학교도 탄압의 기회로 삼아 온갖 악행을 자행하여 그들의 격분을 샀다. 이용태의 강경책에 분개한 전봉준과 농민들은 이에 굴복하지 않고 총기류와 농기구 등으로 무장한 뒤, 무장(茂長)의 김개남, 손화중 등과 함께 봉기하였다. 이것이 제2차 봉기이다. 전봉준을 총대장, 김개남(金開男), 손화중(孫和中)을 장령(將領)으로 삼은 농민군은 1894년 음력 3월 하순에 백산에 모여 궐기한 뒤 전주성을 점령한다. 그러나 전주성을 점령한 농민군은 청, 일에게 군사주둔 빌미를 주지 않기 위해 전주 화약을 맺고 해산했다.

사태가 확산되자 고종과 민비는 당황해하였다. 고종과 민씨 세력은 청나라에 원병을 청하였고, 청이 이에 응하자 일본 역시 그들 간의 조약을 빌미로 군대를 동원하였다. 이처럼 외세가 개입하자 농민군과 관군은 회담을 통해 화의를 약속하고 싸움을 중단하였지만, 조선에 진주한 청, 일 양국군은 돌아가지 않았다. 일본은 청에게 함께 조선의 내정 개혁을 실시하자고 제의하였지만 청은 이 제의를 거절했다. 그러자 일본은 단독으로 친일 내각을 세웠고, 김홍집, 어윤중, 박영효, 서광범 등을 중심으로 한 친일 내각은 일본의 입김 아래 일련의 개혁조치를 취했다. 이것이 갑오개혁(갑오경장)이다. 일본은 이처럼 단독으로 조선의 내정 개혁을 단행함과 동시에 조선에 주둔하고 있던 청나라 군을 공격하여 승리한 뒤 정식으로 청에 선전포고를 하였다. 7월에 시작된 청일전쟁은 두 달 만에 구미 열강의 지지를 등에 업은 일본의 승리로 끝났다.

청일전쟁에서 승리한 일본은 그 때부터 본격적으로 조선 정복을 위해 내정 간섭을 실시하였다. 이 때문에 해산되었던 동학군이 외세배격을 기치로 내걸고 다시 소집되어 대일 농민전쟁을 감행했다. 거병한 농민군은 전봉준의 지휘 하에 공주성으로 다가들었다. 하지만 관군과 일본군의 화력에 밀린 농민군은 그 해 12월 최종적으로 공주의 우금치 전투에서 패배하여 동학 농민군의 봉기는 실패로 돌아가고 말았다. (출처: 위키백과)

에 빼앗기게 되자 종교적 수행을 강화했고, 한편에서는 보국안민 이란 깃발 아래 민족해방운동을 추진했어. 1919년 3·1 운동 때, 천도교는 기독교계, 불교계, 학생들과 함께 독립을 위한 민중시위 를 주도했지.

엄 마 천도교하면, 인내천 사상이 가장 먼저 떠올라요.

한울님과 하느님 그리고 하나님의 차이점

아 빠 인내천人乃天 사상은 동학의 제3대 교조 손병희 선생 이 주장한 천도교의 근본사상인데, 그 말은 '사람 이 곧 한울님'이라는 뜻이야. 사람은 누구나 귀천貴 賤을 막론하고 한울님을 모시고 있다는 동학의 시천 주侍天主 사상을 바탕으로 한 주장이지.

제3대 교조 손병희

호 림 하느님이라는 말은 많이 들어 보았는데, 한울님이라는 말은 처음 들어요.

엄 마 호림이가 '한울님'이라는 말은 처음 듣는구나. 한울님과 하느님은 서로 비슷하지만 조금 다르단다.

아 빠 원래 하느님이란 단어의 기원은 '하늘에 있는 분'이란 뜻의 한늘님 이었어. 그런데 존칭 접미사 '님'을 붙이면, 'ㄹ'이 탈락하게 되거 든. 그래서 '하느님'이 된 거야. 그리고 한울님은 다만 하늘에 계신 분만을 의미하는 것이 아니라, 하늘과 땅 모두를 아우르는 의미에 서 '크나큰 우주'를 뜻하는 '한울'에 존칭 접미사를 붙인 우주적 의 미를 지닌 말이야.

엄 마 우리나라 애국가 가사에도 '하느님이 보우하사'라는 말이 나와. '하나님이 보우하사' 가 아니란다.

아 빠 반면에 하나님은 기독교의 유일신 사상에서 나온 말이야. 결론적으로 하느님은 어느 종교에서나 다 쓸 수 있는 보편적인 용어이지만, 하나님은 기독교에서 자신들의 하느님을 가리킬 때 쓰는 말로 알면 돼. 마지막으로 천도교를 총정리하자면, 서양의 종교가 하느님께 예배하면서 참회하고 속죄하는 의타적 또는 이분법적인 방법으로 자신의 하느님을 신앙하는 데 비해서, 천도교는 자신의 심기를 수련하는 내재적인 방법으로, 한때 잃어버렸던 자신만의 한울님을 되찾아 모시는 것이 다른 종교와 구별되는 특징이야. 자, 이제 봉황각 앞으로 가자.

→ 천도교 의창수도원 내 봉황각 앞

봉황각 건물의 평면이 새 을(乙) 자를 닮은 이유

아 빠 이 건물은 서울시 유형문화재 제2호로 지정된 봉황각으로, 일제강점기인 1912년에 의암 손병희 선생이 세운 거야. 손병희 선생은 1910년 우리나라가 일본의 식민지로 전락하자, 일제에 빼앗긴 국권을 되찾기 위해 천도교 지도자들에게 천도교의 신앙생활을 심어주고, 역사의식을 심어주는 수련장으로 이 집을 지었어. 손병희 선생은 3·1 운동의 구상도 이곳에서 했고, 이곳을 거쳐 간 수많은 천도교 지도자들이 3·1 운동의 주체가 되었어. 그런 이유로 이곳 전체를 의창수도원 이라고도 부르지.

엄 마 의창이라면 앞의 '의'자는 의암 손병희 선생의 호를 쓴 것 같은데,

뒤의 '창'은 무슨 뜻이죠?

아 빠 뒤의 창彰은 '드러날 창'이야.
의암 선생의 정신과 업적을
세상에 드러낸다는 뜻이지.
한양성곽의 북서쪽에 있는 작
은 문을 뭐라고 하는지 알지?

서울 북서쪽에 위치한 창의문 전경

엄 마 자하문, 아니 창의문彰義門 말이죠? 그리고 보니 서쪽을 뜻하는 '의'
자 앞에 '드러날 창'이 붙었군요. 한양성곽의 서대문은 '의'를 돈독

하게 한다는 뜻의 돈의문인데, 북서쪽의 작은 문인 창의문은 '의'를
세상에 드러낸다는 뜻이었어요!

아 름 아빠, 이 건물의 이름은 왜 봉황각인가요? 혹시 봉황의 둥지와 비
슷해서 붙여진, 풍수와 관련이 있는 이름인가요?

아 빠 봉황각이란 이름은 천도교 교조 최제우가 남긴 시에 자주 나오는
'봉황'이라는 낱말을 딴 것이라고 해. 뿐만 아니라 이 봉황각 건물
은 평면이 '새 을乙'자형으로 구성된 목조 건물인데, 굳이 건물 평
면을 '을乙'자형으로 만든 것은 천도교의 핵심사상 중의 하나인 '궁

봉황각 전경, 천도교의 핵심사상인 궁을(弓乙)사상을 반영해 을(乙)자형 평면으로 지어졌다

을^乙사상'을 반영한 것이라고 해.

봉황각 우측

아 름 궁을사상이요? 처음 들어보는 말이에요.

아 빠 '궁을'은 천도교 교조 최제우^{崔濟愚}가 하늘에서 받은 영부의 모양을 형상화한 것으로, 동학의 본질인 천심^{天心}의 '심^心'자를 표현한 것인데, 영부의 모양이 태극^{太極} 같기도 하고 활 '궁^弓'자를 나란히 놓은 것과 같기도 하다는 데서 유래한단다. 자, 이제 손병희 선생의 묘역으로 올라가 볼까?

→ 손병희 선생 묘 앞

의암 손병희 선생의 묘

호 림 아빠, 여기는 특이할 것 하나 없는
　　　그냥 보통의 무덤이잖아요?

아 빠 내가 항상 문화 답사할 때 하드웨어
　　　보다는 소프트웨어가 더 중요하다
　　　고 했던 말 기억나지? 무덤의 껍데
　　　기가 중요한 것이 아니라 이 무덤에
　　　묻히신 분에 대해 제대로 아는 것이
　　　더 중요해.

아 름 아빠, 설명 자료에는 이곳이 등록문
　　　화재 제515호라고 되어 있어. 등
　　　록문화재는 뭐예요? 문화재 중에는
　　　등록되지 않은 문화재도 있나요?

의암 손병희 선생 묘 비석

우리나라 문화재의 종류는
5가지 범주로 나뉜다

아 빠 우리나라 문화재의 종류는 중요도에 따라서 크게 5가지의 범주로
　　　나눌 수가 있어. 우선 첫 번째로 〈국가지정문화재〉가 있는데 문화
　　　재청장이 문화재보호법에 따라서 문화재위원회의 심의를 거쳐 지
　　　정한 중요문화재야.

호 림 국보나 보물, 뭐 이런 것 말씀인가요?

아 빠 그렇지. 모두 7가지 유형이 있는데, 국보, 보물, 중요무형문화재,
　　　사적, 명승, 천연기념물, 그리고 중요민속문화재가 있어. 그 다음
　　　두 번째 범주로는 〈시ㆍ도 지정문화재〉가 있는데, 지방자치단체장

이 국가지정문화재로 지정되지 아니한 문화재 중에서, 보존가치가 있다고 인정되는 것을 지자체의 조례에 의해서 지정한 문화재야. 여기에도 유형문화재, 무형문화재, 기념물, 민속문화재 이렇게 4가지의 유형이 있어.

아 름 　지자체별로 따로 지정하면 문화재 번호가 중복되지 않나요?

엄 마 　그래서 반드시 지자체의 이름이 먼저 나오고 그 뒤에 문화재 번호가 나온단다. 예를 들면 충청남도 유형문화재 제100호, 서울시 유형문화재 제100호 이런 식이지. 그럼 헷갈리지 않겠지?

아 빠 　다음 세 번째 범주의 문화재로는 〈문화재자료〉가 있는데, 지자체장이 시·도 지정문화재로 지정되지 않은 문화재 중에서 향토문화보존상 필요하다고 인정해서 시·도 조례에 따라 지정한 문화재야.

호 림 　갈수록 문화재의 중요도는 떨어지는군요.

아 빠 　네 번째 범주의 문화재가 아름이가 질문한 〈등록문화재〉인데, 지정문화재가 아닌 문화재 중에서 건설, 제작, 형성된 후 50년 이상이 지난 것으로서 근대문화유산의 개념과 범위에 해당하고, 보존과 활용을 위한 조치가 특별히 필요하여 등록한 문화재야.

아 름 　근대문화유산이라면 그다지 오래되지 않은 것이겠네요?

아 빠 　응, 남대문로에 있는 한국전력사옥이 등록문화재 제1호이고, 그 밖에 유명한 것에는 철원 노동당사^{등록문화재 제22호}, 경의선 장단역 증기기관차^{등록문화재 제78호} 등이 있어. 이제 마지막 다섯 번째 범주의 문화재로는 〈비지정문화재〉가 있는데, 문화재보호법 또는 시·도의 조례에 의해서 지정되지 않은 문화재 중에 보존할 만한 가치가 있는 문화재를 가리켜.

뱀의 발 문화재의 종류

(1) 국가지정 문화재	문화재청장이 문화재보호법에 의하여 문화재위원회의 심의를 거쳐 지정한 중요문화재 ▶ 국보, 보물, 사적, 명승, 천연기념물, 중요무형문화재, 중요민속문화재
(2) 시 · 도지정문화재	특별시장, 광역시장, 도지사(이하 '시 · 도지사')가 국가지정문화재로 지정되지 아니한 문화재 중 보존가치가 있다고 인정되는 것을 지방자치단체(시 · 도)의 조례에 의하여 지정한 문화재 ▶ 유형문화재, 무형문화재, 기념물, 민속문화재
(3) 문화재 자료	시 · 도지사가 시도지정문화재로 지정되지 아니한 문화재 중 향토문화보존상 필요하다고 인정하여 시 · 도 조례에 의하여 지정한 문화재
(4) 등록문화재	지정문화재가 아닌 문화재 중 건설 · 제작 · 형성된 후 50년 이상이 지난 것으로서 보존과 활용을 위한 조치가 특별히 필요하여 등록한 문화재
(5) 비지정문화재	문화재보호법 또는 시 · 도의 조례에 의하여 지정되지 아니한 문화재 중 보존할 만한 가치가 있는 문화재를 지칭

과연 3·1 운동 당시의 민족대표 33인은
만해 한용운을 제외하고 모두 변절하였나?

엄 마 여보, 손병희 선생은 3·1 운동 때 민족대표 33인 중의 한 분이셨잖아요? 나는 민족대표 33인 중에서 만해 한용운 선생만을 제외하고 나머지는 거의 모두 변절했다고 들었는데 그게 사실인가요?

아 빠 그렇지 않아. 물론 33인 중에서도 최린, 박희도, 정춘수 등 3명 정도는 확실히 변절했다고 말할 수 있어. 하지만 10% 정도가 변절한 것을 가지고 전체 민족대표들을 싸잡아 비난하는 것은 옳지 않아.

아 름 하지만 아니 땐 굴뚝에 연기 나겠어요? 뭔가 이유가 있으니 그런 말이 생겨났겠죠?

아 빠 뭐, 굳이 따지자면 민족대표 33인이 그런 오해를 받을 만한 상황을 자초하기는 했어. 3·1 운동의 당일이었던 1919년 3월 1일에 아침부터 학생들과 일반 민중들은 탑골공원에 모여 들었지만, 민족대표 33인은 갑자기 계획을 변경해서 '태화관'이라는 음식점에 모였어. 그 이유는 민족대표 33인이 탑골공원에 나타난다면, 민중들이 흥분해서 자칫 폭력 사태가 벌어질 수도 있을 것이고 그렇게 되면 비폭력, 평화를 표방한 3·1 운동이 변질될 수 있다고 생각했대.

호 림 말도 안 돼. 수많은 학생과 민중들이 일본의 총칼에 쓰러져 갔는데, 민족대표라는 사람들이 어떻게 그렇게 소극적일 수가 있어요? 최소한 탑골공원에 모습을 드러낸 뒤, 비폭력과 평화를 외쳤어야죠!

아 빠 그러게 말이다. 게다가 더 말도 안 되는 상황도 있었어. 민족대표는 33인이라고 서명했지만 실제 그 자리에 나타난 사람은 29명밖에 안 된 거야. 4명은 그 자리에 나타나지도 않았어. 게다가 그 29

명마저도 태화관에서 자기네들끼리 독립선언서를 돌려서 읽어보고 만세 삼창을 부른 뒤에 태화관 주인을 불러서 총감부에 전화를 걸게 했어.

호림 왜요? 설마 자수한 건 아니겠죠? 그랬다면 정말 어이가 없다.

아빠 어이가 없겠지만, 자수한 거야. 그리고는 조용히 일본경찰에 잡혀갔어. 게다가 독립선언서를 봐도 문제가 많아. 우선 기미 독립선언서가 실제 이 땅의 민중들을 위해 만든 것인가에 의문이 들어. 당시 문맹률이 70%가 넘었다고 했는데… 저쪽 독립선언서 비석에 당시의 선언서 원문이 새겨져 있으니 가서 한번 읽어 보렴.

무덤 옆에 세워진 독립선언서 비석

문맹률이 70% 이상인 상태에서
독립선언서가 그토록 어렵게 만들어진 이유

아 름 오...등...은... 이게 도대체 무슨 말이에요?

엄 마 吳等(오등)은 玆(자)에 我(아) 朝鮮(조선)의 獨立國(독립국)임과
朝鮮人(조선인)의 自主民(자주민) 임을 宣言(선언)하노라. 此(차)
로써 世界萬邦(세계만방)에 告(고)하야 人類平等(인류평등)의 大
義(대의)를 克明(극명)하며, 此(차)로써 子孫萬代(자손만대)에 誥
(고)하야 民族自存(민족자존)의 正權(정권)을 永有(영유)케 하노
라. 지금 우리가 사용하는 말로 고쳐본다면, '우리는 오늘 우리 조
선이 독립국이며, 조선인이 자주민임을 선언한다. 이를 세계만방
에 알려 인류 평등의 큰 진리를 환하게 밝히고, 이를 자손만대에 알
려 민족의 자립과 생존의 정당한 권리를 영원히 누리게 하려는 것
이다.'라는 뜻이야.

아 빠 전체적으로 독립선언서
의 내용은 일본을 직접
공격하는 내용은 전혀
없고, 우리 형편을 세계
에 알리면, 일본은 저절
로 물러날 것이라는 안

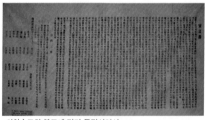

의창수도원 복도에 걸린 독립선언서

이한 내용이야. 국제정세와 주변정세를 제대로 파악하고 있지 못한
거지. 그나마도 원래 만해 한용운이 강한 논조의 글을 썼지만 육당
최남선이 읽어본 뒤에 너무 과격하다고 해서 부드럽게 고쳐 썼다
고 해. 3·1 운동 당시의 조선에서는 독립을 위한 세 가지 방법론

이 있었는데, 첫째 일본과의 직접적인 투쟁 속에서 <u>스스로 힘을 키</u>우는 강경한 방식, 둘째 일본치하의 선진 문명을 역으로 이용해서, <u>스스로 힘을 키우는</u> 약간 소극적 방식, 그리고 셋째, 당장은 독립할 힘이 없기 때문에, 일본의 도움과 지도를 받아서 미래에 자립할 힘을 키워보자는 극도로 소극적인 방식이 있었어.

엄 마 민족대표 33인은 그나마도 세 번째 입장이었단다.

아 빠 그래서 훗날 친일파로 변절한 윤치호 같은 사람은 과거 독립협회를 이끌었던 경력 등으로 3·1 운동 당시에 민족대표로 서명을 권유받았지만 거절했어. 그는 일부 민족대표와 독립 운동가들이 이 땅의 젊은이들을 무책임하게 죽음으로 몰고 간다면서 그들을 '자신들은 죽을 용기도 없으면서 다른 순진한 사람들을 죽음의 골짜기로 몰고 가는 저주받을 악마와 같은 존재들'이라고 비판하기도 했어. 또한, 1919년 3월 2일 자 그의 일기에서는 학생들을 앞세운 뒤에, 만세 대열에서 슬그머니 발을 뺀 기독교, 천도교계 인사들을 음모꾼들이라며 규탄하기도 했어.

엄 마 모든 것을 종합해 볼 때, 민족대표라고 부르기에는 너무나도 부족하고 나약한 모습이었단다.

아 빠 그럼에도 불구하고, 비록 그들이 자신의 한계를 드러내기는 했지만, 나름대로 독립을 위해 희생을 했다는 사실은 인정해야 해. 그 중심에 바로 이 의암 손병희 선생이 있는 거야.

호 림 오늘 손병희 선생 묘역에서 배운 것을 한마디로 요약하면 '2% 부족'입니다!

태화관은 일제강점기에 경성부에 있던 음식점으로, 유명한 요릿집이던 명월관의 부속 건물이었다. 위치는 현재의 서울 종로구 인사동이다. 태화관은 본래 이완용의 별장이었는데, 이토 히로부미와 함께 정사를 논하기도 했던 곳이다. 이완용이 이사하며 그 자리에 명월관이라는 요릿집이 개점하였다. 명월관은 1910년 한일합방으로 조선이 멸망하면서 실직한 궁중요리사 안순환이 궁궐 요리를 일반인들에게 소개하면서 큰 인기를 끌었다. 1890년 관기제도가 없어지자 지방과 궁중의 기녀들이 명월관에 모여들었으니 명월관은 순식간에 사교장으로 유명해졌다. 시간이 지나면서 명월관은 친일파들이 나라를 일본에 팔아먹은 돈으로 방탕하게 노는 곳이 되었다. 이완용, 송병준, 이지용 등의 상징적인 친일파들이 단골손님이었다. 1918년 화재로 명월관이 소실되자 안순환은 서울시 종로구 인사동에 명월관의 별관인 태화관을 열었으며, 기생들과 양악대가 춤과 노래를 제공하는 영업으로써 손님들을 불러 모았다.

1919년 3·1 운동 당시 민족대표 33인 가운데 길선주, 김병조, 유여대, 정춘수를 제외한 29명이 집결하여 오후 2시부터 기미독립선언서를 낭독하고 만세를 부르는 모임을 가졌다. 천도교 3대 교조 손병희의 영향으로 태화관이 독립선언서 낭독 장소가 되었다. 당시 손병희는 기생 주옥경과 사귀고 있었으므로 인맥으로써 독립선언서 낭독 장소를 마련한 것이었다. 손병희는 태화관 주인 안순환에게 전화를 걸어 점심 손님 30명이 간다고 했으며, 민족대표들은 태화관 사교 1호실에서 태극기에 경례했다. 독립선언서 낭독도 하려고 했으나 실제로는 그러지 않았다. 그런 다음 안순환을 불러 조선총독부에 전화를 걸게 함으로써 이들은 스스로 순순히 일본 경찰에게 연행되어 갔다. 당시 헌병과 순사들이 태화관에 올 때에 인력거를 가지고 오자, 자동차를 가지고 오라고 했다. 그래서 택시 일곱 대에 나눠 타고 경무 총감부에 갔다. 사실 이들 민족대표 33인이 연행되어 갈 때조차 탈 것을 놓고 일본경찰과 타협한 것은, 일제와 타협함으로써 독립할 수 있다고 믿었던 비폭력노선이 공상에 지나지 않음을 단적으로 보여주는 것이었다. (출처: 위키백과)

여운형 선생 묘

tip 여운형 선생 묘역은 개인 묘역이어서 평상시 잠겨 있으나,
근처 관리소에 사람이 있을 경우 요청하면 답사할 수도 있다.

우경화된 우리 사회의 불편한 진실을 말해주는 여운형 선생 묘역

아 빠 우리가 두 번째로 답사할 곳은 바로 몽양 여운형 선생[1886~1947]의 묘
역이야. 둘레길에서 약 400m 아래쪽에 있는데, 서라벌중학교 후문
근처야. 잠시 그곳에 다녀왔다가 다시 둘레길로 돌아오자.

호 림 어? 이 길은 이정표도 없는 길인데...

아 빠 둘레길에서 여운형 선생의 묘역으로 가는 길은 이정표가 전혀 없
어. 그래서 아빠처럼 길을 아는 사람만 찾아갈 수가 있지. 내 생각
에는, 처음으로 여운형 선생 묘역으로 가려고 하는 사람이 둘레길
에서 직접 묘역을 찾아가는 것은 거의 불가능해. 그래서 우이동으
로 가는 간선도로변에서 서라벌중학교 후문 근처의 여운형 선생의
묘역을 먼저 찾은 후에, 거꾸로 산 쪽으로 올라가서 둘레길과 만나
는 지점을 찾는 것이 빨라.

몽양 여운형선생의 묘

엄 마 몽양 여운형 선생이라면 우리가 학창시절까지만 해도 금기시 했던 인물 아닌가요? 그런 연유로 둘레길에서 여운형 선생의 묘소를 찾아가는 이정표를 일부러 만들지 않은 것 아닐까요?

아 름 도대체 그분이 어떤 분인데 엄마 아빠가 학창시절에, 금기시 했던 인물이었나요?

아 빠 응. 1886년에 출생한 몽양 여운형呂運亨 선생은 독립운동가이자 정치인이었어. 구한 말 기독교의 평등사상을 수용해서 노비들을 해방시키고, 교육, 계몽활동을 펼치다가 1907년 대한협회에서 주최한 강연회에서 도산 안창호安昌浩 선생의 연설에 감화되어서 독립운동에 투신했던 분이야. 상해 대한민국 임시정부 설립에 관여한 30인에도 들어가 있고, 8 · 15 광복 1년 전부터는 민족주의자에서 공산주의자들까지 좌우익 세력들을 총망라한 '건국동맹'이라는 비밀조직을 만들어서 1만 명의 조직원을 확보했고, 또한 해외 각지에 흩

어진 독립운동단체들과도 연
대를 추진했어. 건국훈장 중
에서도 가장 높은 등급의 대
한민국장을 받으신 분이야.

호 림 그런 훌륭하신 분을 왜 금기
시 했었나요?

아 빠 그건, 우리 사회가 너무 우
경화 되어서 그래. 저울의 중
심이 가운데 있지 않고 한쪽
으로 쏠리면 저울은 더 이상
쓸모가 없어지는 거야. 여운
형 선생의 경우에는 좌우익
을 아우르는 조직을 만들어
서 해방 후의 통일된 조국을
만들고자 했지만, 극우와 극
좌 모두로부터 배척을 받았지.

여운형 선생 묘 비석

엄 마 해방 직후의 사회는 너무 혼란스러워서 어쩔 수 없었던 부분도 있
었던 것 같아요.

군자 화이부동, 소인 동이불화(君子 和而不同, 小人 同而不和)

아 빠 아니, 내 생각은 좀 달라. 동서고금을 막론하고 사회의 형태나 정치
적인 상황이 어떻든 간에, 사회가 제대로 기능하고 유지되려면 가
장 중요한 것이 남을 인정하는 태도를 가지는 거야. 논어의 자로子

路편에 '군자君子는 화이부동和而不同이요, 소인小人은 동이불화同而不和다.'라는 말이 있어.

아 름   표리부동은 들어서 아는데, 화이부동은 처음 들어봐요.

엄 마   군자는 다양성을 인정하고 서로의 화합과 어울림[和]을 추구하되 획일적인 같음[同]을 요구하지 않지만, 반면에 소인은 획일적으로 자기와 같은[同] 것만을 요구하지, 서로 차이가 나는 것을 인정하거나 어울리려고[和] 하지 않는다는 뜻이야.

아 빠   화이부동을 정치적인 측면에서 해석하면 지금 서구 여러 선진국의 정치형태가 화이부동의 성격이 강해. 하지만 정치적으로는 후진국인 우리나라처럼 사회가 심하게 우경화 된 상태에서는 좌익 편에 선 사람뿐만 아니라 심지어 중도에 섰던 사람들도 모두 좌경분자로 몰아가려는 경향이 있어. 여운형 선생을 중립적인 위치에서 정치적인 저울로 판단하자면, 완전 중도에서 약간 좌편향 성격을 띤 분이라고 할 수 있어. 그런 분도 한동안은 우리 사회가 용공좌익분자로 몰아세웠던 거야. 지금도 그렇게 생각하는 사람들이 꽤 많아. 그런 사람들을 수구세력이라고 부르지.

엄 마   21세기에 들어선 지금도 그런 경향이 많이 남아 있는데, 해방 직후의 혼란기에서는 얼마나 심했을까요?

아 빠   그나마 지금은 여운형 선생에게 대한민국 최고의 훈장인 〈건국훈장 대한민국장〉까지 수여했으니, 그때보다 조금은 상황이 개선되었다고 볼 수는 있지. 하지만 최근 사회가 돌아가는 것을 보면 역사가 거꾸로 가는 것 같아서 걱정이 많이 돼.

행안부, 건국훈장 대한민국장 서훈자 59명 명단 공개 거부… 자격 논란 우려 과잉반응

"건국훈장 대한민국장 명단은 '개인정보'이기 때문에 제공하기 어렵다. 양해 바란다." 건국훈장 대한민국장 명단을 공개해 달라는 〈위클리 경향〉의 요청에 대한 행정안전부 의정관 상훈담당관실의 답변이다. 현재 행안부가 공개하고 있는 건국훈장 대한민국장 수훈자의 명단은 30명 남짓. 몽양 여운형이 2008년 2월 21일 '건국훈장 대한민국장 제60호'를 받았으니 30명 정도의 명단이 제대로 알려지지 않고 있는 것이다. 그동안 수훈자 명단 공개를 줄기차게 요구해 온 보훈단체와 시민단체에서 "서훈의 목적을 볼 때 널리 알려야 마땅한데 개인정보 보호라는 납득하기 어려운 이유로 비공개를 고집하는 것은 부적절한 수훈자가 있다는 반증이 아닌가 하는 의심이 든다"는 비판이 나오는 이유다. 건국훈장은 대한민국 건국에 뚜렷한 공로가 있거나 국가 유지의 기초를 공고히 함에 있어 기여한 공로가 뚜렷한 사람에게 수여되는 훈장이다. 건국훈장에는 대한민국장, 대통령장, 독립장, 애국장, 애족장의 5등급이 있다. 이 가운데 대한민국장은 1등급 훈장이다. 명단 공개 요청에 대한 행안부의 공식 입장은 '공공기관의 개인정보 보호에 관한 법률 제3조의 2항 및 제10조 등에 의하여 건국훈장 대한민국장 명단은 '개인정보 보호' 차원에서 제공하기 어렵다'는 것이다. (중략) 이와 달리 국가보훈처 공훈심사과는 홈페이지 공훈사료관 코너를 통해 '대한민국장' 수훈자 명단을 모두 공개하고 있다. 이 뿐만 아니라 1만1766명 전체 수훈자에 대해 생년월일과 본적은 물론 공적조서 또한 상세하게 공개하고 있다. (중략) 행안부의 '수훈자 공개'에 대한 과도한 반응의 이유는 명단에 들어 있었다. 건국훈장 대한민국장 1호는 이승만 초대 대통령이다. 이 전 대통령은 자신의 재임기간인 1949년 8월 15일 스스로에게 서훈했고, 전두환 전 대통령(1983년 3월 11일)도 자신의 재임 기간에 훈장을 받았다. (후략)

패망소식을 접한 조선총독부가 제일 먼저 여운형과 접촉한 이유

호 림 여운형 선생의 업적에 대해 조금 더 설명해 주세요.

아 빠 그러려면 일단 여운형 선생 당시의 시대적인 상황부터 알아볼 필요가 있어. 일제강점기 때 국내외에는 독립운동을 하던 많은 단체가 있었어. 그런데 일본의 패망직후에 치안의 공백상태가 된 한반도에서 일본의 뒤를 이어 우리나라의 치안 및 정치적인 주도권은 누가 잡았을까?

아 름 그야 당연히 중국에 있던 대한민국 임시정부 아닌가요? 현재 대한민국은 상해 임시정부를 계승한 것이라고 학교에서 배웠어요.

아 빠 결코 아니야! 해방 되기 바로 직전, 일본의 패망소식을 미리 접했던 조선총독부는 여운형과 접촉을 했어. 1945년 8월 14일, 여운형은 당시 조선총독부 경무국장이었던 '니시히로'에게서 일본의 패전소식과 함께, 다음날인 8월 15일 아침에 서울 필동에 있던 조선총독부 정무총감 '엔도 류사쿠'의 관저로 와달라는 요청을 받았어.

호 림 조선총독부는 왜 여운형과 만났을까요?

아 빠 8월 15일은 우리에게는 해방 되는 날이지만, 일본에게는 패망이 확정되는 날이야. 따라서 조선에 있던 수많은 일본인들은 그때부터 생명의 위협을 걱정하게 된 거야. 8월15일 만남에서 조선총독부 정무총감은 여운형에게 '자신들을 포함해 조선에 거류중인 일본인들이 안전하게 본국으로 빠져나갈 수 있도록 해달라'고 요청을 했어.

엄 마 일본인들이 자신들의 안전한 귀향을 여운형과 교섭을 했다는 뜻은 당시 한반도의 실질적인 정치권력으로 여운형의 조직인 '건국동맹'을 사실상 인정했다는 뜻이군요!

아 빠　그렇지. 그 때 여운형은 "1 모든 정치범을 즉시 석방한다. 2 당장
에 경성 시민이 먹고 살 수 있을 만큼의 식량을 확보해 준다. 3 조
선이 주체적으로 치안을 맡는다. 4 치안 유지와 건설 공사에 총독
부는 방해하지 않는다. 5 학생들과 청년들 활동을 총독부가 방해
하지 않는다."라는 5개 항의 보장조건을 전제로 수락했어. 이어 곧
여운형은 해방직전 자신이 운영했던 기존 비밀결사 조직인 건국동
맹을 모체로 건국준비위원회(건준)를 조직했고, 건준은 치안권과
행정권을 담당했어. 하지만 해방의 기쁨은 잠시뿐이었고, 한반도
에는 북위 38도선 이북은 소련군이, 그 이남은 미군이 각각 점령해
서 군정이 시작되었어.

좌우의 중재자였던 여운형은
극좌와 극우 양쪽 모두로부터 테러 위협에 시달렸다

호 림　우리는 그토록 기다리던 해방이 되었는데, 또다시 남의 나라 지배
를 받게 되다니… 지배 권력이 일본에서 소련과 미국으로 넘어간
것 이외에 달라진 게 없네요?

아 빠　아무튼 현실세계의 실질적인 권력은 미·소 군정이 가지고 있었어.
특히, 미군정은 여운형의 조직뿐만 아니라 대한민국 임시정부마저
도 부정했어. 이런 불안한 정치상황하에서 여운형 선생은 8·15
광복부터 암살되기 전까지 총 10차례나 되는 테러를 당했어. 특히,
극우파의 테러 움직임을 사전에 파악한 미군정 책임자 '하지' 중장
은 잦은 테러를 당해온 여운형을 보호하기 위해 미군 헌병을 경호
원으로 붙여주겠다는 제안을 했지만, 여운형 선생은 '대중과 함께

살아온 내가 어찌 대중으로부터 스스로 격리되겠는가?'하고 그 제안을 일언지하에 거절했다고 해. 그러다가 결국 1947년 7월 서울의 종로구 혜화동 로터리에서 11번째 테러로 암살당하고 말았어.

아 름   범인은 잡혔나요?

아 빠   당시 경찰은 범행 발생 나흘 후에 평북 출신의 만 18세 소년 한지근(본명 이필형)이 범인이라고 발표했어. 그렇지만 배후는 끝내 밝히지 않아서 여운형의 암살 배경과 그 배후는 지금까지도 정확하게 알 수가 없어.

호 림   고3 나이잖아요? 그 어린 나이에 어떻게 테러리스트가 되었을까?

아 빠   그래서 편협한 인간이 되면 결코 안 되는 거야. 내가 좀 전에도 말했지? 군자는 화이부동이라고. 아무튼, 여운형 선생이 사망하게 되면서 이 땅에는 중재자가 설 자리가 없어지게 되자, 극좌와 극우 양극단 세력의 갈등은 화산처럼 표출 되었고, 결국 '통일임시정부' 수립을 위한 좌우합작운동은 완전히 실패로 끝났어. 그 결과 '남한 내 단독정부 수립'안이 확정되었지.

엄 마   그렇게 남북분단이 고착화 된 채로 지금까지 흘러왔군요…

아 빠   여운형 선생의 테러에 의한 죽음은 당시 많은 사람에게 커다란 충격을 주었어. 그의 영결식은 인민장으로 치러졌는데, 영결식에 약 60여만 명이나 되는 수많은 추모 인파가 몰렸어. 60만이라는 숫자는 광복 이후 최다 인파가 모인 것인데, 민중들이 슬픔에 동참하기 위해 자발적으로 흰옷을 입어서 서울 시내가 하얗게 뒤덮였다고 해. 영결식에서 그의 관을 운구한 사람은 베를린 올림픽 마라톤 금메달리스트 손기정과 역도선수 김성집 등 체육인들이었어.

아 름   만약 암살을 당하지 않았다면 우리나라는 어떻게 되었을까요?

아 빠 역사에 가정이란 없지만, 해방 직후 좌우합작노력을 한 것 때문에 몽양 선생은 오늘날 남북한 모두로부터 존경받는 지도자로 평가받고 있다고 하는데, 한 교수님의 평가에 의하면 '독립운동의 중심은 김구도 이승만도 아니었고, 해방 후 외세의 간여가 없었다면 여운형이 우리 민족의 지도자가 됐을 것'이라고 해. 또 다른 분의 평가로는 해방정국에서 영국과 소련은 한국의 대통령으로 여운형을 꼽았고, 미국은 이승만을 꼽았는데. 김구는 아예 없었다는 거야. 그런 상황에서 이승만은 김구를 쳤는데, 그것이 우리 정치의 비극이 시작된 것이라고 해. 결론적으로 화이부동을 못한 거지!

호 림 오늘 여운형 선생 묘역에서 배운 것을 한마디로 요약하면 '화이부동'입니다!

뱀의 발 몽양 여운형에 대한 미군정청의 평가

미군정청은 처음에 한민당(한국민주당韓國民主黨은 1945년 9월 고려민주당, 조선민족당, 한국국민당 등이 만든 보수정당으로 송진우, 김성수, 장덕수, 조병옥, 윤보선 등이 참여하였고 보통 한민당이란 약칭으로 불린다.) 세력들로부터 '여운형은 친일파이며, 공산주의자'라고 모함하는 소리를 듣고 여운형을 의심했지만, 나중에 가면서 그러한 오해가 풀리게 되고 여운형의 중도파 정치노선에 호감이 가게 되었다고 한다.

"미 국무성은 여운형을 당시 해방이후 조선에서 인기 있고 유능한 지도자로 봤다. 그는 권력을 추구하지 않고, 국민을 최우선으로 생각했다. (중략) 그가 공산주의자라는 생각은 틀린 생각이다. 그는 최대한 공산주의를 이용했을 뿐이며, 그는 민중정치기구 결성을 도왔지만, 그는 결코 공산주의자가 아니라고 나는 확신한다. 그는 공산주의 이론을 신봉하지 않았고, 소련편이 아니었다. 그는 언제나 한국 편이었다." ― 리처드 로빈슨(1945년 해방 이후 조선에서 미군정관리로 근무)

"몽양은 개인적으로 소련보다 미국에 더 가까웠지만, 이들 양국에 대해 절대 중립이었으며, 그가 갖고 있던 유일한 목적은 미국, 소련 양국으로 하여금 가급적 빨리 한국으로부터 물러나게 하는 일이었다." ― 윌리엄 랭던(주한 미국 총영사 역임) (출처: 위키백과)

이용문 장군 묘

tip 이용문 장군 묘역은 개인 묘역이어서 평상시 잠겨 있다.

 이용문 장군 묘 앞

대통령 박정희가 아닌 인간 박정희가 건립한 이용문 장군 추모비

아 름   이 무덤은 다행히 묘비가 한글로 되어 있어서 주인공의 이름을 쉽게 읽을 수 있네요.

호 림   '이용문장군추모비'라고 쓰여 있는데, 저는 처음 들어보는 이름이에요.

아 빠   이 분의 추모비 뒤에 쓰여 있는 글을 읽어보면 이 분이 누구인지 금방 알 수 있어.

엄 마   1962년… 박정희… 건립? 아! 박정희 전 대통령이 이 비를 세

한글로 되어 있는 묘비

소나무숲길

웠구나! 그런데 참 이상하네요? 왜 '박정희 대통령 건립'이라고 안 쓰고, 그냥 '박정희 건립'이라고 썼을까요?

아빠 그 이유는 이 추모비가 세워진 시기를 보면 알 수 있어. 이 추모비는 1962년 10월에 세워졌는데 박정희가 대통령이 된 것은 1963년 12월이었어. 따라서 이 추모비를 세운 시기에는 박정희가 아직 대통령이 아니었어.

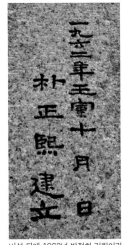

비석 뒤에 1962년 박정희 건립이라고 쓰여 있다

이용문장군 묘

박정희는 이용문 장군의 부하장교였다.

아 빠 이용문 장군[1916~1953]은 박정희와 특별한 인연이 있었는데, 내가 설명해 줄게. 우선 이용문 장군은 1916년에 평양의 부유한 상인가정에서 태어나서 당시에는 수재들의 집합소라고 일컬어지던 평양고등보통학교를 졸업했어. 그리고 졸업 후에는 일본육군사관학교에 진학해서 1937년에 제50기로 졸업을 했고, 기병장교로 임관했어. 현재 국내의 승마대회가 여럿 있는데 그중에 하나가 이용문장군배 승마대회야.

아 름 이용문 장군이 기병장교 출신이어서 그렇군요!

아 빠 응. 이 대회는 2012년에 44번째 대회가 개최될 정도로 전통이 오래된 대회인데, 군기병대대를 창설하고 지리산 일대의 빨치산 토벌작전을 지휘하다가 1953년 비행기 추락사고로 사망한 이용문 장군을 기리기 위해서 1966년 창설되었어. 이용문 장군은 장교로 임관한 뒤에 한국인으로서는 드물게 엘리트 장교들이 배치되는 일본군참모본부에서 근무 했고, 일본군이 태평양 전쟁에서 패망할 당시에는 남방전선의 인도차이나 사이공전선에 있었다고 해.

호 림 해방이 되고 나서는 어떻게 되었나요?

아 빠 1948년 11월에 국군에 입대 했는데, 과거의 군 경험을 인정받아서 곧바로 소령으로 임관했다가 한 달 뒤에는 중령으로 승진해서 초대기갑연대장을 맡게 됐어. 이때가 겨우 만 32살이었어. 그리고 다음해인 1949년에 대령으로 진급하고 육군본부 정보국장에 부임하게되면서, 당시에 좌익사건에 연루되어 계급장을 박탈당하고 문관 신분으로 정보국에서 근무하던 박정희와 특별한 인연을 맺게 되었어.

이용문 장군과 박정희와의 특별한 인연

아 름 박정희 대통령이 좌익사건에 연루되었어요? 해방 직후에는 나라가 온통 좌우익으로 나누어져서 혼란했다고 들었는데, 박정희 대통령이 좌익에 가담했었다니 참으로 놀랍네요.

아 빠 1917년에 태어난 박정희 대통령은 이용문 장군보다는 한 살 아래인데, 만주군관학교를 졸업한 후에 일본육군사관학교에 3학년 과정으로 편입해서 일본육사를 제57기로 졸업했어. 일본육사 기수로는 이용문 장군이 박정희보다 7기 선배야.

엄 마 한 살 차이인데, 육사기수는 7기 차이라니… 이해가 잘 안 되네요?

아 빠 그건, 이용문 장군의 경우, 바로 일본 육사로 진학한 반면에, 박정희는 대구사범학교를 졸업하고 3년 동안 교원생활을 하고난 뒤에 다시 일제의 만주국 군관학교로 지원했기 때문이야. 그런데 재미있는 것은 박정희가 만주국 군관으로 지원했지만 앞서 말한 교원생활 때문에 연령 초과로 1차에서 탈락한 거야.

호 림 그런데도 결국은 만주군관학교를 졸업했다고 하셨잖아요? 어떻게 한번 시험에서 떨어진 사람이 다시 합격이 되었죠? 시험 부정이라도 저질렀나요?

아 빠 그 부분에 대한 자세한 내용이 1939년 3월 31일 자 만주신문에 실려 있어. 그 신문 기사에는 '혈서 군관 지원'이라는 큰 제목 밑에 박정희는 만주군에 다시 지원하면서 지원서류에 자신의 혈서와 채용을 호소하는 편지를 첨부하여 제출함으로써 반드시 만주군에 들어가려고 했다고 나와 있어. 혈서를 써서 신문에 날 정도였으니 여론몰이에 성공해서 당연히 합격 했고, 군관학교 졸업 후에는 일본육사에 3학년으로 편입해서 제57기로 졸업한 뒤에, 만주보병 제8사단에서 일본이 제2차 세계 대전에서 패망할 때까지 만주국의 장교로 근무했는데, 해방 이후에는 남조선로동당에 입당했어.

호림 아니, 뭐라고요? 박정희 대통령은 친일행적에다가 심지어 공산당 활동까지도 했단 결론이잖아요!

아빠 박정희에 대한 평가는 긍정과 부정의 양면으로 다양하게 나뉘어 있어. 누구든 동전의 양면처럼 잘한 것이 있으면 잘못한 것도 있게 마련이야. 그게 신이 아닌 사람의 본 모습이지. 잘한 것은 잘한 것으로 인정하고, 또한 잘못한 부분에 대해서는 있는 그대로 쿨하게 인정하면 되는데, 많은 사람이 자신의 입장에 따라서 한쪽면만 강조하고 나머지는 전혀 인정하지 않으려는 경향을 보이는 것이 우리사회의 불편한 진실이야.

뱀의 발 "만주국 위해 견마(犬馬)의 충성" 박정희 혈서 신문 공개 (국민일보 2009.11.06)

박정희 전 대통령이 혈서를 쓰고 만주군에 지원했다는 내용의 옛 신문기사가 공개됐다. 민족문제연구소는 1939년 3월 11일자 '만주신문'의 사본을 공개하고, 박 전 대통령이 당시 만주국 군관이 되기 위해 혈서까지 써가며 채용을 호소했다고 5일 밝혔다. 연구소는 8일 박 전 대통령 등이 포함된 친일인명사전을 발표할 예정이다. 만주신문은 일제 강점기 만주 지역에서 일본어로 발행되던 신문이다.

이 신문에 실린 '혈서(血書) 군관 지원, 반도의 젊은 훈도(訓導)로부터'라는 기사에 따르면 박 전 대통령은 연령 초과로 만주국 군관 선발에서 탈락하자 '한 번 죽음으로써 충성함(一死以テ御奉公 朴正熙)'이라는 혈서를 써 편지에 동봉했다. 박 전 대통령은 편지에서는 "일본인으로서 수치스럽지 않을 만큼의 정신과 기백으로 일사봉공(一死奉公)의 군건한 결심입니다. 확실히 하겠습니다. 목숨을 다해 충성을 다할 각오입니다. 한 명의 만주국군으로서 만주국을 위해, 나아가 조국을 위해 어떠한 일신의 영달을 바라지 않겠습니다. 멸사봉공, 견마의 충성을 다할 결심입니다"라고 적었다.

연구소 관계자는 "박 전 대통령의 언행이 담긴 객관적인 사료를 공개해 불필요한 논란 확대를 막고, 이성적인 토론으로 전환하는 계기로 삼자는 것"이라고 기사 공개 배경을 설명했다.

참군인 이용문 장군

엄 마 아무튼 박정희의 입장에서는 이용문 장군이 무척 고마운 존재였겠네요?

아 빠 당연하지. 게다가 이용문 장군의 성품은 활달하고 호방한 편이었는데 시국관도 비슷해서 박정희가 가장 존경하는 인물이었다고 해. 그런 이용문 장군을 한 마디로 평가할 수 있는 말이 바로 '참군인'이야.

아 름 구체적으로 이용문 장군의 업적은 뭔가요?

아 빠 이용문 장군을 기리는 쪽에서 만든 자료에 의하면, 6·25 전쟁 당시에 수도 서울을 사수한 유일한 군(軍) 지휘관으로 되어 있어.

호 림 서울이 함락되었는데, 어떻게 싸웠다는 말이죠?

아 빠 남산에서 서울이 수복될 때까지 게릴라전을 벌였고, 여러 가지 무공을 세워서 군(軍) 최고의 영예인 '태극무공훈장'을 받았다고 해. 특히, 1951년 치열했던 현리전투에서는 9사단 부사단장으로 있었는데, 당시 중공군의 엄청난 인해전술공격에 맞서 상황의 불리함을 인식한 국군 지휘관들이 대부분 계급장을 떼고 은폐하는 가운데서도, 유일하게 지휘관의 계급장을 부착하고 성공적으로 작전을 수행했다고 해.

아 름 듣고 보니 참군인이라는 소리를 들을 만하네요!

아 빠 또 6·25로 인해 전시 임시수도였던 부산에서의 정치 파동 당시에 이용문 장군은 육군본부의 작전국장으로 있으면서 당시 이승만 대통령의 국회 정치 파동 진압을 위한 군 동원명령에 대해서 '군은 정치를 알아야 하지만, 정치에 이용당하여서는 안 된다'면서 끝까지 거부했다고 해.

호 림　오늘 이용문 장군 묘역에서 배운 것을 한마디로 요약하면 '참군인'
　　　입니다!

뱀의 발　부산 정치 파동(釜山政治波動)

부산 정치 파동(釜山政治波動, 1952년 5월 26일)은 이승만 대통령이 자신의 재선을 확실히 하고, 독
재정권 기반을 굳히기 위해 한국전쟁 중에 임시 수도인 부산에서 폭력을 동원하여 강제로 국회의원을
연행하고 구속한, 일련의 정치적 파행이다.

이승만 정권의 잇따른 실정으로 인해 1950년 5월 국회의원 선거결과 야당이 압승하여 대통령 이승만
의 재선이 어려워지자 1951년 11월 30일, 정부는 대통령 직선제 개헌안을 국회에 제출하였다. 그러
나 1952년 1월 18일에 국회가 이를 부결함으로써 정부와 국회간의 알력이 표면화되었다. 이에 정부
는 국회해산을 요구하는 '관제민의(官製民意)'를 동원하여 국회의원을 위협하는 한편, 5월 25일에 국
회 해산을 강행하기 위하여 부산과 경상남도, 전라남도, 전라북도의 23개 시 · 군에 계엄령을 선포하
였다. 그리고 5월 26일에는 대통령 직선제를 강행하는 한편, 내각제를 주장하는 야당 의원 50여 명을
헌병대가 연행하는 정치파동을 일으켰다.

그러나 정치 파동에 대한 국제적인 비난 여론이 쇄도하자, 국회의원 장택상을 중심으로 한 신라회(新
羅會)가 주축이 되어 대통령 직선제를 골자로 하는 정부안과 내각 책임제를 골자로 하는 국회 안을 발
췌하고 혼합한 이른바, 발췌개헌안을 마련했다. 7월 4일, 군경들이 국회의사당을 포위한 가운데 국회
의원들은 기립하는 방식으로 투표하여 출석 의원 166명 중 찬성 163표, 반대 0표, 기권 3표로 발췌개
헌안을 통과시켰다. 이로써 이승만 독재 정권의 기반이 굳어졌다. 이 당시 헌병대가 야당 국회의원들이
탄 버스를 통째로 끌고 사라지는 모습은 이 사건을 상징하는 유명한 사진으로 남아있다.
(출처: 위키백과)

서상일 선생 묘　　김도연 선생 묘

김창숙 선생 묘　　　　신숙 선생 묘

양동일 선생 묘　　　　　　솔밭근린공원 상단

유림 선생 묘　　　　국립 4.19
　　　　　　　　　민주 묘지

이시영 선생 묘

광복군 합동묘

김병로 선생 묘

이준 열사 묘

제2구간 순례길

국립 4 · 19 민주묘지

→ 순례길 코스 위에서 4.19 묘지에 최대 근접하여
묘역이 직접 눈앞에 보이는 곳

북한산을 배경으로 한 4.19민주묘역 전경

수유동 일대에 순국선열의 묘가 집중적으로 몰린 것은
풍수적인 이유가 크다.

아 빠 자, 지금부터는 둘레길 주변에서 수많은 순국선열을 집중적으로
만나게 될 거야. 특히, 4 · 19 묘지가 있는 이곳 수유동 일대에는
4 · 19 묘지 이외에도 순국선열의 묘가 21기나 몰려있어서 둘레길
의 이름도 '순례길'이야.

아 름 아빠, 순국선열들의 무덤이 왜 이곳에 집중적으로 몰려 있는 거죠?

아 빠 그 이유는 아마도 풍수 때문인 것 같아. 특히, 이곳 수유동 일대는
북한산과 도봉산 자락이 좌우를 포근히 감싸고 있어서 예로부터
명당자리로 알려졌어. 한마디로 바람이 잦아드는 장풍국면으로는
좋은 조건을 갖춘 자리야. 그
래서 풍수 공부하는 사람들
의 실제 답사코스에도 빠지
지 않고 들어가는 곳이 바로
이곳이야.

엄 마 4 · 19 묘지가 이곳에 들어
선 것도 풍수적인 이유 때문

전망대에서 바라본 4.19민주묘역 전경

이구나! 지도를 봐도 이곳은 북한산 속으로 움푹 들어온 자리에요.
게다가 뒤쪽에는 인수봉이 든든히 버티고 있어서 찬바람을 막아주
고, 앞쪽은 시원하게 시야가 탁 트여 있으니, 나 같은 왕초보가 봐
도 이 일대가 풍수 명당자리임을 쉽게 알 수 있을 것 같아요.

아 빠 저기 보이는 것이 국립 4 · 19 민주묘지야. 보통은 줄여서 4 · 19
묘지라고 하지. 묘역의 한가운데 불쑥 솟아있는 7개의 21m 높이

의 화강석 돌기둥은 4월 학생혁명 기념탑인데, 1960년 4월에 불의
와 독재에 항쟁하다가 희생된, 185명의 4·19 혁명 희생자들의 숭
고한 정신을 기리고자 전 국민의 성금과 국고보조로 세운 거야. 저
곳에 분향소가 설치되어 있어.

호 림 기념탑의 양쪽에 있는 조그만 돌기둥들은 뭐에요?

아 빠 그건 만장을 나타내는 거야. 만장은 돌아가신 분에 대해서 슬퍼하
며 지은 글을 비단이나 종이에 적어서 깃발처럼 만든 것인데 상여
행렬의 앞쪽에 자리를 잡고 행렬을 인도하지.

아 름 그래서 저 만장들의 위치도 무덤들의 앞쪽에 있군요!

엄 마 만장은 보통 생전에 고인과 친분이 있었던 사람들이 써서 바치는
글이기 때문에, 만장 행렬의 규모는 곧 고인의 사회적 지명도를 알
려주는 척도로도 사용된단다.

아 빠 저기 만장 기념물은
기념탑 좌우 뒤편 묘
역에 각각 10개씩 있
는데 7m 높이의 화
강석 돌기둥으로 되
어 있고 4·19 혁명
희생자들의 영령을
애도하는 마음을 표
현하고 있어.

분향소

아 름 4·19 혁명은 학생들이 일으켰다고 들었는데 자세히 설명 좀 해
주세요.

7개의 21미터 높이 화강석으로 세워진 4월학생혁명기념탑

아 빠 4 · 19 혁명의 역사적인 의의는 우리나라 헌정사상 최초로 자유민
주주의를 수호하기 위해서 불의의 독재 권력에 항거한 혁명이라는
데 있어. 1960년 3월 15일에는 국민의 직접선거로 실시된 제4대
대통령 선거 및 부통령 선거가 있었는데, 이 선거가 역사상 가장 부
정한 선거였기 때문에 '3 · 15 부정선거'라고 불러.

아 름 우리나라에도 미국처럼 부통령이 있었어요?

엄 마 지금 우리나라 행정부에는 대통령만 있지만, 1950년대에는 미국처
럼 대통령과 부통령이 있었단다.

아 빠 그런데 6 · 25 전쟁 이후에 미국으로부터 무상 원조가 차츰 줄어서
경제상황이 악화되기 시작했고, 이승만의 장기집권을 위한 무리한
개헌 등 정치권력의 부정부패가 갈수록 심해지자, 당시 집권당인 자
유당에 불리한 여론이 사회 전반에 팽배하게 되었어.

호 림 무리한 개헌이라는 게 어떤 내용이었어요?

아 빠 1948년 우리나라 최초의 대통령으로 이승만이 취임 했는데, 당시
의 대통령 선거는 국회에서 대통령을 선출하는 간접선거 방식이었
어. 하지만 이승만이 정치를 너무 못해서 1952년에 실시될 제2대
대통령 선거에서 낙선이 확실시되자, 이승만과 집권 자유당은 부산
정치파동을 통해서 대통령직선제로 헌법을 바꿨어. 그것이 제1차
개헌이고 그 결과로 이승만은 제2대 대통령에 당선이 되었지.

아 름 개인의 욕심을 위해서 헌법까지 바꾸다니, 참 어이가 없네요!

아 빠 그런 대통령이 정치를 제대로 했겠니? 그런데 권력에 대한 욕심은
끝이 없나봐! 임기 중반인 1954년에 이승만은 2번까지만 대통령

이 될 수 있는 헌법을 다시 뜯어 고쳐서, 대통령 3선제한 규정을 없애 버렸어. 아예 대놓고 장기집권을 하겠다고 선언을 한 것이지. 그것이 제2차 개헌이야.

기념탑 좌우 뒤편에 각각 7미터 높이로 10개씩 세워진 만장기념물

사사오입 개헌은 당시 집권 여당이었던 자유당이 사사오입(반올림)을 내세워 당시 정족수 미달이었던 헌법안을 통과시킨 제2차 헌법 개정에 붙은 별칭이다.

1954년 5월 20일, 국회의원 선거에서 원내 다수를 차지한 자유당은 이승만의 종신 집권을 가능케 하기 위하여 "초대 대통령에 한해 중임 제한을 없앤다."는 것을 주요 골자로 하여 9월 8일 국회에 제2차 헌법 개정안을 제출하였다. 그러나 같은 해 11월 27일, 국회 표결 결과 '재적의원 203명 중 2/3이 찬성해야 한다.'는 원칙에 따른 가결정족수(可決定足數) 136명에서 한 명이 모자란 찬성 135표, 반대 60표, 기권 7표라는 결과가 나왔다. 이에 따라 당시 국회부의장 최순주(자유당 소속)는 부결을 선포했으나, 이틀 후 자유당은 이정재 감찰부 차장의 동대문 사단을 국회 방청석에 투입시켰고 사사오입의 원리를 내세워 이를 번복하였다.

원래 재적의원 203명의 2/3은 135.33…명으로서 정족수의 경우 이 숫자보다 많아야 하기 때문에 보통 올림 한 숫자인 136명이 맞았다. 그러나 자유당은 당시 대한수학회 회장이었던 최윤식 교수까지 내세우며 사사오입, 즉 반올림을 하는 것이 맞는다는 해괴한 주장을 내세워 정족수를 135명으로 하여 가결된 것으로 정정 선포하였다. 이는 절차적인 면뿐만 아니라 내용적인 면에서도 헌법에 위배되는 위헌 헌법 개정이었고, 이 헌법 개정으로 1956년 대통령 선거에서 이승만이 또다시 재선을 하게 되었으며 헌법을 불법적으로 개정하면서까지 장기 집권하려는 사례는 장기집권과 독재를 하기 위해 헌법을 마음대로 변개하는 취약성을 드러냈다.

〈한 표 일화〉 개헌 투표 당시 투표용지에는 '가(可, 찬성)'와 '부(否, 반대)' 단 두 글자만 쓰여 있었는데 부산에서 당선된 자유당 소속의 한 국회의원은 자신이 문맹이었던 탓에 기표소에 들어가서 투표용지를 펼쳐 보았더니 사각형이 可에도 들어 있고 否에도 들어 있어서 시킨 대로 양쪽에 모두 도장을 찍었다고 한다. 결국 이 투표용지는 개표 과정에서 무효표로 처리되었다. (출처: 위키백과)

1954년 대통령 3선 제한규정철폐가 1972년에도 똑같이 되풀이 된다

엄 마 18년 후인 1972년에도 박정희라는 사람이 똑같은 짓을 했단다. 물론 이로 인한 비극적인 정치적 결말도 비슷했지. 그래서 역사는 돌고 도는 것인가 봐!

아 빠 그래서 1956년에 실시된 제3대 대통령 및 부통령 선거에서는 대통령에 이승만이 당선되기는 했지만, 부통령에는 집권 여당인 자유당이 아니라 야당인 민주당의 '장면'이 당선되었어. 그 결과 이승만과 자유당의 입장에서는 완전독재체제를 구축하는데 약간 문제가 생긴 거야. 게다가 2년 후인 1958년에 치러진 국회의원 선거에서 민주당의 의석수가 더욱 늘어나자 자유당은 한층 더 불리해졌어. 그래서 당황한 자유당은 1960년 3월 15일 정·부통령 선거에서 부통령 후보자 이기붕을 당선시키기 위해 내무부 관료들과 자유당 소속 정치폭력배들을 총동원해서 엄청난 부정선거와 개표 조작을 감행했어.

호 림 대통령이 아닌 부통령을 당선시키기 위해 부정선거를 했다고요? 잘 납득이 안가네요? 부통령보다 대통령이 훨씬 더 중요한 자리가 아닌가요?

아 빠 1960년의 선거는 제4대 정·부통령 선거였는데 집권당인 자유당의 대통령후보로는 이승만, 부통령 후보로는 이기붕이었고, 야당인 민주당의 대통령 후보로는 조병옥, 부통령 후보로는 장면이었어. 그런데 민주당의 대통령 후보인 조병옥 박사가 선거를 겨우 20일 정도 남겨두고 병으로 사망하는 바람에 자유당으로서는 이승만이 단독후보가 되는 뜻밖의 행운을 잡았어. 하지만 부통령이 문제였지.

순례길

2 · 28 대구 학생의거 당시 모습

2 · 28 대구 학생의거는 이승만 정권 시절인 1960년 2월 28일 3 · 15 대선을 앞두고 자유당 독재에 항거, 대구에서 일어난 학생의거로 이후 마산의 3 · 15 부정선거 항의시위로 이어졌고 4 · 19 혁명의 도화선이 된 사건이다.

민주당 정 · 부통령 후보인 장면 박사의 유세일이자 일요일인 이날 당국이 학생들이 민주당 유세장에 못나가도록 등교 지시를 내린 것이 2 · 28 대구 학생의거의 발단이 되었다. 경북고는 일요일인 이날 등교지시를 내린다. 사유는 3월에 있을 중간고사를 앞당겨 친다는 사유였다. 대구시내 다른 국공립 고등학교 7개 역시 일요 등교를 지시 한다. 사유는 토끼사냥, 영화 관람과 같은 황당한 이유도 있었다. 1960년 2월 27일 오후 대구 동인동 이대우 경북고 학생부 위원장 집에 경북고, 대구고, 경북대부속고 학생 8명은 부당한 일요등교 지시에 항의를 하기 위해 시위를 조직했고, '백만 학도여 피가 있거든 우리의 신성한 권리를 위해 서슴지 말고 일어서라'는 결의문도 작성했다. 2월 28일 오후 1시 학생 800여 명이 대구 반월당을 거쳐 도청으로 가는 과정에서 다른 학교 학생들이 합류하며 시위대는 커졌고 도중에 유세장으로 가던 장면 박사를 만났을 땐 '만세'를 부르기도 했다.

당시 도지사는 학생들에게 "이놈들 전부 공산당"이라고 한 반면, 시민들은 구타당하는 학생을 경찰에게 달려들어 말리고 박수를 쳤고, 치맛자락에 모자를 감춰 학생을 숨겨주는 부인이 대부분이었다. 1,200여명의 학생이 시위에 참여를 했고 그 중 120여명이 경찰에 체포된다. 하지만 경찰은 시위가 번질 것을 우려해 주동자 일부를 제외 하고 대부분 학생을 석방하게 된다. 2 · 28 운동은 고교생들이 주체이고, 계획적 조직 시위의 민족운동 요건을 갖춘 학생운동이었다. 우리 역사상 6 · 10 만세 사건, 광주 학생운동에 이은 의거로 전후 학생운동의 효시가 되기도 했다. 특히 4 · 19 혁명의 도화선으로 독재 정권을 무너뜨리는 결정적인 계기를 만들었으며, 한일 수교 반대와 그 이후 민주화 운동에 큰 영향력을 미쳤다. (출처: 위키백과)

3 · 15 부정선거에서 대통령보다
부통령을 당선시키는 것이 더 절실했던 이유

엄 마 특히, 1960년은 1875년생인 이승만이 만 85세라는 고령이었기 때문에 대통령의 유고시 대통령직을 승계할 부통령이 매우 중요 했단다.

아 빠 부정선거의 내용이 얼마나 심했냐 하면 지금으로서는 상상할 수도 없는 정도였어. 세 사람 또는 다섯 사람씩 짝을 지어서 기표하게 하고 자유당원에게 그것을 검사받는 3인조, 5인조의 공개 투표를 했고, 투표소 주변에 정치깡패들을 자유당 완장부대로 동원해서 민주당 지지자들에게 위협을 주었고, 있지도 않은 사람을 유권자로 둔갑시켜서 자유당에 투표하게 하는 유령유권자 조작을 했고, 심지어 총 유권자의 40%에 달하는 자유당 표를 미리 투표함에 넣어두는 4할 사전투표를 시도했어.

아 름 아니, 40%나 되는 표를 미리 넣어두면 총유권자의 숫자보다 투표 용지가 더 많아질 수도 있잖아요?

아 빠 그런 경우가 당연히 도처에서 나왔지. 게다가 개표 도중에 자유당 부통령 후보 이기붕의 득표율이 너무 높게 나오는 결과가 나오자, 자유당에서는 자기당의 후보가 97%를 넘어 갈 것을 우려했고, 이렇게 되면 부정선거임이 너무 들통 날까 봐 '걱정'을 할 정도였어. 그러자 내무부 장관인 최인규 등은 '이승만은 80%로, 이기붕은 70~75% 선으로 조정하라'고 지시했고, 그 결과 이기붕 후보가 79.2%의 득표율로 부통령에 당선되었어.

아 름 그렇지만 국민이 가만히 있지 않았을 것 같아요.

아 빠 오히려 가만히 있었다면 그것이 더 이상했겠지? 이미 부정선거라는 사실이 들통 났고, 40% 사전투표로 인해 일부 지방에서는 투표함을 확인하던 중에 투표자 수가 유권자 수보다 많은 경우가 발견되자, 급기야 투표함을 불에 태우는 일까지도 일어났어.

호 림 쯧쯧... 부정선거도 정도껏 했었어야지.

아 빠 선거 이튿날인 3월 16일에는 마산 등지에서 부정선거에 항거하는 시위가 발생했어. 시위가 지속되자 정부는 계엄령까지 선포해서 시위를 진압하고자 했음에도 많은 사람이 시위에 참여했어. 그러자 이승만 정권은 "공산주의 세력이 개입했다!"는 말도 안되는 말까지 꺼내가면서 폭력적인 진압을 강행하게 되는데 이 때문에 곳곳에서 수많은 사람이 죽어갔어.

엄 마 반민주 세력들의 대응은 어쩌면 그리도 똑같을까요? 자신들이 불리할 때는 항상 북한을 팔아먹는데 그런 전통이 아직까지 이어지고 있으니 참….

3·15 마산의거 당시 모습

3 · 15 마산시위는 1960년 3월 15일 마산시(현 창원시)에서 3 · 15 부정선거에 대한 항의로 일어난 시위이며, 정부의 부정선거 행위에 대항해 의롭게 거사를 했다는 뜻에서 '3 · 15 의거'라고 부르기도 한다. 3 · 15 마산의거는 4 · 19 혁명을 촉발하는 계기가 되었다. 정부는 2010년 3월 9일 청와대에서 열린 국무회의에 3 · 15 의거를 국가기념일로 정하는 '각종 기념일 등에 관한 규정 일부 개정령 안'을 의결하고, 3월 12일에 공포하였다.

1960년 3월 15일 마산시의 민주당 간부들은 경찰의 제지를 뚫고 투표소 안으로 들어가 40% 사전투표와 3인조 공개투표를 비롯한 자유당의 부정선거 현장을 확인했다. 이들은 당사로 돌아와 10시 30분에 선거 포기를 선언했으며, 이내 시위를 준비했다. 민주당 의원 정남규를 중심으로 한 당 간부들이 앞장을 섰고, 저녁 7시 30분경 1,000여 명의 마산 시민이 민주당 마산시당사 앞에 모이게 했다. 시민과 학생들이 뒤를 따르는 시위대가 행진해 감에 따라 시위군중은 수천 명으로 불어났다. 경찰이 정남규 등 당 간부들을 연행하면서 강력 대응하자 오히려 시위군중은 더욱 늘어나 밤 8~9시경에는 만여 명이 넘었다.

이때 경찰과 대치하였는데 정전이 되었다. 경찰은 시위대에 총격을 가했고 경찰의 발포는 시위대를 분노하게 만들어 시위대는 돌을 던지며 이에 맞섰다. 시위대는 경찰의 총격에 쫓기면서도 자유당 당사, 서울신문 지국, 국민회, 남성로파출소, 파출소장의 집 등을 파괴했다. 이때 자유당 의원 허윤수의 집도 파괴되었다. 허윤수는 민주당으로 출마하여 당선된 뒤 자유당으로 당적을 옮겨 시민들로부터 "변절자"로 낙인이 찍혔을 뿐만 아니라 경찰 책임자에게 강경 진압을 요구했다는 소문이 났다. 경찰의 발포로 7명이 사망하고, 870명이 부상을 당했다. 또한, 4월 11일 아침 당시 마산상업고등학교의 학생이었던 김주열이 왼쪽 눈에 최루탄이 박힌 채 시신의 모습으로 마산만에 떠 있는 것이 발견되면서 시위는 더욱 격화되었고, 이후 전국적으로 시위가 확산되어 4 · 19 혁명을 촉발시키기에 이르렀다.

국회조사단은 이날의 시위대에 대한 경찰의 총격이 시위대의 해산이 아닌 살상을 목적으로 이루어진 것을 밝혀내었다. 하지만, 정작 당시 대통령이었던 이승만은 마산 시위가 공산당이 사주해서 벌어진 일인 양 주장하였다. 부통령 당선자 이기붕은 정치부 기자들과의 회견 자리에서 마산 시민들에 대한 정부의 강경 대응을 따져 묻자, "총은 쏘라고 준 것 아닙니까?"라고 대답했다.

4.19 혁명의 직접적인 계기인 김주열 사건과 고려대학생 피습사건

아 빠 한편 어린 학생들까지 시위에 참여하면서, 이들도 죽는 경우가 생겨났어. 특히, 4월 11일에는 3·15 마산시위 당시에 마산 앞바다에서 실종되었던 학생 김주열이 최루탄이 눈에 박힌 주검으로 발견되었는데, 심지어 그것이 경찰의 소행으로 밝혀지자, 학생과 시민의 분노가 또다시 폭발하여 시위는 걷잡을 수 없이 격화되었어.

엄 마 그 참혹한 사진이 당시 신문에 그대로 실렸는데 너무나 끔찍했단다.

아 빠 지방에서뿐만 아니라 서울에서도 심심찮게 시위가 일어났는데, 4·19 하루 전날인 4월 18일에는 고려대학교 학생들이 정오에 총궐기 선언문을 발표한 후에, 세종로와 태평로 일대로 진출해서 시위를 벌였어. 하지만, 유진오 고려대학교 총장 등의 만류로 오후 4시쯤 시위를 중단하고, 평화행진을 하면서 귀교하는 도중에 대한반공청년단이 포함된 정치폭력배들로부터 취재 기자들 일부와 함께 학생들이 피습된 4·18 고려대학생 피습 사건이 일어나서 학생 2명이 죽고, 수십 명이 부상당하는 참극이 벌어졌어.

엄 마 그래서 고려대에서는 매년 4·18을 기념하는 행사를 벌인단다.

아 빠 이렇게 되자 이승만과 자유당에 대한 지지도는 순식간에 그야말로 끝 모를 추락을 하게 되었지. 결론적으로 김주열 사건은 고려대학생 피습사건과 더불어 4·19 혁명을 촉발하는 직접적인 계기가 되었어.

아 름 이제 드디어 4월 19일 차례가 되었네요! 그 다음이 너무 너무 궁금해요.

수십 명의 고귀한 목숨을 앗아간 피의 화요일 4월 19일

아 빠 4월 19일이 되자, 전날 고려대학교 학생들이 발표한 총궐기 선언문과 같은 선언을 발표한 대학생들과 이에 고무되어 자극을 받은 중·고등학교 학생들이 당시 대통령 관저인 경무대와 '서대문 경무대'로 불리던 이기붕의 자택으로 몰려갔어. 그들은 경무대 앞에서 이승만 대통령과의 면담을 요구했고, 김주열의 죽음에 대한 관련자 처벌을 요구했어. 하지만 그 와중에 곳곳에서 경찰의 무차별 사격발포가 자행되어서 수십 명의 어린 학생들이 죽고, 수백 명이 부상을 당했어.

호 림 비무장한 어린 학생들에게 총을 쏘다니! 이런 죽일 놈들….

아 빠 재선거와 이승만 대통령의 하야를 요구하는 시위대에 당황한 자유당 정권은 오후 3시 계엄령을 선포했어. 하지만 계엄령에 주춤했던 시위는 시간이 감에 따라 더욱 번져갔는데, 4월 23일, 장면 부통령이 사임하면서 민주화를 위해 노력할 것을 선언했어. 또한, 4월 25일에는 묵묵히 사태의 추이를 지켜보던 대학교수들까지 시위에 합세함으로써, 이승만 정권은 곧 무너질 위기를 맞게 되었어. 학생들을 중심으로 한 시위가 사회 전 계층으로 확산되자, 당시 주한 미국대사는 이승만 대통령을 찾아가서 하야할 것을 권유, 설득하였고, 법무부 장관과 외무부 장관 등도 이승만에게 하야를 요청했어.

엄 마 이승만으로서는 믿었던 미국까지 등을 돌렸으니….

아 빠 내 생각에도 아마 미국이 가장 큰 영향을 줬을 거야. 아무튼, 장시간 동안 여러 사람의 설득 끝에 이승만 대통령은 하야를 결정했어. 그리고 라디오 연설을 통해, 대통령 자리에서 하야하겠다고 발표했는데, 연설 내용 중에 이런 구절이 들어있어. "국민이 원한다면 대통령직을 사임하겠다."

호 림 국민이 원한다면? 아니, 사태가 그 지경이 되었는데도 아직도 무슨 단서를 다는지….

아 빠 그런 것이 정치라는 거야.

이승만의 망명과 죽음

아 름 이승만 대통령은 그 뒤 어떻게 되었나요?

아 빠 이승만 대통령은 5월 29일 새벽 극비리에 하와이로 망명했어. 그렇지만 그는 처음에 한국을 떠날 때 영구 망명까지는 생각하지 않았던 것 같고, 다만 한두 달 정도 잠시 피하는 걸로만 생각했었나 봐. 그러나 허정 과도내각과 제2공화국 장면 정권은 이승만의 귀국을 허락하지 않았어. 하와이에서 망명 생활 중이던 이승만은 향수병에 걸렸는데 한국에 돌아오고 싶어서 1962년 3월 17일 자 비행기 표까지 끊어놓고, 3월 16일에는 '사과 성명'을 발표하기도 했지만, 3월 17일 박정희는 특별지시로 이승만의 귀국을 막았어. 3월 18일 자 신문들도 사설을 통해 이승만의 귀국을 반대했어.

엄 마 그만큼 이승만에 대한 국민적인 감정이 좋지 않았던 거야. 그런데도 겨우 50년 정도 지난 지금은 이승만을 추종하는 세력들이 판을 치는 세상이 되었으니….

아 빠 모국에서의 차디찬 반응에 이승만은 실어증에 걸릴 정도로 고생했어. 이후 이승만은 망명생활중 병세가 악화되면서 망명지인 하와이에서 조용히 살다가, 1965년에 하와이 호놀룰루 요양원에서 병으로 사망했는데, 그때 이승만의 나이는 91세였어.

호 림 쳇, 91세면 누릴 것은 다 누리고 죽었네요. 그럼, 3 · 15 부정선거의 또 다른 핵심인물이었던 이기붕은 어떻게 되었나요?

이기붕의 일가의 비극적 최후

아 빠 양주의 모 육군부대로 피신했던 이기붕은 4월 27일에 몰래 경무대로 들어왔어. 하지만 그의 장남이었던 이강석 소위는 4월 28일 새벽에 아버지 이기붕뿐만 아니라, 어머니와 남동생까지도 총으로 쏴 죽이고, 자신도 자살했어.

엄 마 부패정권의 끝은 참 허망하구나….

아 빠 이강석은 이기붕의 장남이지만 이승만의 양자이기도 해.

아 름 예? 그게 어떻게 그럴 수가 있죠?

아 빠 이강석은 1957년 3월 26일, 이승만의 83세 생일에 맞춰서 이승만의 양자로 입적되었는데, 부부였던 이승만과 프란체스카 사이에 소생이 없었기 때문이야. 원래 이승만에게는 전처와의 사이에 아들이 하나 있었지만, 미국 체류 중에 병사했고 그 때문에 이승만은 그 죽은 아들을 늘 잊지 못했다고 해. 그런 아들에 대한 이승만의 집착과 이기붕의 아들인 이강석에 대한 프란체스카의 애정으로 이강석은 이승만의 83세 생일에 맞춰서 양자로 입적이 된 거야.

호 림 그런 관계였으니 더더욱 이기붕을 부통령으로 만들려고 부정선거를 꾸몄겠군요!

아 빠 양자 입적 후에도 이강석과 관련된 추문 역시 들끓었어. 당시 이강석은 서울대 법대를 다녔는데, 학교에서는 이강석의 '부정편입' 문제로 말이 많았어. 그래서 서울대 법대생들이 동맹휴학에 돌입하는 사태가 벌어지기도 하자, 이강석은 서울 법대를 중퇴하고 육군사관학교로 재입학해서 제12기로 졸업했고, 육군 소위로 임관했지. 이기붕 일가족 자살에 대해서는 당시 경무대 경호 책임자였던 곽영주가 이승만의 하야를 막기 위해 여론을 무마시키고자 그를 비밀리에 살해했다는 설도 있지만 더 이상 밝혀진 것은 없어.

뱀의 발 4.19 당시 숨진 어느 여중생의 편지

어머님께

시간이 없는 관계로 어머님 뵙지 못하고 떠납니다... 어머님 데모에 나간 저를 책하지 마십시오. 우리들이 아니면 누가 데모를 하겠습니까. 저는 아직 철없는 줄 압니다. 그러나 조국과 민족을 위하는 길이 어떻다는 걸 알고 있습니다... 저는 생명을 바쳐 싸우려합니다. 데모하다 죽어도 원이 없습니다. 어머님, 저를 사랑하시는 마음으로 무척 비통하게 생각하시겠지만 온 겨레의 앞날과 민족의 해방을 위해 기뻐해주세요. 부디 몸 건강히 계세요. 거듭 말씀드리지만 저의 목숨은 이미 바치려고 결심하였습니다. — 4·19 혁명에 참여, 희생된 당시 한성여자중학교 학생, 진영숙(16세)의 마지막 편지임.

신숙 선생 묘

 신숙 묘

신숙 선생 묘

강경 무장독립투쟁노선을 주장한 신숙 선생

아 빠 여기 묻혀 계신 분은 강재^{剛齋} 신숙^{申肅, 1885~1967} 선생이야. 이 안내판
에 적혀있는 것처럼 1885년에 경기도 가평에서 태
어나서 한평생을 독립운동에 몸 바치신 분이야. 선
생은 가평군의 군서기로 약 2년간 근무하다가 손
병희 교조의 사상에 찬동해서 1903년에 동학, 즉

신숙 선생

천도교에 들어갔어. 그 후로 천도교의 주요 요직을 두루 거쳤고 1919년 3·1 운동 때에는 〈기미독립선언서〉를 교정, 인쇄하는 데 참여해서 각 지방에 배포했다

신숙 선생 묘 안내판

고 해. 1920년 4월에는 임시정부의 요청에 따라서 천도교 대표 자격으로 중국 상하이에 망명해서 천도교의 선전에도 노력했는데, 박재혁이란 사람을 국내에 파견해서 부산경찰서에 폭탄을 투척하게 했다고 해.

호 림 그럼 테러리스트잖아요?

아 빠 호림아, 안중근 의사義士가 테러리스트냐?

호 림 당연히 아니죠!

아 빠 그럼, 의사義士와 테러리스트의 차이점은 뭐지? 예를 들면, 안중근 의사와 아랍의 테러리스트 사이의 차이점 말이야.

호 림 그게… 잘 모르겠어요.

아 름 저도 평소에 그것이 궁금했어요.

엄 마 실은 나도 궁금했는데….

아 빠 의사와 테러리스트는 큰 뜻을 위해서 목숨을 버리고, 또한 아주 극단적인 방법으로 저항의지를 표현한다는 점에서는 아주 비슷해. 하지만 그들이 무력수단을 사용할 때, 이토 히로부미나 일본군대, 혹은 일본경찰처럼 실질적인 점령주체들에 대해서 사용했느냐, 아니

면 자신이 반대하는 국가나 단체에 속한 불특정 다수에 대해서 사용했느냐 에서 커다란 차이가 있어.

아 름 아하, 그래서 9 · 11 사건을 테러라고 부르는구나!

아 빠 그렇지만, 구분이 쉽지 않은 경우도 있어. 특히, 당하는 쪽 입장에서는 대부분 테러라고 하지. 예를 들어 일본에서는 안중근 의사를 테러리스트라고 주장해. 아무튼, 신숙 선생은 상해 임시정부의 외교노선에 반대하고, 강경 무장투쟁노선을 주장했어. 그리고 1921년 9월에는 신채호申采浩, 박용만朴容萬 등과 함께 베이징에서 군사통일회를 조직하고, 국내외에서 활동하고 있는 항일운동단체, 독립군을 총망라해서 국민대표회의를 개최했으며, 이 회의에서 장차 전개될 독립운동의 새로운 방향과 전략을 모색할 것을 주장하기도 했어.

호 림 아무튼 이 분은 온건파가 아니라 과격파군요!

아 빠 이곳 묘역을 포함해서 순국선열 묘역은 북한산이 바위산이라는 특성 때문에 대부분 주변에 암석이 많아. 그래서인지 신숙 선생의 묘도 우백호 쪽의 사성莎城 끝 부분에 괴석이 저처럼 튀어나와 있어.

아 름 사성이요? 왕릉에서는 곡

신숙 선생 묘 비석

장이라고 불렀던 것 같은데요?

아 빠 응, 사성은 원래 풍수지리 용어인데, 무덤 뒤에 반달 모양으로 두둑
하게 둘러싼 토성土城을 가리키는 말이야. 풍수명당기운을 잡아두는
왕릉의 곡장과 같은 기능을 하는 거야. 자, 그럼 이제 더 위쪽으로
올라가서 김도연 선생의 묘로 가 볼까?

호 림 아빠! 마무리는 하고 가야죠! 신숙 선생 묘역에서 배운 것을 한마
디로 요약하면… '정당한 힘의 사용!'입니다.

신숙선생 묘, 우백호 끝 쪽의 괴석이 튀어나와 있다

김도연 선생 묘

2·8 독립선언의 주역 김도연 선생

 김도연 묘

아 빠 이 묘의 주인공은 상산常山 김도연金度演, 1894~1967 선생
인데, 경기도 김포출신의 독립운동가 겸 정치인이
야. 이 분의 이력 중에서 특이할 만 한 것은 1919
년 2·8 독립선언 당시 11명의 대표 중의 한 사람
이란 거야. 유학 후에는 교육자로도 활동하셨는데,
아빠의 모교였던 연희전문학교의 교수로도 계셨었어.

김도연 선생

아 름 아빠가 종합대학교가 아니라 전문대학교를 다니셨어요?

엄 마 그게 아니라 아빠가 다녔던 연세대학교는 연희전문학교와 세브란
스 의과대학이 합쳐진 거야. 통합된 두 학교의 앞 글자를 따서 '연
세'라는 이름이 생겼단다.

호 림 이름이 거꾸로 되었다면 세련대학교가 될 뻔도 했겠네요? 그랬다
면 이름이 참 세련되었을 텐데….

아 름 1919년 2·8 독립선언이라면 3·1 운동 바로 직전에 있었던 일
인가요?

아 빠 응. 2·8 독립선언은 1919년 일본 도쿄에서 조선 유학생들이 조선의 독립을 선언한 사건인데, 이 사건은 다음 달 3·1 만세운동의 도화선이 되었어. 1918년 와세다 대학 철학과 학생이던 춘원 이광수는 제1차 세계대전의 휴전과 미국 윌슨 대통령의 민족자결 원칙에 관한 소식을 들은 후에 조선 독립의 희망을 품었고, 같은 대학 정경과에 있던 최팔용과 만나 결의를 밝혔어. 이에 최팔용은 여기 묻혀 계신 김도연 선생을 비롯해서 백관수, 서춘, 김철수, 최근우, 김상덕 등의 동지를 얻었고, 이광수는 2·8 독립선언서의 원문을 쓰고 영문으로도 번역했어.

엄 마 이때까지만 해도 독립운동에 적극적이던 춘원 이광수가 일제강점기의 후반에 적극적인 친일행위자로 돌변할 줄 누가 알았겠니?

아 빠 아, 그 이야기는 나중에 따로 하기로 하고… 도쿄의 조선기독교청년회관에 모여든 수백 명의 조선 재일 유학생들 앞에서 최팔용이 '조선청년독립단' 발족을 선언하고, 이광수가 기초한 2·8 독립선언서를 백관수가 낭독했어. 이때 김도연 선생도 당연히 참여했지.

김도연 선생 묘

이들은 '조선의 독립국임과 조선인의 자주민임을 선언'했고, '최후의 일인까지 최후의 일각까지 민족의 정당한 의사를 쾌히 발표하라'며 민족의 궐기를 촉구했어.

호 림 일본 경찰들은 당연히 가만있지 않았겠죠?

아 빠 독립선언서를 낭독한 후에 학생들이 최팔용의 사회 아래 대회선언과 결의를 열광 속에 가결하고 독립운동의 구체적인 방향을 논의할 때 쯤, 일본 경찰들이 들이닥쳐서, 강제 해산되는 과정에서 최팔용 외에 약 60명이 검거되었고, 그 중 8명의 학생이 기소되었어. 이때 김도연 선생도 체포되어서 경찰서에 수감되었다가, 9개월 금고형을 선고받고 도쿄형무소에서 옥고를 치렀어. 수감으로 인해 김도연 선생은 1919년 게이오 대학을 졸업하지 못하고 수료만 했지.

김도연 선생 묘비석 옆에 새겨진 유필 사귀정직

아 름 아빠, 김도연 선생의 비석 옆에 쓰여 있는 저 글귀는 무슨 뜻이에요?

엄 마 '사귀'까지는 알겠는데 세 번째 글자는 쉬운 듯하면서도 어렵네요… 마지막 글자는 직인데…

아 빠 세 번째 글자는 바를 '정'자야. 사귀정직事貴正直인데, '일에는 정직함이 귀중하다'라는 뜻이야.

호 림 김도연 선생 묘역에서 배운 것은 … '정직!'입니다!

아 빠 자, 이제 다음 순국선열이신 서상일 선생을 찾아가 보자.

이광수는 1938년 12월 14일 전향자 중심의 좌담회 '시국유지원탁회의'에 참석하여 강연을 한 것을 시작으로 적극적인 친일 행위에 나섰다. 이어 이광수는 '민족 감정과 전통의 발전적 해소를 단행하자'고 주장하면서 "의례 준칙의 일본화"와 "생활 방식의 일본화"를 역설했다. 그로 말미암아 이때부터 이광수는 '이광수(李狂獸)'라는 빈축을 사게 되었다. 그 해 1939년 3월 14일 '북지(北支)황군 위문 사절' 후보 선거 실행위원을 맡는 등 문단사절 파견을 주도하였고, 7월 잡지 《삼천리》에 '문단사절의 의의'를 발표했다. 한편 그에게는 수많은 협박 편지와 협박 전화가 쏟아졌고, 그의 주변에는 최남선 등의 소수를 제외하고는 거의 떨어져나갔다.

1939년 조선총독부에서 창씨개명 시행을 발표하면서 조선인 사회는 논란이 일어났고, 이광수 등은 창씨개명을 공식 지지, 자발적으로 동참할 것을 선언하기도 한다. 1939년 12월 12일 이광수는 경성일보에 창씨개명에 적극 동참하자는 취지의 칼럼을 기고하기도 했다. 그의 창씨개명 지지 주장에 무수한 비난이 쏟아졌다. 그러나 그는 창씨개명은 불가피한 일이며 일본과 조선총독부는 우리가 원하지 않더라도 강제로 창씨개명 하도록 조처할 것이라고 답하였다.

대한민국 정부 수립과정에서 이광수, 최남선 같은 이데올로기형 협력자들은 배제됐고, 정부 수립 이후에도 격렬한 성토의 대상이 되었던 이광수는 12월, 자신의 친일행적에 대한 경위와 친일의 역사철학적 맥락을 전면적으로 밝힌 「나의 고백」(춘추사)을 간행했다. 이 책에서 민족의식이 싹트던 때부터 일제 말기까지 자기의 행위를 '민족을 위한 선택'이었다고 서술한 후, 일제 말기의 친일 행위 역시 "애국자로서의 명예를 희생하더라도 민족보존을 위해서는 어쩔 수 없는 고육지책이었다."고 강변했다. 「나의 고백」에는 친일에 대한 변호 외에도 병자호란 당시 끌려갔던 여성들을 '홍제원 목욕'이라는 지혜를 통해 감싸 안았듯이 친일했던 사람들을 포용해야 한다고 주장하고 나섰다.

1949년 1월부터 이광수는 반민특위의 조사를 받게 되었고 반민특위의 2차 검거(문화계)가 시작된 첫날인 1949년 2월 7일에 전격 구속되어 서대문 형무소에 수감되었다. 1차 심문이 끝난 후 조사관에게 약속한 대로 친일에 대한 고백서를 썼다. 같은 날 같은 죄목으로 검거된 최남선이 "민족의 일원으로서 반민족의 지목을 받음은 종세에 씻기 어려운 대치욕"이라는 문장으로 시작되는 이른바 「자열서」를 쓴 반면, 이광수는 시종 「나의 고백」에서 보인 자세를 그대로 견지했다. 이광수는 "일제에 협력하면서 참정권과 평등권을 얻어 민족을 보존하면 독립에 한 걸음 더 나아갈 수 있다고 생각했다."고 주장하는가 하면, "나는 민족을 위해 친일했소. 내가 걸은 길이 정경대로(正經大路)는 아니오 마는 그런 길을 걸어 민족을 위하는 일도 있다는 것을 알아주오."라고 변명하기도 하였다. 또한 그는 "일본 관헌이 작성한 3만 8천 명의 조선 지식인 살생부와 자신을 바꾸려했다."고 항변하였다. (출처: 위키백과)

서상일 선생 묘

'위장집회'의 원조, 서상일 선생

 서상일 묘

엄 마 이곳의 묘비는 특이하게도 묘역의 앞쪽에서 살짝 떨어진 곳에 있네요.

아 빠 저런 식으로 일반적인 형식에서 벗어난 특이한 경
우는 대부분 풍수 때문이야. 이 무덤에는 동암東庵
서상일徐相日, 1886~1962 선생이 묻혀 계시는데, 이 분
은 대구 출신으로 일제강점기에는 국권회복운동을
했고, 해방 후에는 정계에 투신해서 한민당을 창당

서상일 선생

했고, 정부 수립 후에는 야당생활을 하면서 5~60년대에 혁신정당
운동을 벌였던 인물이야.

아 름 아빠, 여기 안내판에 '9인 결사대'를 조직했다는 말이 있는데, 뭐
하던 조직이었나요?

호 림 무슨 영화 제목 같아요!

아 빠 서상일 선생은 1910년에 '한일합방'이 되자, 9인 결사대를 조직해
서 서울 주재 9개국 공사관에 '한일합방'의 부당성을 담은 선언문
을 배포한 후에 전원이 할복자살을 계획했던 '9공사사건'(혹은 9인

서상일 선생 묘

동맹사건)을 일으켰어. 위급한 조국의 현실 앞에서 자신의 소중한 목숨을 버릴 각오를 하셨던 분이지. 그리고 이 분은 우리나라 최초로 위장집회를 기획하신 분이야.

아 름 위장집회요?

아 빠 우리나라 정치 역사상 유명한 위장집회 사건을 하나 이야기 해 줄게. 1979년 김재규가 박정희 대통령을 시해한 10 · 26 사태 직후에는 전국적으로 삼엄하게 계엄령이 발령되고 있던 때였어. 그해 11월 24일 민주인사들이 결혼식을 가장해서 서울 명동 YWCA 강당에 모여서 〈통일주체국민회의에 의한 잠정 대통령 선출저지 국민대회〉를 개최하고 유신철폐와 계엄해제를 요구하며 가두시위를 감행한 사건이 있었어.

엄 마 계엄령 하에서 그런 집회는 원천적으로 봉쇄되어 있었을 텐데…

아 빠 '신랑입장!' 하는 사회자의 선언을 신호로 해서 한 인사가 재빨리 단상에 올라가서 미리 준비한 '선언문'을 낭독했고, 그러자 '유신잔당 물러가라!', '계엄령을 해제하라!' 등의 구호가 장내에 터져 나오면서 결혼식은 삽시간에 반체제운동으로 돌변했어. 이것을 YWCA 위장 결혼식 사건, 일명 '명동 집회사건'이라고도 하는데, 이런 식으로 집회와 결사의 탄압을 모면키 위해 위장집회를 활용한 원조가 바로 서상일 선생이야.

엄 마 10 · 26 이후라면 독재 권력을 휘두르던 박정희도 이미 없어진 시점이었는데, 왜 그런 위장시위를 벌였나요?

아 빠 박정희가 죽은 뒤에도 대통령 권한대행을 맡았던 최규하는 기존의 악법이었던 유신헌법을 그대로 놔둔 채로 유신헌법에 의해서 새 대통령을 선출하겠다는 담화를 발표했고, 조속한 민주화를 촉

서상일 선생 묘 안내판

구하는 사람들을 계엄포고령을 근거로 잇따라 구속하는 등, 유신 추종세력들이 새로운 지배체제를 구축하려는 움직임을 보였기 때문이야. 그런데 이런 기발한 위장집회가 1915년 음력 정월 대보름날, 대구에서도 있었어. 서상일 선생 등 35명의 영남지역 애국유지들이 안일암에서 명절을 기리는 글짓기 시회를 연다고 일본경찰들을 속이고, 실제로는 '조선국권 회복부흥단 중앙총본부'를 결성했던 거야. 우리나라 독립운동사에는 일명 '안일암 사건'으로 널리 알려진 사건이야.

엄 마 일종의 성동격서聲東擊西 전법이군요!

아 빠 여기서 잠깐 쉬었다가 김창숙 선생 묘로 이동 하자.

호 림 요점 정리하기가 점점 어려워지네요. 서상일 선생 묘역에서 배운 것을 한마디로 요약하면... '상대방의 허를 찔러라!' 입니다!

뱀의 발 성동격서(聲東擊西) 聲:소리 성, 東:동녘 동, 擊:칠 격, 西:서녘 서

상대편에게 그럴듯한 속임수를 써서 공격하는 것을 이르는 말이다. '동쪽에서 소리를 지르고 서쪽을 친다.'라는 뜻으로, 동쪽을 쳐들어가는 듯하면서 상대를 교란시켜 실제로는 서쪽을 공격하는 것을 말하는데 다음 이야기에서 유래하였다.

중국 한(漢)나라의 유방(劉邦, BC247?~195)과 초(楚)나라의 항우(項羽, BC232~202)가 서로 싸우던 중 위(魏)나라의 왕 표(豹)가 항우에게 항복하였다. 유방은 항우와 표가 양쪽에서 쳐들어오는 위험에 처하자 한신(韓信,BC?~196)에게 적을 공격하게 하였다. 위나라의 왕인 표는 백직(柏直)을 대장으로 하여 황허강(黃河)의 동쪽 포판(蒲坂)에 진을 치고 한나라 군대가 강을 건너오지 못하게 하였다. 한신은 포판을 쳐들어가기가 쉽지 않을 것으로 여겨졌으나, 병사들에게 낮에는 큰 소리로 훈련하도록 하고 밤에는 불을 밝혀 적극적으로 공격하는 표시를 나타내게 하였다. 백직은 이러한 한나라 군대의 작전을 보고 어리석다며 비웃었다. 한신은 비밀리에 한나라 군대를 이끌고 하양에 다다라 뗏목으로 황허강을 건너서 매우 빠르게 전진하여 위나라 왕 표의 후방 본거지(本據地)인 안이(安邑)를 점령하고 표를 사로잡았다.

병법(兵法)의 한 가지로, 한쪽을 공격할 듯하면서 약삭빠르게 상대편을 속여서 방비가 허술한 틈을 타다른 쪽으로 쳐들어가 적을 무찌르는 것을 비유하는 말이다. (출처: 위키백과)

김창숙 선생 묘

유림의 대표적 독립운동가이며,
성균관대학교를 설립한 김창숙 선생

김창숙 묘

김창숙 선생 묘

아 빠   이곳은 심산(心山) 김창숙(金昌淑, 1879~1962) 선생의 묘인데, 이 분은 경상
북도 성주(星州) 출신으로 독립운동을 하신 분들 중에서 유학에 조예
가 깊으신 분이었어. 그래서 일제 강점기에는 제1
차 및 제2차 유림단 사건을 일으키는 등 유림의 대
표성을 가진 독립운동을 주도하셨고, 해방 이후에
는 유도회(儒道會)를 조직하고 유도회의 회장 및 성균
관장을 역임하셨고, 성균관대학교를 설립해서, 초
대학장에 취임하셨어.

김창숙 선생

엄 마   여보, 그런데 비문에 '유한심산선생김창숙지묘'라고 되어 있는데
앞의 유한(有韓)은 무슨 뜻이죠?

아 빠   혹시 다른 비석에서 '유명조선(有明朝鮮)'이라
고 쓰인 비문을 본 적 있지?

엄 마   유명조선이라면, 명나라가 있는 조선, 즉
명나라의 속국인 조선이라는 뜻이잖아요?

아 빠   그렇지. 유명조선이란 사대주의가 팽배하
던 조선후기 시대에 비문에서 흔히 쓰던
표현이야. 심지어 명나라가 이미 망하고
없어졌음에도 명나라의 마지막 황제였던
의종(숭정제(崇禎帝))의 연호인 숭정(崇禎)을 계
속 쓰기도 했어. 하지만 아무리 유학자 출
신이라 하더라도 독립운동을 주도하셨던
김창숙 선생이 그런 맹목적인 사대주의를
추종할 리는 없었겠지? 그래서 당연히 우
리의 국호인 한(韓)을 사용해서 자주적인 나

김창숙 선생 묘 비석

라임을 강조하신 거야.

아 름 그럼 유한有韓은 대한大韓이라는 말과 같은 뜻이겠군요!

아 빠 그렇지! 유한이라는 말은 다른 비문에서도 자주 쓰이는 말이니깐 잘 기억해 둬.

엄 마 그런데 봉분의 바로 뒤에 바윗돌이 있어서 그다지 보기에 좋지가 않네요.

아 빠 나도 그렇게 생각해. 조금 전에 보았던 김도연 선생의 묘도 봉분의 뒤쪽에 바윗돌이 있었지만, 그 경우에는 봉분과의 거리가 좀 멀어서 괜찮은 것 같았는데, 이곳 김창숙 선생의 경우에는 너무 가까운 곳에 바윗돌이 있어.

김창숙 선생 묘 잉자리에 있는 바위

호 림 봉분 바로 뒤쪽에 바윗돌이 있으면 왜 좋지 않은가요?

아 빠 호림아, 바윗돌은 뜨거운 여름 태양을 받을 때를 제외하고는 성질이 매우 차. 심지어 뜨거운 여름철이라도 밤에는 차갑게 식게 돼. 그렇게 되면 공기 중의 수분이 차가운 바위표면에 부딪쳐서 물방울로 변하는 거야.

엄 마 냉장고에서 찬 물병을 꺼내면 물병의 표면에 금방 물방울이 맺히는 원리와 같단다.

아 빠 그렇게 해서 물방울이 계속 생기다보면 그 물이 결국 바로 아래에 있는 묏자리로 흘러 들어간다는 이야기야. 물이 고이는 무덤자리는 흉당이라고 해서 반드시 피해야 할 곳이거든.

호 림 풍수도 과학적인 원리로 설명이 가능하구나!

아 빠　자, 조금 위쪽에는 양일동 선생의 묘가 있어. 그리로 가 보자.

아 름　오빠, 이번에는 내 차례야. 이곳 김창숙 선생 묘역에서 배운 것을 한마디로 정리하면… '자주!'입니다!

뱀의 발　음택풍수에서 피해야 하는 다섯 가지 흉당의 조건

풍수에서, 특히 음택풍수에서 금기시 하는 대표적인 5가지 흉당지가 있다.

첫 번째로 수맥이 흐르는 곳인데, 수렴이라고 한다. 물이 나오는 무덤이 좋지 않은 것은 상식이다.
두 번째는 뱀이나 전갈, 각종 벌레들이 나오는 곳인데, 충렴이라고 한다.
세 번째는 시신이 감쪽같이 사라진다는 곳인데, 도시혈이라고 한다. 시신이 도둑맞는 혈자리라는 뜻이다. 과학적으로 설명을 하자면, 단층운동의 일종이다. 즉, 땅의 표면은 그대로 있지만, 땅의 아래쪽이 움직이는 현상이다.
네 번째는 죽음의 기운인 살기가 모여 있는 군영자리다.
다섯 번째는 남이 이전에 묘를 썼다가 이장한 파묘자리다.

양일동 선생 묘

광주학생사건과 양일동 선생

 양일동 묘

아 빠 여기 진입하는 계단이 엄청 가파르니 깐 조심해야 해.

호 림 순국선열들 뵙기가 이렇게 어려워서 야….

양일동 선생 묘로 오르는 가파른 계단

아 빠 여기에 묻혀 계신 현곡^{玄谷} 양일동^{梁一東,} _{1912~1980} 선생은 전라북도 군산 출신 으로, 독립운동가 중에서는 드물게 5 선의 국회의원이셨어. 일제강점기인 1930년에 광주학생 사건에 연루되어 서 중동중학교를 퇴교당하고 중국으 로 건너가서 학업을 마치셨어.

아 름 광주학생사건이 뭐예요?

아 빠 광주학생사건은 1929년 11월 전라남도 광주에서 고등학생들을 주 축으로 궐기한 항일 투쟁이야.

호 림 고등학생들이 항일 투쟁을 벌였어요? 그 어린 학생
     들이 어떻게...

양일동 선생

아 빠 광주학생사건의 발단은 광주여자고등보통학교의
     한 여학생이 기차로 나주역에 도착해서 역을 나오
     려고 할 때, 나주에서 통학하는 일본인 학생들이 댕
     기를 잡아당기는 등 희롱을 하자, 같이 있던 여학생의 사촌 남동생
     이 일본학생을 후려치면서 발단이 되었고, 양측의 싸움으로 번진거
     야. 그런데 현장에 있던 일본인 경찰은 일방적으로 일본인 학생 편
     을 두둔했고, 당시 일본인 신문이었던 '광주일보' 역시 다음날 편파
     적인 기사를 실어서 조선인 학생들의 분노에 부채질을 했어.

양일동 선생 묘

호 림 그런 지경이었으면 저라도 가만있지 않았을 것 같아요!

아 빠 사태가 그렇게 흘러가자 조선인 학생들과 일본인 학생들 사이에는

충돌이 계속되었고, 이 충돌은 시간이 갈수록 점점 확대되었어. 심지어 학생 간의 충돌은 교사들 간에도 파급이 되었고, 남녀 학생 모두가 쌍방으로 갈려서 조선인 대 일본인의 조직적인 투쟁으로 번져간 거야.

아 름   그렇지만 그건 그냥 단순한 싸움일 뿐이잖아요? 독립운동과는 그다지 관련이 없어 보이는데요?

아 빠   그런데 일제는 계속 노골적으로 일본인들의 편을 들고 조선인 학생들을 비하하는 발언을 내놓으면서 탄압을 가해오자, 학생들은 투쟁의 방향을 항일운동으로 바꾸고 '구금된 학생 석방', '식민지 노예교육 제도철폐', '언론, 집회, 결사, 출판의 자유', '일본 제국주의 타도' 등을 부르짖었어. 일이 그 지경에 이르자 일제는 임시 휴교조치를 내리고 주동자 체포에 착수해서 한국인 학생 수십 명을 검거했지. 이런 와중에 양일동 선생도 퇴교를 당한 거야.

뱀의 발   광주학생독립운동(光州學生獨立運動) 또는 광주학생항일운동(光州學生抗日運動)

광주학생독립운동 또는 광주학생항일운동은 1929년 10월 30일 나주역 사건을 계기로 하여, 11월 3일부터 광주에서 시작되어 11월 12일에 두 차례의 학생시위를 거쳐 1929년 11월 말에서 1930년 3월 혹은 5월에 까지 전국적으로 확산되었던 학생독립운동을 말한다.

한국정부는 이승만 정부 때 '학생의 날'이라는 명칭으로 이 운동을 기념하였는데, 유신체제하에서는 폐지되었다가, 2006년에 다시 11월 3일을 '학생독립운동기념일'로 기념하고 있다. 1929년 발생한 광주학생독립운동은 1919년 3·1 운동 이후 발생한 국내 최대 규모의 대중적인 항일 운동으로 꼽힌다. (출처: 위키백과)

김대중 납치사건과 양일동 선생

엄 마 그런데, 독립운동가 출신 중에서 5선의 국회의원을 하셨다는 경력
이 참 이채롭네요?

아 빠 양일동 선생은 5선 의원이었지만 대부분 반독재와 민주화운동 등
에 종사하신 야당성향의 정치인이셨어. 특히, 1973년 일본 도쿄에
서의 이른바 김대중(金大中) 납치사건 때에는 참고인으로 곤욕을
치르기도 하셨지.

아 름 김대중이라면 노무현 대통령 이전에 대통령 하셨던 분 아닌가요?
그분을 누가 왜 납치했나요?

아 빠 결론부터 말하자면 납치를 지시한 최고 책임자는 박정희 대통령이
었고, 그 이유는 정적 제거였어. 김대중 선생은 1971년의 대통령
선거에서 야당인 신민당 후보로 출마해서, 집권 여당인 공화당 후
보였던 박정희 현직 대통령에게 겨우 94만 표 차이로 석패했었어.
당시의 정치적인 분위기상 노골적으로 여당에 유리한 상황을 만들
어 놨음에도 그 정도 결과가 나왔다면, 다음번 선거에서는 여당이
매우 힘들어질 전망이었지. 그래서 박정희는 유신선포와 함께 당시
최대 정적이었던 김대중 선생을 제거하려고 했던 거야.

엄 마 아무리 무소불위의 힘을 가졌던 박정희 대통령이라도 남의 나라
인 도쿄에 있는 사람을 어떻게 납치했을까요? 외교적으로도 문제
가 될 텐데...

아 빠 당연히 한일 간 외교 문제로 비화가 되었지. 1972년에 김대중 선생
이 신병치료차 일본에 체류 중일 때, 박정희는 국내에서 유신독재
체제를 선포했어. 그러자 김대중 선생은 귀국을 포기하고, 해외에

서 반유신 활동을 벌였어. 그러던 중에 김대중 선생은 일본 도쿄에서 당시 통일당 당수였던 양일동 선생을 만나러 그랜드 팔레스 호텔에 갔는데, 그곳에서 한국 중앙정보부 요원들에 의해 납치되었다가 5일 후에 서울 자택 부근에서 풀려나게 되었어.

호 림 납치는 일본 도쿄에서 되었는데, 서울에서 풀려났다고요? 어떻게 국경을 넘었죠?

아 빠 납치에 가담한 중앙정보부 요원들은 도쿄의 호텔에서 마취제로 정신을 잃은 김대중 선생을 배에 실었어. 김대중 선생은 나중에 "배를 탈 때 다리에 무게 추를 달았다"라고 증언했는데, 처음 계획은 아마도 바다에 수장시키려고 했었던 것 같아. 그런데 납치 도중 의외의 변수가 생겼는데, 일본의 해상자위대 함정이 추격해 온 거야. 사건이 발각될 것을 우려한 중앙정보부 요원들은 계획을 급히 변경해서 김대중 선생을 우리나라까지 데려왔고, 김대중 선생은 납치사건 닷새 뒤에 서울의 자택 앞에서 발견되었어.

엄 마 일본에서는 자기네 영토 내에서 남의 나라 요원들이 그런 일을 벌였으니, 난리가 났겠네요.

아 빠 당연하지. 이 일은 명백히 일본의 주권을 침해한 사건이었거든. 이 사건을 조사한 일본경찰은 납치 현장에서 주일한국대사관 1등 서기관의 신분으로 일본에 머물던 중앙정보부 요원의 지문을 채취하는 등 움직일 수 없는 증거를 확보해서 한국 정부에 관련자 출두를 요구했는데, 한국 정부는 관련 사실을 완강히 부인하고 관련자 출두 등 협조를 거부했어.

아 름 확실한 증거까지 나왔으니 참으로 나라 망신이었겠네요!

아 빠 그러게 말이다. 예나 지금이나 우리나라 정보기관요원들은 영화나 드라마에서만 제대로 역할을 할 뿐이고, 실제 하는 일은 엉망인 것 같아. 아무튼, 그 일로 인해서 한일관계는 얼어붙었고 박정희 정권에 대한 국내외의 비난이 빗발치자 박정희 대통령도 더 이상 버틸 수가 없었던 것 같아. 사건 발생 석 달 후에 당시 김종필 총리가 김대중 납치사건에 대한 유감의 뜻을 담은 박정희 대통령의 친서를 일본 수상에게 전달했고, 다나카 수상 역시 더 이상 문제 삼지 않겠다는 답신을 전달했어. 이로써 양국 정부 모두가 김대중 납치사건을 둘러싼 진상을 은폐하기로 결정함으로써 한일관계의 갈등은 일단 봉합이 되었지.

엄 마 분명, 모종의 거래가 있었던 것 같군요. 그런 것이 정치인가 봐요.

아 빠 그러게 말이야. 하지만 그 이후 이 사건의 배후와 과정은 명확히 밝혀지지 못했었는데, 2007년 국정원 과거사 진실규명을 통한 발전위원회의 조사 보고를 통해서 이 납치사건은 당시 중앙정보부장이었던 이후락의 지시 아래 중앙정보부 요원들에 의해서 이루어졌음이 확인되었어. 자, 이제는 길을 되짚어 내려가서 유림 선생 묘역으로 가야 해.

호 림 양일동 선생 묘역에서 우리가 배운 것은…, 한마디로 요약하기가 쉽지 않네요.

엄 마 '격동의 현대사'가 좋겠구나!

유림 선생 묘

유림 선생의 묘비에서 찾아보는 김창숙 선생과의 인연

 유림 묘

아 빠 꽤 걸었지? 조금만 더 가면 단주旦洲 유림柳林, 1894~1961 선생 묘역이야.

아 름 저기 비석이 보여요. 그런데 너무 어려워서 읽을 수가 없네요.

엄 마 나도 읽기 어렵네... 특히, 두 번째와 네 번째 글자가 어려워요. 그렇지만 여기가 단주 유림선생 묘역이라고 했으니 네 번째 글자는 아마도 '주'자 일 거야. 그럼 아래쪽 부분은 '단주선생유림지묘'인데... 위쪽의 두 번째 글자를 도무지 모르겠네...

유림 선생 묘 비석

아 빠 내가 힌트를 줄까? 비석의 옆면을 보면 비문을 누가 썼는지가 나와 있는데, 비문을 쓴 사람을 알고 나면 두 번째 글자를 쉽게 알 수 있어.

순례 길

호 림 여기는 다행히 한글로 되어 있으니 제가 읽어 볼게
       요. 김창숙은 제자하고, 이은상은 글을 짓고, 손재
       형은 글씨를 쓰고...

아 름 제자가 뭐죠? 스승과 제자 할 때의 제자는 아닌 것
       같은데...

유림 선생

아 빠 제자^{題字}는 서적의 머리나 족자, 비석 따위에 쓴 글자를 뜻해. '김창
       숙은 제자하고' 라는 말은 곧 김창숙이라는 사람이 비문을 지었다
       는 뜻이야.

엄 마 가만있자. 김창숙이라면... 어디서 들어본 이름인데... 아! 조금 전
       에 우리가 들렸던 심산 김창숙 선생! 그렇다면 이 비문을 김창숙 선
       생이 지었다는 것과 두 번째 글자 사이에 무슨 상관관계가 있을까...

아 름 엄마! 첫 번째 글자가 있
       을 유^有자와 비슷해요.

엄 마 아! 유한! 김창숙 선생의
       비문에도 '유한심산선생
       김창숙지묘'라고 되어 있
       었어!

아 빠 빙고! 여기에 쓰인 한^韓자
       는 간자체인 한^韩을 썼기
       때문에 알아보기가 쉽지
       않아. 자, 조금 더 올라가
       면 유림 선생의 묘를 볼
       수 있어. 이곳도 서상일
       선생 묘역처럼 묘비와 실

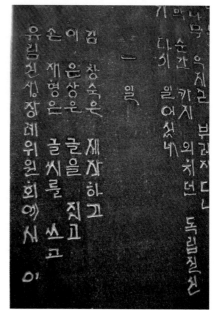

유림 선생 묘 비석 옆면에 새겨진 비문

제 봉분이 꽤 떨어져 있는데 이런 경우는 대부분 풍수적인 이유나 지형조건 때문이야.

묘와 떨어져 있는 유림 선생 묘 비석

엄 마 이 묘는 앞 공간이 비교적 좁네요.

아 빠 묘 앞쪽에 펼쳐진 공간 중에서 특히, 입술이 나온 모양의 땅을 풍수용어에서는 전순氈脣이라고 부르는데, 명당혈자리의 바로 앞에 맞닿아 있으면서 혈장의 생기를 보호하고 지탱해주는 역할을 담당해. 원래 명당혈자리는 생기가 넘쳐나는 곳이기 때문에, 명당혈자리의 주변에도 반드시 자투리 기운이 있기 마련이거든. 그 남은 기운이 모여 있는 곳이 바로 전순이야. 따라서 전순이 아예 없거나 매우 좁은 곳은 명당기운이 부족하다는 증거가 될 수도 있어. 그래서 묘비도 아래쪽에 내려가 있고, 보통은 가운데쯤 자리 잡고 있는 장명등도 한쪽으로 치우쳐 있는 거야. 나름대로 비보를 하려는 노력인 셈이지.

유림선생 묘 앞의 작은 언덕이 전순이고 장명등도 우측에 설치되어 있다

아 름 아빠, 어려운 풍수이야기는 그만하면 되었고요, 유림 선생에 관한 이야기를 해 주세요.

박정희의 혈서와 유림 선생의 혈서

아 빠 응, 유림 선생은 1894년 경북 안동에서 태어났어. 17살이던 1910년 8월에 조선이 일제에 병합되자 유림 선생은 자신의 손가락을 잘라서 '충군애국(忠君愛國)'이라는 혈서를 쓰고 항일 독립운동에 몸 바칠 것을 맹세하셨어.

엄 마 박정희는 혈서를 쓰고 일제의 만주군에 들어가려고 했던 것에 반해서, 유림 선생은 혈서를 쓰고 일본 제국주의에 대항하는 독립운동에 몸을 바치셨으니, 참으로 대단하신 분이군요.

호 림 그러고 보면 역사란 항상 올바르고 정의로운 쪽이 이기는 것은 아닌가 봐요.

아 빠 또, 유림 선생의 심성을 알 수 있는 일화가 몇 개 더 있어. 유림 선생이 옥고를 치르고 있던 와중에 집으로부터 외아들인 유원식이 폐병으로 위독해졌다는 전갈이 오자, 교도소 측은 더 이상 독립운동을 안 하겠다고 서약하면 가석방을 시켜주겠다고 설득을 했었나 봐.

그렇지만 유림 선생은 "내 자식이 죽더라도 독립전선에서 죽는 것이니 내 아들도 바라던 바일 것이다. 나는 나가면 또 반드시 그 운동을 계속할 것이다."라고 했어.

아 름 와! 혈서는 아무나 쓰는 것이 아니구나….

아 빠 또 외아들인 유원식이 일본군 장교가 되자, 이러한 이유로 단 한 번도 만나주지 않았고, 심지어 부인마저도 아들을 잘못 키웠다고 해서 멀리하였기 때문에, 유림 선생은 인생의 마지막을 혼자서 외롭게 지냈다고 해. 게다가 이번에는 사위가 이승만 정권의 고위 경찰관이 되자, 독재정권의 고위 경찰이라는 이유로 사위 본인은 물론, 외동딸도 눈을 감을 때까지 받아들이지 않았다고 해.

호 림 정말, 의지가 대단하신 분이네요! 무서울 정도에요!

아 름 그런데 아빠, 유림 선생의 안내문에는 아나키스트, 아나키즘이라는

애국선열 단주(旦洲) 유 림 선생

성   명 : 유 림(柳 林)
생존기간 : 1894. 5. 23 ~ 1961. 4. 1
출 생 지 : 경상북도 안동
서   훈 : 건국훈장 독립장(1962)

호는 단주(旦洲), 경북 안동 출신으로 아나키스트 · 독립운동가 · 정치인이며 아나키즘 진영을 대표로 대한민국 임시정부 국무위원과 의정원 의원을 역임. 해방 후 아나키즘 이념정당인 독립노농당을 창당하여 당수로서 활동함.

· 1919년 3·1 운동에 참여하여 만주로 탈출, 서로군정서 특파원 활동
· 1926년 광동기계공인총동맹 활동을 통해 10만 노동자 조직 지도
· 1928년 무장항일운동조직 정의부에서 교육사업 담당
· 1929년 평양에서 최초의 아나키즘 전국조직인 조선공산무정부주의자연맹 결성
· 1931년 독립운동자 간부 양성을 위한 의성숙 설립 운영 중 체포되어 5년 수형

· 1942년 대한민국 임시의정원 의원
· 1944년 대한민국 임시정부 국무위원
· 1946년 독립노농당 창당 및 농민신문
· 1962년 건국훈장 독립장 추서

유림 선생 묘 안내문

말이 나오는데 그게 뭐에요?

아 빠   아나키즘이라는 말은 한마디로 무정부주의(無政府主義)를 뜻하는데, 개인을 지배하는 국가권력 및 모든 사회적 권력을 부정하고 절대적 자유가 행하여지는 사회를 실현하려고 하는 이념과 운동이야.

호 림   무정부 상태가 되면 사회가 혼란스러워질 텐데….

아 빠   유림 선생에 따르면 아나키즘은 무조건 정부가 없어야 한다는 것이 아니라고 했어. 단지 타율적인 정부를 배격하고, 자율적인 정부를 세우자는 이념이기 때문에 일제강점기의 아나키즘은 강제적 식민지 권력을 부정하는 독립운동 이념으로 충분히 활용할 수 있다는 거야. 이제 다음번 순국선열 묘역으로 가 볼까?

아 름   이번에는 누구의 묘역인가요?

아 빠   이름 없는 분들의 묘역이야.

뱀의 발   안중근 의사의 어머니이신 조마리아 여사의 편지

조마리아 여사의 본명의 조성녀이다. 안중근 의사가 처형된 뒤에도 상해임시정부 인사들에게 여러 가지 도움을 주는 등 독립운동의 정신적 지주역할을 하셨다. 이에 한국정부는 2008년 조마리아 여사에게 건국훈장 애족장을 수여했다.

아래 편지의 내용은 여순감옥의 헌병이었던 지바 도시치가 편지내용에 감동하여 자신의 일기장에 기록해 두었던 것이 후에 알려졌다고 한다.

네가 만약 늙은 어미보다 먼저 죽은 것을 불효라 생각한다면 이 어미는 웃음거리가 될 것이다.
너의 죽음은 너 한 사람 것이 아니라 조선인 전체의 公憤(공분)을 짊어지고 있는 것이다.
네가 항소를 한다면 그것은 일제에 목숨을 구걸하는 짓이다.
네가 나라를 위해 이에 이른즉, 딴 맘 먹지 말고 죽으라.
대의를 위해 죽는 것이 어미에 대한 효도다. 아마도 이 편지는 어미가 쓴 마지막 편지가 될 것이다.
네 수의를 지어 보내니 이 옷을 입고 잘 가거라.
어미는 현세에서 재회하길 기대하지 않으니 다음 세상에서 선량한 천부의 아들이 되어 이 세상에 나오거라.

호 림 가기 전에 유림 선생의 가르침을 한마디로 요약하면….

아 름 '사사로운 감정에 매이지 않는 큰 뜻' 어때요?

섶다리

유림 선생 묘역 앞에는 섶다리가 놓여 있다. 섶다리는 겨울 차가운 강물 위를 지키다 이른 봄눈과 얼음이 녹아 불어나는 물이나 장마철 폭우로 불어나는 급물살에 떠내려가는, 욕심이 없는 소박한 다리이다. Y자 모양의 소나무, 참나무 가지를 얼기설기 얹은 다음 그 위에 황토를 개어 발라서 만드는 것으로, 못하나 쓰지 않고 오직 나뭇가지끼리 서로 지탱하는 탓에 건너는 사람들의 몸무게에 운명을 맡긴다. 역사적으로 섶다리는 1428년(세종 10) 경상북도 청송군 청송읍 덕리의 보광산에 위치한 청송심씨 시조묘에 사계절(四季節) 전사일(奠祀日)에 용전천 강물이 불으면 유사(有司) 관원(官員)과 자손들이 건너지 못할까 걱정해 섶나무(잎나무와 풋나무 등)를 엮어 만들었다는 전설이 시초가 되었다. 한 때 역사 속으로 사라졌으나 1996년 10월 당시 청송군수인 안의종(당시 62세)이 옛 정취를 느낄 수 있도록 만들면서 우리 곁에 다시 다가왔다. (출처: 위키백과)

순례 길

광복군 합동 묘

광복군은 대한민국 임시정부의 정규군이다

→ 광복군 합동 묘

광복군합동 묘소

아 빠   이곳은 18분의 광복군을 합동으로 모신 곳이야.

아 름   일제강점기 때 일본과 싸웠던 분들이 모두 광복군이었나요? 혹시,
         의병도 포함되나요?

아 빠   광복군은 1940년 9월 17일 중국 충칭重慶에서 조직된 대한민국 임

시정부의 정규군대야. 1919년에 설립된 임시정부는 내부의 혼란과 분열로 인해서 시간이 갈수록 규모는 축소되었

광복군

고 재정상 어려움 때문에 운영도 부실해졌어. 그런 와중에 1937년 중일전쟁이 터지자, 중국 각지에 흩어져서 개별적으로 독립운동을 하던 애국단체들은 충칭에 이전한 임시정부를 중심으로 통일된 외교활동을 필요로 하게 되었어. 그래서 광복군이 만들어 졌는데 광복군의 정식 명칭은 한국광복군이야.

호 림 아무리 전쟁 중이라도 중국입장에서는 자기 나라 안에서 남의 나라 군대가 만들어지는 것을 그냥 놔두었을 리가 없었을 것 같은데요?

아 빠 중국 정부는 광복군을 인정하는 대신, 광복군이 중국 국민당군의 지휘 하에 둔다는 조건을 달았어.

호 림 뭐예요? 그럼 광복군은 중국군의 보조군대 역할밖에는 안 되는 거잖아요?

아 빠 현실적으로 군대를 유지하려면 비용도 많이 필요해. 그래서 중국의 지휘를 받는 대신 어느 정도의 군수물자와 재정지원도 함께 받기로 했어. 당시의 광복군으로서는 어쩔 수 없는 선택이었던 것 같아. 그래도 그때까지는 정규군 없이 의병이나 비정규군만으로 항일무장투쟁을 펼치던 독립운동 세력에 정규중앙군이라는 구심점이 생겼다는 것과 군대 없이 외교, 선전, 테러활동에만 치중하여 그 활동에 한계가 있을 수밖에 없었던 임시정부가 명실공이 정규 군사력을 보유하게 되었다는 데 의의가 있는 거야.

아 름 광복군은 주로 어떤 활동을 했나요?

아 빠 일본 측 자료에는 한국광복군과 일본군 사이의 공식전투 기록은 없어. 당시 광복군은 국내 진입을 위한 훈련을 계속 받고 있었는데, 특히 이승만을 통해 미국의 OSS^{미국 전략 사무국}에서 3개월 동안의 비밀 훈련을 받았고, 이후 정탐과 파괴 공작의 임무를 띠고 본국으로 파견될 예정이었어.

광복군합동 묘소 안내판

우리는 정말 임시정부의 정통성을 인정하고 있는 것일까?

호 림 광복군의 숫자는 몇 명쯤 되었어요?

아 빠 대한민국 임시의정원의 문서에 따르면 1945년 4월에는 339명, 8
월에는 700명으로 되어 있었어. 한때 김구 선생은 독자적으로라
도 한국광복군의 한반도 진주를 추진하고자 했지만, 군사지휘권이
중국에 있었기 때문에 실행에 옮길 수가 없었어. 그러다가 광복군
이 제대로 활약다운 활약을 펼쳐보지도 못한 상태에서 일본이 항
복 선언을 해 버린 거야. 김구 선생은 광복군이 싸워보지도 못한 상
태에서 일본이 항복했다는 소식을 듣고는 "내게는 이것이 기쁜 소
식이라기보다 하늘이 무너지는 듯한 일이었다."라고 개탄을 했어.

아 름 참 이상하네요? 싸우지도 않고 이겨서 좋아해야 할 일이 아닌가요?
손자병법에도 싸우지 않고 이기는 것이 가장 상책이라고 했는데…

아 빠 김구 선생은 "천신만고로 수년간 애를 써서 참전할 준비를 한 것
도 다 허사이다. 가장 걱정되는 일은 우리가 이번 전쟁에 공식적으
로 한 일이 없기 때문에, 장차 국제간의 발언권이 박약하다는 것이
다."라고 우려하였어. 그리고 그 우려는 현실로 나타났지. 광복군
의 국내진공작전이 실현되지 못했기 때문에 전후 한국의 독립 문제
에 대해서 임시정부의 발언권이 없어지고 만 거야. 일본이 항복한
이후 광복군은 중국 지역에서 일본군으로 끌려나왔던 한국 청년들
을 광복군에 편입시키면서 확군擴軍 작업을 추진하고 있었지만, 미
군정 당국은 임시정부를 인정하지 않았고, 광복군에 대해서도 무
장 해제를 요구했어.

엄 마 당시 우리나라의 상황은 일본 제국주의 다음으로 미국의 속국이

된 셈이지.

호 림 늑대를 피했더니 호랑이를 만난 셈인가요?

아 름 제대로 뜻을 펴보지도 못하고 접어야 했던 광복군들 입장에서는 얼마나 억울했을까? 게다가 무장해제까지 당했으니….

아 빠 현재 우리나라가 명목상으로는 임시정부를 계승한다고 헌법에 밝히고 있지만, 사실은 미군정에 의해서 임시정부는 인정받지 못한 채로 정부수립이 되었기 때문에, 임시정부를 온전히 계승했다고 말하기가 어려워. 마찬가지로 임시정부의 정규군이던 광복군 역시, 국군으로 사실상 계승되지 못하고 미군정 산하의 국방사령부가 이를 대신하게 되었어. 그런 연유로 현재 국군은 창군연도를 1948년으로 잡고 있어. 만약 우리가 광복군의 정통성을 제대로 인정한다면, 국군의 창군시점을 광복군 창군일인 1940년 9월 17일로 해야 하지 않을까? 자, 이제 바로 옆에 있는 이시영 선생의 묘로 가보자.

이시영 선생묘

조국의 독립을 위해 가문의 전 재산을
독립운동에 바친 명문가 출신

 이시영 묘

아 빠 여기가 성재^{省齋} 이시영^{李始榮, 1869~1953} 선생의 묘소
야. 지금까지 봤던 다른 묘역과는 느낌이 사뭇 다
르지? 특히, 앞쪽으로 이렇게 축대를 쌓은 묘는 좀
처럼 보기가 드문데 풍수에서는 그다지 좋게 보지
않기 때문이야.

이시영 선생

아 름 아빠, 안내판을 보니 이 분이 경희대학교를 세운 분이라고 하네요?

아 빠 경희대학교가 아니라 경희대학교의 전신인 신흥무관학교야. 이시
영 선생은 1869년 서울에서 태어나서 대한제국의 관료를 역임하

다가, 관직을 떠나고 나서
는 독립운동에 투신한 뒤,
교육자, 정치인의 인생을
살아오신 분이야. 특히, 이
시영 선생의 가문은 이른바
삼한갑족^{三韓甲族}이라 불리던

이시영선생 묘 안내판

명문가인데 일제에 국권을 빼앗긴 뒤에 형인 건영健榮, 석영石榮, 철영哲榮, 회영會榮, 동생인 호영護榮과 함께 6형제가 전 재산을 바쳐 독립운동에 투신한 집안으로 유명해.

호 림 그런데, 삼한갑족이 뭐예요?

엄 마 글자 그대로 풀이하면, 삼한, 즉, 우리나라의 씨족 중에서 갑甲인 가문이라는 뜻인데, 갑은 갑, 을, 병, 정…의 순서 중에서 가장 먼저 나오기 때문에 결국 우리나라 최고의 집안이라는 얘기야. 여보, 그러고 보니 이시영 선생의 친형인 이회영 선생도 독립운동사에 자주 등장하던 인물 아닌가요?

아 빠 맞아. 우당友堂 이회영李會榮, 1867~1932 선생은 이시영 선생의 바로 윗형인데, 교육자, 사상가이면서 일제강점기에는 아나키스트 계열의 독립운동을 하셨어. 그래서 이시영 선생을 포함해서 일가 6형제가 유산을 모두 처분하고 만주로 망명해서 신흥무관학교를 설립하고, 독립군의 양성 및 군자금 모금 활동을 했지. 서울 종로구에서 4선

이시영 선생 묘 입구

의원을 지냈던 이종찬 전 의원과 현재 안양시에서 4선 의원으로 활동 중인 이종걸 의원이 모두 이회영 선생의 손자들이야. 어때? 삼한갑족이라는 말이 실감 나지?

아 름 　아, 신흥무관학교가 경희대학교가 되었으니, 무예를 중요시하는 전통이 지금까지 남아 있어서 경희대 태권도가 유명하구나!

아 빠 　이시영 선생은 만 16세에 사마시司馬試에 급제하고 음서로 관직에 들어간 후에 22살에는 비정기 시험이었던 증광문과增廣文科에 병과丙科로 급제해서, 승정원 승지를 거치는 등 관료생활을 하던 중에 장인이 돌아가시자 관직을 버리고 물러났어.

이시영 선생 묘

이시영 선생의 장인은 갑오경장의 주역 김홍집 총리대신이었다.

호 림 장인이 누구시기에 그분이 돌아가시자 관직까지 버리고 물러났나요?

아 빠 이시영 선생의 장인은 구한말 갑오경장 또는 갑오개혁이라고 불리
던 조선 정부의 제도개혁운동을 주도하면서 총리대신까지 지낸 김
홍집이었어. 김홍집은 1880년 수신사 일행으로 일본을 방문한 뒤
에 신문물을 견학하고 돌아와서는, 조선이 발전하려면 선진 외국과
제휴해야 한다는 개화교류사상의 확고한 신념과 이상을 피력하였
던 분이야. 그렇지만 일본 측의 지원을 등에 업고 총리대신이 되었
고, 총리대신 재직 중에 갑오개혁을 진행하면서 신분제 폐지, 단발
령(斷髮令)의 강행 등 급격한 개혁을 실시하다가 유림들의 반발로
전국적인 의병 봉기와 집회를 야기했고, 그 결과 그는 매국 친일당
의 두목으로 몰려서 광화문에서 군중에게 살해되었어.

아 름 매국 친일파를 처단한 좋은 본보기가 되겠군요!

아 빠 꼭 그렇지만은 않아. 비록 김홍집이 일본정부와 가까웠고 일본의
지원을 받은 것은 사실이지만 그의 목적은 오로지 조선을 신문물로
개혁해서 발전시켜야 한다는 것이었고, 단지 그런 목적에 다가서기
위해서 일본의 힘을 잠시 빌린 것이라고 해석할 수 있지. 매국노의
대표 격인 이완용과 같은 족속들과는 근본이 달랐어.

호 림 이완용도 친일파고 김홍집도 친일파인데 뭐가 다르다는 거죠?

아 빠 1894년 갑오농민전쟁과 1895년 을미사변 이후에 조선 조정은 일
본의 손아귀에서 놀아나고 있었어. 물론, 그때 김홍집은 일본의 지
원으로 총리대신으로서 개혁을 주도하고 있었지. 하지만 고종이
러시아 공사관으로 옮긴 아관파천으로 인해서 하루아침에 친일내

각이 이범진, 이완용의 무리가 주도하는 친러내각으로 바뀐 거야.

아 름 이완용이 한때는 친러파였어요?

엄 마 그래서 이완용이 욕을 먹는 거란다. 그는 오로지 자신만의 영달을
위해서 러시아에도 붙었고, 일본에도 붙었어. 결국에는 나라까지
팔아먹어서 그야말로 매국노의 표본이 된 거야.

아 빠 하지만 김홍집은 달랐어. 친러내각이 들어서자 친러파가 정국의 주
도권을 잡고, 친일파를 역적으로 몰아가는 그 순간에도, 김홍집은
사인교(가마)를 타고 고종을 만나러 정동의 러시아 공사관으로 향
하고 있었어. 이때 광화문 앞에 친일파를 처단하려는 군중이 몰려
있는 것을 목격한 지인들과 일본 군인들이 그의 사인교를 가로막
고 상황의 위급함을 알려주고는 같이 피하자고 했어. 하지만 김홍
집은 "일국의 총리로서 동족의 손에 죽는 것은 천명이오, 구차하게
남의 나라 군인의 도움으로 살아남고 싶은 생각은 없소."라고 하면
서 광화문 쪽으로 갔고, 결국, 그는 거기서 군중에게 맞아 죽었어.

아 름 와! 정말 확고한 자기 소신이 있는 분이셨구나!

아 빠 그렇기 때문에 김홍집을 가리켜 '친일파 애국자'로 표현되기도 해.
관직에서 물러난 이시영 선생은 한일합방이 되자 전 재산을 정리
해서 전 가족과 함께 중국으로 망명을 했어. 중국에서 독립운동에
매진하던 이시영 선생은 임시정부에도 참여를 했고, 해방이 되자
1948년 대한민국의 제1대 부통령을 역임하셨어. 하지만 이승만 정
권의 실정과 부패, 전횡에 반대해서 '국민에게 고한다'라는 성명서
를 국회에 전달하고는 부통령직을 사임했지.

호 림 이시영 선생도 장인이었던 김홍집 못지않게 자기 소신이 있으신 분
이였군요! 아빠, 저는 오늘 이 곳에서 '훌륭한 사람이 되기 위해서

는 모름지기 소신있게 살아야 한다.'를 배웠어요!

아빠 좋은 교훈을 배웠구나. 자, 잠시 쉬었다가 다음번 답사지인 김병로 선생 묘역으로 가자.

뱀의 발 조선의 과거제도

조선시대에는 관리를 뽑기 위해 과거제도를 시행했다. 관리로 등용되어야만 출세할 수 있었던 당시에는 관리의 임용제도로서의 과거가 크게 주목되었다. 이후 조광조의 주장에 의한 천거제인 현량과가 도입되었던 짧은 시기를 제외하면 조선 왕조 전 기간에 걸쳐 정기적으로 과거가 실시되었다. 과거도 고려의 제도를 따라, 문과, 무과, 잡과로 크게 구분하였지만, 문(文)을 숭상하는 경향은 여전하여 보통 과거라 하면 문과를 지적할 정도로 그 비중이 컸다. 따라서 천인(賤人)은 물론, 같은 양반이라도 서얼 출신은 응시할 수 없도록 하였으며, 신분상으로는 일반 서민인 양인(良人)과 양반만이 응시할 수 있었으나, 양인이 급제한 사례는 극히 적어 대개 순수한 양반들만이 합격의 영광을 누리게 되었다.

이와 반면에 무과는 신분상의 제약을 훨씬 완화하여 무관의 자손을 비롯하여 향리(鄕吏)나 일반 서민으로서 무예(武藝)에 재능이 있는 자에게는 응시할 수 있는 기회를 주었다. 한편, 잡과는 직업적인 기술관의 등용시험이었으므로 서울과 지방 관청에서 양성되는 생도(生徒)들이 응시하였다. 양반들은 잡과에 응하지 않았고 일반 서민이나 천인은 이에 참여할 수 없었다. 따라서 잡과는 일정한 신분계급에 의한 세습, 독점됨으로써 이들에 의해 이른바 중인(中人)이라는 신분층이 형성되었다. 초기에는 모든 합격자에게 백패라는 증명서를 지급했으나, 후에 문과와 구별하기 위해 문과 합격자에게는 홍패를 지급하였다.

과거의 시험절차를 살펴보면, 먼저 문과는 소과와 대과로 크게 구별되었다. 소과(사마시)는 다시 초시(初試), 복시(覆試)의 2단계, 대과는 다시 초시, 복시, 전시(殿試)의 3단계로 나뉘어 있다. 따라서 모두 5단계를 차례로 거쳐야만 문과급제가 되는 것이 원칙이었다. 그러나 이 5단계를 거치지 않고도 대과의 전시와 동등한 자격을 받던 특별 과거도 있었다.

무과(武科)는 소과와 대과의 구별이 없는 단일과(單一科)로서, 초시, 복시, 전시의 3단계가 있을 뿐이었다. 잡과(雜科)도 역시 무과와 같이 소과, 대과의 구별이 없는 단일과였으나, 초시와 복시의 2단계로만 나누어 시험을 보던 것이 무과와 달랐다. 한편 문과와 무과는 정기적인 식년시(式年試) 이외에도 여러 가지의 과거를 시행하여 많은 인재를 등용하였으나, 잡과는 수요인원이 많지 않은 까닭에 과거로는 식년시 이외에 증광시(增廣試)가 있었을 뿐이었다. (출처: 위키백과)

김병로 선생 묘

대한민국 초대 대법원장 김병로 선생

 김병로 묘

아 빠   여기에 묻히신 분은 대한민국 정부수립 후 초대 대
법원장을 지내신 가인街人 김병로金炳魯, 1887~1964 선생
이야. 김병로 선생은 전라북도 순창 출신인데, 일
제강점기 때 변호사로 활동하면서 항일운동과 관련
된 각종 사건을 수임해서 항일 운동가들의 변호를
자처하신 분이야. 그것도 무료 변론을 하였는데, 105인 사건, 흥
사단 사건, 6 · 10 만세운동, 대한광복단 사건 등 굵직굵직한 사건
이 1백여 건이 넘어.

김병로 선생

호 림   무료 변론만 하면 생계는 어떻게 해요?

아 빠   독립운동 관련사건의 변호를 전담하다시피 했던 김병로 선생은 뜻
있는 동지들과 '형사변호 공동연구회'를 창설했는데, 무료 변론을
하는 한편으로, 일반 형사사건에서는 수임료를 정상적으로 받아서
활동자금으로 사용했어. 그런데 이 연구회는 겉으로는 연구단체임
을 내세웠지만 실제로는 항일 변호사들이 공동전선을 형성해서,

법정을 통해 독립운동이 무죄임을 주장하는 독립운동 후원단체였어. 특히, 이 연구회는 독립투사들을 무료 변론했을 뿐만 아니라 그들의 가족을 돌보는 등 간접적인 방법으로 독립운동에 공헌 했어.

엄마 안내문에는 8·15 광복 후 민족주의 보수 세력이 집결했던 한민당 창설에 참여했다고 되어 있는데, 그렇다면 이분의 정치성향 역시 상당히 보수적이었던 것 같네요?

아빠 1945년 창당 당시에 한민당(한국민주당)은 '조선공산당' 등 좌파 계열 정당들과 대립했지만, 김병로 선생은 한민당 내의 극단적인 보수주의자들과는 달리 좌파와의 대화와 타협을 강조했어. 심지

김병로 선생 묘

어 김병로 선생 자신은 철저한 반공주의자였지만 "국가보안법을 폐지해도 형법을 통해 얼마든지 대체가 가능하다."라고 주장할 정도였어.

아 름 그렇다면 온건 보수 또는 중도 보수주의자로 보면 되겠군요.

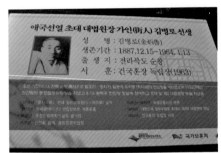
김병로 선생 묘 안내판

아 빠 글쎄… 김병로 선생은 자신이 속한 한민당이 해방 후 토지개혁에 소극적이던 것을 격렬히 비판하면서 대다수 농민에게 토지를 무상으로 나눠줘야 한다고 주장했어. 원래 토지무상분배는 조선공산당 등 좌파 정당들이 요구하던 것이었는데, 김병로 선생이 이를 주장한 이유는 이념이나 사상과는 전혀 상관없이, 자기 자신이 일제 강점기 동안 인권 변호사로 활동하면서 수많은 소작 쟁의와 관련된 소작농들의 열악한 상황을 직접 목격한 결과였기 때문이었어.

엄 마 보수정당 안에서 진보정당의 정책을 주장하다니, 쉽지 않은 길을 가셨군요!

아 빠 결국에는 한민당을 탈당하고, 좌우합작운동에 적극적으로 참여를 했지만, 해방 이후의 정국은 좌우합작이 결렬되고 남북 분단 상황으로 고착화 되었어. 그래서 선생은 이미 남한의 단독정부 수립이 확실해진 상황을 인식하고 현실적인 노선으로 바꿔서 대한민국 정부 수립에 참여하게 되었고, 초대 대법원장이 된 거야.

엄 마 그런 소신 있는 분이라면, 이승만 대통령과도 사이가 좋지 않았을 것 같아요.

아 빠 당연하지. 대법원장으로 재임하던 시절 동안 선생은 사법부 밖에서 오는 모든 압력과 간섭을 뿌리치고 사법권 독립의 기초를 다졌어. 특히, 사법부에 압력을 가하는 이승만 정권과 심심찮게 대립각을 세웠는데, 이승만이 1956년 국회연설에서 "우리나라 법관들은 세계에서 유례가 없는 권리를 행사한다."라고 하면서 사법부를 비판하자, "이의가 있으면 항소하라."라면서 맞대응한 일화는 유명해.

호 림 아름아, 김병로 선생의 교훈을 딱 한마디로 요약한다면 뭐라고 표현할까?

아 름 두말할 나위 없이 '소신'이지.

아 빠 자, 다음번 우리가 찾아갈 순국선열은 꽤 유명하신 분이야. 헤이그 밀사하면 떠오르는 분인데…

아 름 아, 이준 열사!

뱀의 발 김병로 국회연설, 1953년 4월 16일

특수한 법률로 국가보안법 혹은 비상조치법을 국회에서 임시로 제정하신 줄 안다. 지금 와서는 그러한 것을 다 없애고 이 형법만 가지고 오늘날 우리나라 현실 또는 장래를 전망하면서 능히 우리 형법의 목적을 달성할 수 있겠다는 고려를 해 보았다. 지금 국가보안법이 제일 중요한 대상인데, 이 형법과 대조해 검토해 볼 때 형벌에 있어서 다소 경중의 차이가 있을지도 모르나, 이 형법만 가지고도 국가보안법에 의해 처벌할 대상을 처벌하지 못할 조문은 없다고 생각한다.

이준 열사 묘

이준 열사 묘역의 규모나 주변 환경이
상대적으로 다른 순국선열 묘역과 다른 이유

 이준 묘

아 름 어? 여기는 홍살문이 있네요? 이준 열사의 묘역은
      지금까지 봐 왔던 다른 순국선열들의 묘역과는 느
      낌이 완전히 달라요.

아 빠 이준李儁, 1859~1907 열사는 고종 황제의 특사로 활동
      하다가 순국했다는 점에서 다른 순국선열들과는 좀

이준 열사

      다른 점이 있지. 뭐랄까… 다른 순국선열들의 독립운동을 사적인
      활동이라고 한다면, 이준 열사는 국가의 공적인 활동으로 인정을
      받은 셈이야.

호 림 사립과 국립의 차이인가? 위훈
      비 이외에도 다른 곳에서는 볼
      수 없었던 조각상도 있고, 이준
      열사의 말씀을 새긴 동판들이
      여기저기에 있어요. 어라? 그
      런데 정작 이준 열사의 무덤은

이준 열사 묘 입구의 홍살문

이준 열사 묘

순례 길

이준열사의 흉상과 유해가 모셔진 태극기

보이지 않네요?

아 빠 그 이유는 이준 열사가 고종황제의 밀사자격으로 당시에 만국평화 회의가 개최되던 네덜란드에 파견되어서 활동하던 중에 헤이그에 서 돌아가셨기 때문이야. 이준 열사의 유해는 한동안 헤이그에 묻 혀 있었는데, 1960년대에 우리나라로 돌아왔어. 그래서 이곳에는 봉분이 없는데, 아마도 열사의 유해는 저기 돋을새김 된 흉상의 아 래쪽, 태극기를 새긴 돌 아래에 있을 거야.

아 름 이준 열사는 어떤 분이셨어요?

아 빠 이준 열사는 1859년 함경남도 북청 출생인데, 호는 일성^{一醒} 이고, 구한말의 검사이자 외교관이셨어.

엄 마 북청은 북청사자놀이와 북청물장수로 유명하단다.

법무부 장관을 탄핵한 검사 '이준'

아 빠 이준 열사는 법관양성소를 1회 졸업생으로 졸업하고, 한성재판소 의 검사보가 되었는데, 검사 5년 차에 법무대신을 탄핵할 정도로 올바르지 못하다고 생각되는 것은 도저히 참지 못하는 강직한 성 격이셨다고 해.

엄 마 검사가 법무부 장관을 탄핵했다니…

아 빠 이준 열사는 독립협회에서 활동 했고, 상동감리교회에서 신앙생활 을 했는데 당시 상동교회는 개화파 청년들이 많이 모여든 장소였 어. 그러다가 1907년에 네덜란드의 수도 헤이그에서 러시아의 니 콜라이 2세가 소집하는 제2회 만국평화회의가 열린다는 소식이 전 해지자, 상동교회의 개화파 청년들은 만국평화회의에 밀사를 파견해서 을사늑약이 일본제국의 강압으로 이루어진 것임을 폭로하고, 을사늑약을 파기하고자 하는 계획을 세운 뒤에 고종을 설득했어.

아 름   아빠, 궁금한 것이 있는데요, 왜 밀사를 파견해요? 1907년이면 아직 한일합방도 되지 않았고, 고종황제께서도 계실 때인데 우리도 대표를 보내면 되잖아요?

엄 마   1907년에는 우리나라가 외교권이 없었던 때란다. 1905년에 일본이 대한제국을 강압해서 체결한 조약인 을사늑약은 외교권의 박탈과 통감부 설치 등을 주요 내용으로 하는데, 대한제국은 이때부터 사실상 일본의 식민지가 된 셈이지.

아 빠   그래서 바로 그 을사늑약을 파기하고자 밀사를 보내기로 한 거야. 이때 정사로는 이상설, 부사로는 이준과 이위종이 정해졌는데, 이

이준 열사 묘로 향하는 양편에 세워진 동판

세 사람은 한곳에 모여 있던 것이 아니어서, 이준 열사가 고종의 신임장을 들고 만주의 이상설, 러시아의 이위종과 차례로 합류해서 네덜란드의 헤이그로 향했어.

이상설과 이위종이 고종황제의 특사로 정해진 이유

호 림 이상설과 이위종이 특사로 정해진 것은 무슨 이유에서인가요?

아 빠 이상설은 법부협판과 의정부 참찬을 지내면서 외국 서적 등을 참조하고 만국공법萬國公法 등 법률을 번역하고 연구했어. 그래서 1905년 을사늑약이 체결되었을 당시에, 그는 조약체결 결사반대와 을사오적의 처단을 주장하는 상소를 고종에게 5차례나 올렸어.

아 름 조약에 관한 내용도 잘 알고 있고, 의지도 확고하니 당연히 정사로 뽑힐 만했군요!

아 빠 한편, 이위종은 당시 주러시아공사 참사관이었는데, 어려서부터 부친을 따라 미국과 러시아 등지에서 자랐기 때문에 당시로써는 영어, 프랑스어, 러시아어를 유창하게 구사하던 사실상 유일한 조선인이었어. 그렇지만 천신만고 끝에 네덜란드 헤이그에 도착한 세 명의 특사일행은 일본과 영국의 방해로 회의참석과 발언을 거부당하고 말았어.

호 림 일본이야 그렇다 치더라도 영국은 왜 방해를 했어요?

아 빠 당시는 전 세계적으로 식민지주의와 팽창주의를 앞세운 제국주의가 판을 치던 시대였어. 그 때문에 제국주의 국가들은 서로의 식민지를 인정해 주면서 일종의 국제적 공생관계를 맺었는데, 영국은 인도에 대한 지배를 묵인 받는 대신, 일본의 조선 지배를 묵인하는

'영일 동맹'에 따라서 일본을 지지한 것이었어. 아무튼, 이 사건으로 인해 고종 황제가 폐위되고 순종이 즉위하게 되었지.

아 름 그 머나먼 네덜란드까지 갔음에도 불구하고, 정작 회의에는 참석도 못했으니 얼마나 억울했을까?

이준 열사의 죽음을 둘러싼 이야기들

엄 마 이준 열사가 그때 헤이그에서 할복자살했다는 이야기가 있는데 그게 사실인가요?

아 빠 장지연의 '위암문고^{草庵文稿}' 등의 영향으로 오랫동안 이준 열사는 할복자살한 것으로 잘못 알려져 왔어. 심지어는 만국평화회의에 참석했던 일본대표 앞에서 할복하고 피를 일본대표의 얼굴에 뿌렸다는 말까지 있었는데, 그런 것들은 당시 일제의 억압에 대한 반일적 분위기 속에서 자연스럽게 이준 열사가 영웅시되면서 할복자살설이 떠돈 것으로 추정되고 있어. 아무튼, 이준 열사의 죽음을 둘러싸고 할복설, 자살설, 독살설 등 논란이 분분하지만 내가 보기에 실제 사망원인은 분사^{憤死}로 보는 것이 맞는 것 같아. 너무 억울하고 분해서 죽은 거지.

뱀의 발 이준 열사의 사망

이준은 헤이그의 숙소였던 호텔에서 사망하였다. 당시 네덜란드 유력 일간지 '헤트 화데란트'는 1907년 7월 15일자 기사에서 다음과 같이 보도하고 있다.

한국에 대한 일본의 잔인한 탄압에 항거하고자 평화회의에 참석하기 위하여 한국대표 이상설, 이위종 두 사람과 같이 온 차석대표 이준 씨가 어제 저녁 숨을 거두었다. 그는 이미 지난 수일 동안 병환 중에 있다가 바겐슈트라트에 있는 한 호텔에서 죽었다. (출처: 위키백과)

제3구간 흰구름길

이준열사묘역 입구

신익희 선생 묘
이명룡 선생 묘

조병옥 박사 묘

화계사

북한산생태숲앞

신익희 선생 묘

부자지간 독립운동가 신익희, 신하균 선생

 신익희 묘

아 빠 이곳에 모셔진 분은 경기도 광주 출신의 해공 신익희[1894~1956] 선생

이고, 저기 오른쪽에는 이분의 아드
님인 평산 신하균[1918~1975] 선생의 묘
소가 있어. 두 부자지간에 모두 독립
운동을 하셨고, 게다가 국회의원까지
도 세 번씩 당선된 공통점이 있어.

신익희 선생(왼쪽)과 신하균 선생(오른쪽)

아 름 안내판의 설명을 보니 신익희 선생은 민주당의 대통령 후보로 선거
유세 중에 병으로 돌아가셨대요.

엄 마 대통령 선거 유세 중에 돌아가셨다면, 조병옥 선생과도 비슷한 경
우군요?

아 빠 공교롭게도 그렇게 되었어. 신익희 선생은 제3대 대통령 선거에서
유세 도중 돌아가셨고, 조병옥 선생은 제4대 대통령 선거에서 유
세도중 돌아가셨지.

호 림 혹시, 정치적인 테러가 있었나요?

아 빠 그렇지는 않았어. 신익희 선생은 뇌일혈로 돌아가셨고, 조병옥 선생도 병으로 돌아가셨어. 그런 관점에서 보면 최소한 이승만은 대통령 선거에서만큼은 참 운이 좋은 사람이었어. 유력한 경쟁자들이 결정적인 순간마다 병사했으니 말이야.

엄 마 내가 기억하기로는 제3대 대통령 선거에서 조봉암 선생이 야당후보로 나온 것 같은데요?

아 빠 당신 기억이 맞아. 원래 제3대 대통령 선거에서 민주당의 대선후보로는 신익희 선생이 정해졌고, 조봉암 선생은 처음에는 무소속, 나중에는 진보당 대선후보였는데, 누가 봐도 이승만을 이기려면 후보단일화가 반드시 필요했어.

신익희 선생 묘

제3대 야당 대통령 후보 단일화의 실패

호 림 어째 이야기가 최근의 제18대 대통령 선거와 비슷하게 들리네요? 그때도 민주당의 대선후보는 문재인이었고 안철수 후보는 무소속이었는데, 여당의 박근혜 후보를 이기려면 반드시 후보단일화가 필요했잖아요?

아 빠 그래서 역사는 돌고 돈다는 말이 있지. 아무튼 제3대 대통령 선거의 야당 후보단일화 과정에서도 민주당의 비협조로 난항을 겪고 있던 와중에 신익희 선생이 갑자기 병사하는 바람에 조봉암 선생이 저절로 야당의 단일후보가 되어 버렸어.

아 름 그럼 후보단일화의 효과가 어느 정도 있었나요?

아 빠 아쉽게도 후보단일화의 효과는 거의 없었어. 신익희 선생의 갑작스러운 병사 이후에도 민주당에서는 신익희 후보의 표를 다른 정당 후보에게 주기를 바라지 않았고, 개표결과 신익희 추모표가 185만 표나 발생하는 대이변이 발생했어. 조봉암이 216만 표를 받았기 때문에 합치면 400만 표가 넘지. 온갖 부정을 저지르고도 504만 표로 당선된 이승만과 자유당의 입장에서는 정상적으로 야당의 후보단일화가 이루어졌더라면 결과가 어떻게 나왔을지 장담할 수 없을 정도였어.

엄 마 그래서 이승만과 자유당은 나중에 조봉암을 간첩으로 몰아 사형시켰군요!

호 림 대통령 선거까지 나왔던 사람을 사형까지 시켰어요?

아 빠 응. 그런 것을 소위 숙청이라고 하는데, 정치라는 것이 얼마나 무서운지를 보여주는 단적인 예야. 옛말에도 가정맹우호苛政猛于虎라고 해

진보당은 1958년 5월에 실시되는 제4대 민의원 선거를 앞두고 우선 독자적인 교섭단체를 구성할 수 있는 의석수인 20석 확보를 목표로 선거준비를 해나갔다. 그러나 검찰은 조봉암과 당의 간부들을 모두 검거하는 한편, 중앙당 사무실을 수색하고 당원명부 등 각종 서류를 압수하는 등 진보당에 대한 전면적인 수사에 돌입한다. 이를 가리켜 진보당 사건이라 한다. 2월 16일에 검찰은 조봉암을 간첩죄, 국가보안법 위반 및 무기불법소지 혐의로, 간사장이었던 윤길중을 국가보안법 위반 및 간첩방조 혐의로, 그 외 간부들은 국가보안법 위반 혐의로 기소한다.

이후 재판부는 7월 2일의 제1심에서 조봉암에게 징역 5년을, 진보당 간부들에게 무죄를 선고하였으나 반공청년단을 자처하는 청년들이 법원청사에 난입하여 난동을 벌이는, 대한민국 사법사상 최초의 재판파동을 일으켰다. 9월 4일부터 10월 25일까지 열린 제2심에서는 양이섭이 자신의 진술을 번복해 자신과 조봉암의 간첩혐의는 조봉암을 제거하기 위한 육군특무부대의 협박과 회유에 의한 허위자백이었다고 진술하였으나, 재판부는 이를 무시하고 번복진술에 대한 증거조사도 채택하지 않았다. 마침내 1959년 2월 7일의 최종판결에서 대법원은 조봉암에 대한 기소 사유인 간첩, 국가보안법 위반, 무기불법소지 등을 인정하여 사형을 언도한다고 하면서도 판결문을 통해 조봉암에 대한 기소 사유의 배경이 된 진보당의 강령이나 정강정책 및 평화통일론이 법에 저촉되지 않는다고 밝혀 그 판결에 대한 세간의 의구심을 자아냈다.

이후 가족들과 변호인단이 재심을 청구했으나 기각되었고 결국 조봉암은 7월 16일에 남긴 옥중성명을 마지막으로 1959년 7월 31일, 교수대에서 숨을 거두었다. 이후, 2007년 9월 18일 진실, 화해를 위한 과거사 정리위원회에 의해 진보당 사건은 이승만이 자신의 강력한 정적이었던 조봉암을 제거하기 위해 날조한 사건으로 밝혀졌다. 그리고 진보당 사건 후 52년 만에 2010년 1월 20일에 대법원은 진실, 화해를 위한 과거사 정리위원회의 권고와 유족의 재심요청으로 청구된 재심에서 조봉암에게 내린 유죄 판결을 파기하는 것으로 무죄를 판결했다. (출처: 위키백과)

서 가혹한 정치는 호랑이보다도 더 무섭다는 말이 있지.

엄 마 기왕 어려운 한자 고사성어가 나왔으니 아이들에게 고사에 얽힌 이야기를 들려줘요.

아 빠 그럴까? 옛날 공자님이 제자들과 함께 태산을 지날 때 한 여인이 묘지 앞에서 통곡하고 있었어. 제자 중 한명이 사연을 물어보니 부인이 대답하길, "시아버지와 남편이 호랑이에게 물려 죽었는데 이번에는 아들마저 호랑이에게 물려 죽었다."라고 하는 거야. 그래서 이번에는 부인에게 "왜 호랑이가 무서운 이곳을 떠나지 않느냐"고 물어보니, 부인은 "그래도 여기는 가혹한 정치는 없다."라는 대답을 했대. 그 대답을 들은 공자가 제자들에게 "가혹한 정치는 호랑이보다 더 무서우니라."라는 가르침을 주었어.

국민대학교를 설립하고, 이시영 선생과 사돈관계인 명문가 집안

아 름 안내문을 보니 신익희 선생은 국회의장도 두 번이나 하셨나 봐요.

아 빠 신익희 선생은 제헌국회 의장과 제2대 국회의장을 지내셨어. 뿐만 아니라 교육에도 뜻을 두셔서 현재의 국민대학교를 설립하셨어.

신익희 선생 묘 안내문

엄 마 부자지간에 모두 독립운동을 할 정도면 가문이 꽤 명문가였던 것 같네요?

아 빠 그럼! 신익희 선생의 아버지는 판서까지 지냈고, 신익희 선생의 친형인 신재희 선생의 부인은 이시영, 이회영 형제의 여동생이었기에 이시영 선생과는 사돈지간이지. 자, 이번에는 신익희 선생의 아들인 신하균 선생의 묘소로 가보자. 애들아, 잠깐만! 이동하기 전에 신익희 선생의 묘를 다시 한 번 눈여겨 봐. 신하균 선생의 묘와 비교를 해 볼 거야.

신익희 선생 묘소와 신하균 선생 묘소의 차이점 찾기

아 름 어? 이곳은 조금 전의 신익희 선생 묘소와는 뭔가 좀 다른 느낌이에요. 아, 알겠다. 신익희 선생의 묘소는 둘레가 둥근 모양이었는데, 이곳 신하균 선생의 묘소는 네모난 모양이에요.

호 림 그리고 상석을 봐도 신익희 선생의 묘소에는 상석의 둥근 받침돌이

신하균 선생 묘

國會議員

平山 平山申公 河均 之墓

신하균 선생 묘 비석

네 개가 있었는데 이곳에는 둥근 받침돌이 없어요.

아 빠 너희의 관찰력이 이제 아주 좋아졌구나! 왜 무덤의 둘레 모양을 저런 식으로 만들었는지 정확히는 모르겠지만, 천원지방天圓地方 사상으로 해석할 수도 있을 것 같아. 즉, 둥근 모양의 묘를 쓴 아버지 신익희 선생을, 네모난 모양의 묘를 쓴 아들보다 좀 더 높이려는 뜻이 아닐까 하는 생각이 들어. 또 비석의 위치를 봐도 신익희 선생은 서쪽에 있고, 그리고 이곳 신하균 선생의 묘소는 동쪽에 있어서 서상제西上制를 따라서 아버지를 좀 더 높이려는 뜻으로 풀이될 수도 있지.

아 름 신하균 선생의 비석에는 국회의원이라고 쓰여 있어요.

아 빠 신하균 선생은 신익희 선생이 돌아가신 뒤 그 지역구의 보궐선거에서 당선되어서 제3대 국회의원이 되었고, 제5대, 제6대 국회의원에도 당선되어서 아버지 신익희 선생과 마찬가지로 3선 의원이 되셨어.

엄 마 여보, 그런데 비석에 평산이란 말이 두 번이나 쓰여 있네요? 신씨의 본관이 평산이라는 것은 잘 알려진 사실이지만 왜 본관을 두 번이나 썼을까요?

아 빠 자세히 보면 위의 평산과 아래의 평산 글씨체가 다른 것을 알 수 있어. 위쪽의 평산은 신하균 선생의 호號이고, 아래쪽의 평산은 당연히 본관을 뜻하는 거야. 신하균 선생의 아버지인 신익희 선생은 일제강점기 때 나라의 독립이 보장되는 것이 불확실하다고 판단을 해서, 나중에 죽더라도 본관을 잊지 말라는 뜻에서 아들의 호를 평산이라 지었다고 해. 자, 이번에는 이명룡 선생의 묘소로 가보자.

둘레길 거리표

이명룡 선생 묘

통일교육원 구내의 이명룡 선생 묘

 이명룡 묘

이명룡 선생 묘

호 림 아빠, 이곳은 통일교육원이라고 되어 있네요. 이 안
에 이명룡 선생의 묘가 있나요?

이명룡 선생

아 빠 응, 원래는 지금의 통일교육원 본관 자리 바로 앞쪽
에 있었던 것을 신축공사계획으로 인해서 후생관과
교육관 사이의 비탈진 곳으로 옮겼어. 저기 보인다.

아 름 건물들에 둘러싸여 있어서 그런지 이명룡 선생의 묘는 지금까지의
순국선열 묘역과는 느낌이 조금 다른 것 같아요.

엄 마 이명룡 선생의 묘비는 참 특이하게도 생겼네? 봐요! 사각기둥에 지
붕은 사각뿔 모양이에요. 저렇게 생긴 묘비는 처음 봐요.

아 빠 아마도 이명룡 선생이 독실한 개신교 신자라서 그런 것 같아. 이명
룡李明龍, 1873~1956 선생은 평안북도
철산 출생으로, 호는 춘헌春軒인데
1892년 개신교에 입교해서 교육
사업 등 여러 가지 활동을 벌이다
가, 1911년 105인 사건에 연루되
어서 3년간 옥고를 치르셨어.

이명룡선생 묘 비석

아 름 105인 사건이요?

아 빠 105인 사건은 1911년에 일본이
조선의 민족운동을 탄압한 주요
사건 중 하나인데, 안명근의 데라
우치 총독 암살미수 사건을 빌미로
해서 조선의 기독교 지도자와 교육자들을 대거 투옥시켰던 사건이
야. 이때 지도자급 인물 600여 명을 검거했고, 그중에서도 중심인
물 105명이 기소되었기 때문에 105인 사건이라는 이름이 붙었어.

통일교육원

통일교육원은 남북관계 및 통일에 대한 관심과 올바른 인식을 확산시키기 위해 설립된 대한민국 통일부 소속 교육연수기관이다.

1972년 5월 통일연수소로 발족하여 1978년 1월 통일연수원으로 개칭하였고, 그 뒤 1996년 12월에 통일교육원으로 개칭하였다. 주요 기능은 통일문제 및 국민정신교육에 관한 전문가와 교육자의 훈련 및 양성, 통일에 대비한 정부기관, 공공기관, 사회단체의 간부 및 요원에 대한 교육의 실시 등의 운영을 담당한다. 그리고 통일정책 및 국민정신교육상 특히 필요하다고 인정하는 자에 대한 교육의 실시, 통일문제 및 국민정신문제에 관련되는 교육에 관한 연구 및 자문, 통일문제 및 국민정신교육상 필요한 전시시설의 운영 등을 담당한다. (출처: 위키백과)

엄 마 안명근? 왠지 친숙한 이름인데...

아 빠 이토 히로부미를 암살했던 안중근 의사의 사촌 동생이야. 어려서부터 사촌 형인 안중근의 감화를 받고 항일독립운동에 헌신하셨지. 자, 다시 이명룡 선생의 이야기로 돌아와야지? 105인 사건으로 옥고를 치르신 이명룡 선생은 3 · 1 운동 당시에도 민족대표 33인의 한 사람으로 참가하셨고, 그 때문에 또다시 2년간 옥고를 치르셨어. 그렇지만 이명룡 선생은 독실한 기독교인이어서 근면함을 평생 실천하셨는데 한시도 성서와 농기구를 손에서 놓지 않았다고 전해져. 또한, 근면 절약의 표본으로 1일 2식을 실천한 의지의 생활인이기도 하셨대.

아 름 1일 2식은 나도 실천하고 싶다. 살이 쏙 빠질 텐데...

조병옥 박사 묘

빈대 잡기 위해 초가삼간 태울 수 없다

➡ 조병옥 박사 묘역으로 가는 길

아 빠   애들아 순국선열 묘역에서 우리가 마지막으로 찾아
뵐 분은 조병옥 박사야. 그런데 조병옥 박사의 묘
는 둘레길에서 약 400m 가량 산 위쪽에 있기 때문
에 잠시 둘레길에서 벗어나야 해. 천천히 따라 와.

조병옥 박사

조병옥 박사 묘 관리사무소 영모재

아 름 다른 순국선열들은 호칭을 '아무 개 선생'이라고 부르면서 이 분만 유독 '박사'라는 호칭을 붙였는데 정말 박사 학위를 받으신 것이 맞나요?

아 빠 응. 유석維石 조병옥趙炳玉, 1894~1960 박사는 1914년에 연희전문을 졸업하고 난 뒤 미국으로 유학을 가셔서 컬럼비아 대학에서 철학박사 학위를 받으셨어.

조병옥 박사 묘 관리사무소 영모재 입구 비석

아 름 아빠, 저기 집이 보여요. 산속에 웬 집이죠?

아 빠 저 집은 영모재永慕齋라고 하는 조병옥 박사의 묘소 관리사무소야.

호 림 입구에 조그만 비석이 하나 서 있는데, 거기에 쓰인 글귀가… 빈대 잡기 위해… 태울 수 없다? 가운데 네 글자를 모르겠어요.

엄 마 초가삼간草家三間이야. 원래 '초가삼간 다 타도 빈대 죽는 것만 시원하다.'라는 속담에서 유래된 말이란다.

아 빠 저 글귀는 조병옥 박사의 정치관을 잘 반영해 주는 말이야. 조병옥 박사는 야당지도자 시절에 여당과의 협상에서 "빈대 잡기 위해 초가삼간을 태울 수 없다."는 기본적인 자세를 일관성 있게 밀고 나갔어. 그래서 같은 야당 내에서도 일부에서는 조 박사의 노선에 반발하기도 했지만, 조 박사는 협상과 타협이 민주주의의 기본원칙이라는 자신의 소신을 조금도 굽히지 않았다고 해.

호 림 민주주의의 기본원칙은 '다수결'이 아닌가요?

아 빠   그건 잘못된 생각이야. '다수결'은 가능한 모든 협상과 타협을 시도한 뒤에도 전혀 해결책이 보이지 않을 경우에 최후의 수단으로 사용하는 거야. 그럼에도 불구하고 다수결을 항상 앞에 내세우면서 자신의 의도를 관철하려는 사람들이 많은데, 이런 사람들의 태도를 가리켜 '다수의 횡포'라고 해. 다수의 횡포는 민주주의를 가장한 폭력이라고 할 수 있지.

엄 마   묘소로 올라가는 왼편에 작은 묘가 하나 있군요.

아 름   혹시, 아들의 묘인가요?

아 빠   아니, 조병옥 박사의 부인인 노정면 여사의 묘야. 비석을 보면 광주노씨정면지묘라고 되어있지?

엄 마   부인을 남편과 나란히 모시지 않은 것이 참 특이하군요. 그런데 이분은 천주교인 이셨나 봐요. 마리아라는 세례명도 표시되어 있어요.

뱀의 발 빈대

빈대는 빈대과에 딸린 곤충이다. 몸길이는 5mm 안팎이고, 둥글납작한 모양이며 몸 빛은 붉은색을 띤 갈색이다. 몸이 작고, 편평한 타원형이어서 아주 좁은 틈에 숨을 수 있다. 성충은 물체의 틈에 100~250개의 알을 낳는다. 알은 1~2주 만에 부화하여 1주일 후에 피를 빨 수 있으며, 4주일 후에 성충이 된다. 빈대에 물리면 몹시 가렵기 때문에 사람과 작은 동물에게는 심각한 해충이 될 수 있다. 그러나 병을 전염시키지는 않는다.

밤에 나와 긴 주둥이로 사람의 피부를 찔러 피를 빨아먹는다. 빈대에 찔리면 불쾌하게 가렵고 많이 찔리면 수면부족에 시달린다. 예전에는 방안 벽에 빈대를 문질러 잡아 생긴 피의 흔적을 예사로 볼 수 있었다. 빈대를 잡아 터지게 하면 불쾌하고 독특한 악취가 코를 찌른다. 오늘날에는 우리나라에서 빈대를 거의 볼 수 없게 되었다. 이것은 1945년 후에 DDT 따위의 강력한 살충제의 사용과 주택 개량의 결과라고 볼 수 있다. 관용구에 '빈대 붙다', 속담에 '빈대도 콧등이 있다', '빈대 미워 집에 불 놓는다' 등이 있다. 우리 조상들이 빈대에 얼마나 시달렸는지를 짐작할 수 있다. (출처: 위키백과)

부인 노정면 여사 묘(위), 부인 노정면 여사 묘의 비석(아래)

신익희 선생과 더불어
대통령 선거도중에 병사했다는 비운의 주인공

조병옥 박사 묘

아 빠 자, 여기가 조병옥 박사의 묘야. 묘비를 보면 유석선생한양조공병
　　　　옥지묘維石先生漢陽趙公炳玉之墓라고 되어 있지? 유석維石은 조병옥 박사의
　　　　호이고, 본관은 한양이야. 일제강점기 때 독립운동을 하시다가 두
　　　　차례나 옥고를 치르셨고, 해방 이후에는 본격적으로 정치에 뛰어들
　　　　어서 이승만을 견제하는 야당의 지도자로 활동하셨어.

아 름 참, 지난번 신익희 선생 묘소에서 아빠가 설명하시기로 조병옥 박

사도 신익희 선생과 마찬가지로 대통령 선거유세 도중에 갑자기 병
사했다고 하셨잖아요?

아 빠 응. 그런 공통점이 있지. 신익희 선생은 제3대 대통령 선거 과정에
서 돌아가셨고, 조병옥 박사는 1960년 제4대 대통령 선거에서 야
당인 민주당의 대통령 후보로 선출되었는데 선거유세 도중에 갑자
기 병이 생겼어. 그래서 급하게 미국으로 건너가서 미 육군병원에
입원했는데, 선거를 불과 며칠 남겨두지 않고 세상을 떠나셨어. 그
때문에 제4대 대통령 선거는 이승만이 단독후보로 자동선출이 되
었지만, 부통령까지 몽땅 차지하려고 했던 이승만과 자유당이 부정
선거를 저질러서 결국은 4 · 19 혁명을 불러일으켰지. 한 가지 재
미있는 사실은 이승만 대통령도 박사 학위 소지자였기 때문에 제4
대 대통령 선거는 박사 대 박사의 대결이었다는 거야.

엄 마 참, 이 분의 자제분들도 대단하
신 분들이죠?

아 빠 그럼! 둘째 아들 조윤형 씨는
6선 의원이었고, 셋째 아들 조
순형 씨는 7선 의원이었어. 조
병옥 박사가 야당정치인이어서
그런지 자제분들도 모두 야당
에서 정치활동을 하셨지.

호 림 아빠, 제가 재미있는 것을 찾
아냈어요. 조병옥 박사의 묘비
받침돌의 아랫부분을 보니 불
교를 상징하는 만卍자가 새겨져

조병옥 박사 묘 비석

있어요. 아까 조병옥 박사의 부인은 천주교 교인이어서 묘비에 십
자가가 새겨져 있었는데 부부의 무덤이 따로 따로 만들어진 이유가
혹시 종교적인 이유 때문 아닌가요?

아 빠 글쎄, 묘비 받침돌에 불교를 상징하는 만卍자가 새겨진 것은 분명
하지만, 조병옥 박사가 불교 신자였다는 것은 나도 처음 듣는 이야
기야. 조병옥 박사는 기독교재단인 연희전문을 졸업했고, 게다가
1925년 YMCA 이사와 비밀독립단체인 그리스도신우회의 회원까
지 지내신 분이기 때문에 불교 신자일 가능성은 거의 없어 보여. 이
문제는 숙제로 남겨두고 나중에 좀 더 자료를 찾아보자.

뱀의 발 만자문(卍字紋)

만자문(卍字紋)은 시계방향, 또는 반시계방향으로 꺾인 십자 모양의 무늬이다. 불교의 상징으로 쓰이
는 무늬는 주로 '卍(만)'자 모양으로 되어 있고, 힌두교에서는 주로 역만자(卐) 모양으로 되어 있다. 또
한, 만자문을 상하좌우로 배열하면 돌림무늬이면서 번개무늬이기도 하다. 서양의 하켄크로이츠(갈고
리 십자가)는 역만자(卐) 모양이며 제2차 세계대전 당시 독일 나치의 상징이기도 했다.

불교에서는 '卍'을 길상(吉祥: 아름답고 착한 징조)의 표상으로 여긴다. 때에 따라서는 역만자(卐)도
그와 같은 뜻으로 쓰기도 한다. 이것은 원래 부처의 가슴에 나타난 길상의 표시라고 한다.

하켄크로이츠(독일어: Hakenkreuz) 또는 갈고리 십자가는 아돌프 히틀러에 의해 민족사회주의 독일
노동자당의 당기로 제정되었다가, 1935년 9월 15일에 국기로 제정되었다. 아돌프 히틀러와 나치의
상징이자 전유물처럼 되어 있는 것들이 많다. 군인들의 거위걸음, 모자에 달린 해골마크, 검정색 제복
과 갈색 셔츠, 장화, 오른손을 쳐든 그들의 인사법 등인데, 하켄크로이츠도 그 중의 하나이다. 그러나
하켄크로이츠는 원래 고대 게르만족의 상징이었다. 오른팔을 들고 높이 손을 뻗어 하는 경례법도 원래
는 고대 로마제국이 사용하던 것이었다. (이 인사법은 이탈리아 파시스트들도 채용했다. 원래 로마 제
국 군단병들의 경례였으며, 파시스트들이 자신들을 로마 군단의 후예로 선전하면서 채택한 것이다).
그러나 하켄크로이츠는 이젠 완전히 나치스를 상징하는 것만으로 굳어버려, 독일 현지에서는 이 하켄
크로이츠를 사용할 수 없도록 법으로 금지되어있다. (출처: 위키백과)

화계사의 일주문

화계사

아 름 어? 둘레길이 절간을 통과하네요? 안내표지판에는 '화계사'라고
되어 있어요. 화계사… 어디서 많이 들어본 이름 같아요.

아 빠 아마도 '만행 하버드에서 화계사까지'라는 책 덕분일거야. 하버드
대학원생이었던 '폴 뮌젠'이라는 사람이 미국에서 숭산 큰스님을
만난 뒤 감화를 받고 한국으로 건너와 현각이라는 법명을 받고 불
교에 입문하기까지의 이야기를 쓴 책인데, 베스트셀러가 되었던
책이지.

호 림 그런 좋은 내용의 책 제목에 왜 만행이라는 무시무시한 이름이 붙
었어요?

엄 마 호림아, 네가 말한 '만행'은 야만스런 행동이라는 뜻의 만행蠻行이
고, 책 제목의 '만행'은 불교에서 여러 곳으로 두루 돌아다니면서
닦는 온갖 수행을 뜻하는 만행萬行이란다.

아 빠 이왕 이곳에 온 김에 화계사를 한번 둘러보면서 불교사찰에 대한
문화답사를 해 볼까?

아 름 어? 그런데 절이라면 대부분 일주문부터 시작하던데, 우리는 지금
일주문 안에 들어와 있어요.

아 빠 그건 북한산 둘레길이 절의 안쪽으로 바로 연결되었기 때문이야.

아 름 그렇다면 조금 수고스럽더라도 뒤로 돌아가서 일주문부터 제대로 봐야지 완전한 화계사 답사가 될 것 같아요!

일주문 앞

호 림 와! 엄청 크다! 그런데 일주문은 세계 일주처럼 이곳에서부터 시작해야지 사찰을 한 바퀴를 다 돈다는 뜻에서 일주문인가요?

아 빠 이 일주문은 근래에 만들어 진 것이어서 문화재적인 가치는 없어.

화계사 전경

그리고 일주문의 일주柱는 세계 일주할 때의 일주周와는 다른 뜻이야. 일주문柱門의 뜻은 한자로 풀어보면 쉽게 알 수 있는데, 한 일一자에 기둥 주柱자를 써서, 기둥이 한 줄로 되어 있는 데서 유래된 말이야.

아 름 기둥이 모두 한 줄로만 서 있으면 건축적으로도 불안할 텐데… 저기 보세요. 기둥의 앞뒤 쪽에다가 보조기둥을 세웠잖아요? 건물을 안정적으로 만들지 않고 군이 이렇게 만드는 이유가 있나요?

아 빠 아름이의 말처럼 일주문을 안정적으로 만들려면 기둥 4개를 전후 좌우로 만들면 돼. 하지만 사찰의 일주문은 상징성 때문에 일부러 한 줄로 기둥을 세운 거야. 즉, 한 줄로 선 기둥은 한 가지 마음, 즉 일심一心을 상징하는 것이기 때문이야. 조금 멋있는 말로 포장을 하자면, 신성한 절에 들어서기 전에 세속의 모든 번뇌를 불법의 청정수로 말끔히 씻고, 오직 한 가지 마음을 가지고 부처님의 진리의 세계로 향하라는 그런 상징적인 가르침이 담겨 있는 거야.

일주문

사찰 일주문의 현판은 문패와도 같다

호 림 그런데 현판에는 뭐라고 쓰여 있어요? 맨 앞의 석 삼三 자와 마지막
절 사寺 자만 알고 나머지는 모르겠어요.

아 빠 '삼각산화계사'라고 쓰여 있어. 일주문에는 그 절의 문패와도 같은
기능도 포함되어 있어. 산
이 많은 우리나라의 사찰
은 대부분 산속에 있기 때
문에 대부분 산 이름이 앞
에 나오고 뒤에 사찰 이름
이 따라 나와. 그래서 이 일
주문의 현판에도 삼각산화
계사라고 쓰여 있는 거야.

일주문 현판

호 림 산 이름 뒤에 절 이름이라… 아! 산속에 있지 않고 도심 속에 있는
절이 하나 생각났어요. 바로 서울 한복판 인사동에 있는 조계사예
요! 그렇다면 인사동 조계
사의 일주문에는 산 이름
이 빠져 있나요?

아 빠 조계사의 일주문 현판에
도 산山이 들어가 있어. 대
한불교총본산總本山조계사
라고 쓰여 있지. 본산本山이

조계사 현판

란 한 종파에 딸린 모든 절을 총괄하는 큰 절을 뜻해. 자, 다시 화
계사 쪽으로 가보자.

화계사의 범종각

 범종각 앞

해탈문이 없어서 쓸쓸한 범종각

범종각 전경

아 빠 여기가 불전사물佛殿四物을 다 모아 둔 범종각이야.

엄 마 뭔가 좀 허전하군요. 일주문에서 범종각까지 오는데 반드시 거쳐야 하는 천왕문이 없어요.

아 빠 맞아. 이곳 화계사에는 천왕문이 없어. 천왕문이 왜 없는지 이유는 정확히 모르겠지만 역시 천왕문을 통과하는 맛이 있어야만 사찰에 들어오는 느낌이 있는 것 같아. 화계사는 천왕문만 없는 것이 아니라 해탈문도 없어. 그래서 이 범종각이 좀 쓸쓸해 보여.

아 름 천왕문과 해탈문이 없는 것과 범종각이 쓸쓸해 보이는 것 사이에는 무슨 관계가 있나요?

범종각 측면

174 / 175

아 빠　천왕문은 부처님이 계신 불국토로 가는 28개의 하늘나라 중에서 첫 번째 하늘나라인 사왕천을 상징적으로 만든 거야. 즉, 부처님께 가는 첫 번째 관문을 뜻하지. 그리고 해탈문은 부처님을 뵐 수 있는 마지막 관문을 통과하는 것을 상징적으로 나타낸 거야. 따라서 해탈문을 통과하는 순간, 바로 그 자리에는 환희의 팡파르를 울려주는 네 가지 악기인 불전사물이 바로 이 범종각에 모두 모여 있는 거야. 아름아, 불전사물이 뭔지 다 기억나니?

아 름　그럼요. 서당개도 3년이면 풍월을 읊는다고 했는데, 저도 아빠 따라 답사 다닌 지 6년이 넘었다고요. 법고法鼓는 짐승의 가죽으로 만들었기 때문에 짐승을 비롯한 땅에 사는 중생의 구제를 뜻하는 것이고요, 운판雲版은 공중을 날아다니는 미물들과 허공을 헤매며 떠도는 영혼의 구제를 뜻하는 것이고요, 목어木魚는 물속에 사는 모든

범종각 불전사물 목어와 범종이 2개씩이다.

부처님은 수직으로 층층이 쌓여있는 불교의 28천(28개의 하늘나라)중에서 가장 위쪽에 계신다. 28천중에서 가장 아래쪽에 있는 하늘나라는, 인간세상에서 보면 가장 가까운 하늘나라인데 네 명의 왕, 즉 사천왕四天王이 지키는 하늘나라라고 해서 '사왕천四王天'이라고 부른다. 사왕천四王天은 수미산의 중턱에 있는데, 인간세상에서 가장 가까운 하늘나라이기 때문에 어느 절을 방문하더라도, 제일 처음 만나는 것이 사천왕이 지키는 천왕문이고, 천왕문은 사왕천을 시각적인 조형물로 형상화한 것이다.

한편, 사왕천 다음에 나오는 두 번째 하늘나라는 수미산의 정상부분에 있고 '도리천忉利天'이라고 부른다. 도리천은 인간이 걸어서 갈 수 있는 가장 높은 하늘나라다. 총 33개의 천성天城이 있어서 '33천'이라고도 불린다. 그 위로 공중에 층층이 쌓여 있는 26개의 하늘나라는 인간이 걸어서는 갈 수 없다. 그런데 이 도리천을 다스리는 신은 불교를 수호하는 신중에서 최고의 신인 제석천帝釋天 또는 제석천왕帝釋天王이라고 하는데 이 분은 인간세상을 다스린다고 한다. 도교에서 말하는 석제환인, 즉 옥황상제이다. 사왕천의 사천왕도 매월 15일에 제석천에게 보고를 한다.

그 위로 세 번째 하늘나라는 야마천夜摩天, 네 번째 하늘나라는 미륵보살이 계시는 도솔천兜率天이다. 이런 식으로 위로 올라가면서 만나게 되는 27번째 하늘나라는, 집착하는 모든 생각 그 자체도 떨쳐버린 무소유처천無所有處天 또는 무소유천無所有天이고, 마지막 28번째 하늘나라는, 의식도 무의식도 없는 단계인 비상비비상처천非想非非想處天 또는 비비상천非非想天이다.

1. 사왕천(四王天), 사천왕천(四天王天)
2. 도리천(忉利天)
3. 야마천(夜摩天), 염마천(焰魔天)
4. 도솔천(兜率天)
5. 화락천(化樂天)
6. 타화자재천(他化自在天)

　　1~6: 욕계 6천(欲界 六天: 욕계의 6개의 하늘)

7. 범중천(梵衆天)
8. 범보천(梵輔天)
9. 대범천(大梵天)
10. 소광천(少光天)
11. 무량광천(無量光天)
12. 광음천(光音天)
13. 소정천(少淨天)
14. 무량정천(無量淨天)
15. 변정천(遍淨天)
16. 무운천(無雲天)
17. 복생천(福生天)
18. 광과천(廣果天)
19. 무상천(無想天)
20. 무번천(無煩天)
21. 무열천(無熱天)
22. 선견천(善見天)
23. 선현천(善現天)
24. 색구경천(色究竟天)

　　7~24: 색계 18천(色界 十八天: 색계의 18개의 하늘)

25. 공무변처천(空無邊處天)
26. 식무변처천(識無邊處天)
27. 무소유처천(無所有處天), 무소유천(無所有天)
28. 비상비비상처천(非想非非想處天),
　　비비상천(非非想天)

　　25~28: 무색계 4천(無色界 四天: 무색계의 4개의 하늘)

수중 중생의 구제를 뜻하는 것이고요, 마지막으로 범종梵鍾은 지하 세계에 있는 중생의 구제를 뜻하는 것이에요.

엄 마   뜻까지 정확하게 잘 기억하고 있구나!

호 림   아빠! 그런데 범종각에는 불전사물을 모아두셨다고 하셨는데, 여기에는 모두 6가지나 있어요.

아 름   법고도 있고, 운판도 있고, 목어와 범종도 있는데… 어? 그러고 보니 목어와 범종이 각각 두 개네요?

목어

범종

화계사 동종과 강화 동종은 같은 사람이 만들었다.

아 빠 그 이유는 원래부터 있었던 목어와 범종을 근래에 새로 만들었기 때문이야. 특히, 여기에 있는 사물 중에서 국가지정 문화재로 지정된 것이 바로 저기 화계사 동종이야. 그것도 큰 종이 아니라, 대들보에 매달린 작은 종이야. 보물 제11-5호로 지정되어 있지.

호 림 11-5호? 문화재 번호가 왜 그렇게 이상해요? 11-1, 11-2, 11-3, 11-4도 있다는 뜻인가요?

아 빠 뿐만이 아니라 11-6, 11-7, 11-8까지 있어. 그 이유는 보물 제11호로 지정된 8개는 모두 구리종인데 사인^思^印이라는 조선시대 스님이 만든 종이야. 문화재 용어로는 사인비구 제작 동종^思^{印比丘 製作 銅鍾}이라고 해.

강화 동종(보물 제11-8호)

호 림 비구가 뭐예요?

엄 마 비구는 남자 스님을 뜻하는 말이란다. 여자 스님을 뭐라고 하는지 아니?

아 름 아, 비구니! '비구니'라는 말은 알고 있으면서도 정작 '비구'라는 말은 몰랐어요!

아 빠 사인 스님은 신라시대 이래로 사원에서 세습되던 승장^{僧匠}, 즉 장인의 역할을 하던 스님으로서 맥을 이은 마지막 승려였어. 신라 종의 전통적인 제조기법을 재현하고 독창성을 가미해서 만든 그의 작품이 모두 8개가 전해지는 데 각각 나름대로의 특징이 있어. 그 중의 하나가 바로 이 화계사 동종이야. 우리가 강화도에 답사 갔을 때 고려궁지에 있던 강화 동종 기억나지? 그 강화 동종도 사인 스님이 만든 종인데, 보물 제11-8호야.

뱀의 발   사인비구 제작동종(思印比丘 製作 銅鍾)

사인비구 제작동종(思印比丘 製作 銅鍾)은 사인 스님이 만든 종으로 현재 8점이 남아있다. 이를 일괄하여 2000년 2월 15일 보물 제11호로 지정되었으며, 각각의 종에는 상세번호를 부여하여 관리하고 있다.

사인비구는 18세기 뛰어난 승려이자 장인으로, 전통적인 신라 종의 제조기법에 독창성을 합친 종을 만들었다. 현재 그의 작품 8구가 서로 다른 특징을 보이며 전해지고 있다. 우선 크기는 비교적 작지만 그의 초기 작품 세계를 엿볼 수 있는 포항 보경사 서운암 동종(보물11-1)은 종신에 보살상이나 명문이 아닌 불경의 내용을 새긴 것이 가장 큰 특징이며, 양산 통도사 동종(보물11-6)은 팔괘(八卦)를 문양으로 새기고 유곽 안에 보통 9개씩의 유두를 새기는 것에서 벗어나 단 한 개만을 중앙에 새겨 넣었다. 또한 가장 전통적인 신라 범종의 형태를 갖추고 있는 범종으로는 안성 청룡사 동종(보물11-4)과 강화 동종(보물11-8)이 있다. 그 밖에 종을 매다는 용뉴 부분에 두 마리 용을 조각해 둔 서울 화계사 동종(보물11-5)과 의왕 청계사 동종(보물11-7), 그리고 종을 치는 부분인 당좌를 그만의 독특한 모습으로 표현한 문경 김룡사 동종(보물11-2)과 홍천 수타사 동종(보물11-3) 등이 그가 제작한 것이다. 그의 작품들은 우수성을 인정받아 8구 모두가 보물로 지정되었으며, 각기 독창성이 엿보이고 있어 범종 연구에 중요한 자료가 된다.

> 보물 제11-1호: 사인비구 제작 동종 – 포항 보경사 서운암 동종
> 보물 제11-2호: 사인비구 제작 동종 – 문경 김룡사 동종
> 보물 제11-3호: 사인비구 제작 동종 – 홍천 수타사 동종
> 보물 제11-4호: 사인비구 제작 동종 – 안성 청룡사 동종
> 보물 제11-5호: 사인비구 제작 동종 – 서울 화계사 동종
> 보물 제11-6호: 사인비구 제작 동종 – 양산 통도사 동종
> 보물 제11-7호: 사인비구 제작 동종 – 의왕 청계사 동종
> 보물 제11-8호: 사인비구 제작 동종 – 강화 동종

> (출처: 위키백과)

화계사 동종(보물 제11-5호)

흰구름 길

범종각에서 한국 종의 특징 알아보기

아 름 큰 종은 어디서 많이 본 듯한 모습인데… 아! 에밀레종!

아 빠 그래, 이 큰 종은 1978년에 만들어진 종인데, 경주국립박물관에 있
는 성덕대왕신종, 즉 에밀레종의 모습을 모방해서 만든 종이야. 근
래에 만들어졌기 때문에 비록 문화재적인 가치는 없지만 대들보에
매달려 있는 보물 제11-5호 화계사 동종과 비교해서 한국종의 특
징을 살펴볼 수 있는 좋은 자료로 활용할 수가 있어. 일단 두 종의
비슷한 점을 찾아봐.

범종과 동종

호 림 음… 종의 위쪽과 아래쪽 끝에 테두리를 둘렀어요.

아 름 위쪽 테두리 밑에 4개의 큰 사각형이 있어요. 그리고 그 안에 9개
씩 돌기가 있어요.

아 빠 　잘 찾았다. 이번에는 서로 다른 점을 찾아볼까?

호 림 　종을 매단 부분이 달라요. 큰 종에는 용이 한 마리뿐인데, 작은 종에는 용이 두 마리가 있어요.

아 름 　그뿐만이 아니라 큰 종에는 음통이 달려있는데, 작은 종에는 없어요.

엄 마 　나도 하나 찾았어요. 종의 전체적인 모습도 약간 달라요. 큰 종은 종 끝의 지름이 살짝 오므라드는 데 비해서 작은 종은 끝 쪽으로 가도 오므라드는 모습이 전혀 없어요.

아 빠 　다들 잘 찾았어. 지금까지 우리가 찾아낸 것이 한국 종의 특징을 잘 말해주는 거야. 이 세상에서 종이 없는 나라는 없지만, 특히 한국의 범종은 'Korean Bell^{한국 종}'이라는 학명^{學名}으로까지 불릴 만큼 독자적인 양식을 지니고 있고, 그 중에서도 최고의 위치는 역시 신라시대의 범종이 차지하고 있지. 혹시, 우리나라에서 가장 오래된 범종이 무엇인지 아니?

아 름 　그건 쉽죠. 강원도 오대산에 있는 상원사의 동종이요. 지난번에 오대산 월정사와 상원사에 답사 갔을 때, 아빠가 자세히 설명해 주셨어요. 상원사 동종은 원래 경상도 안동지방에 있던 종을 세조의 명령으로 상원사로 옮겨 왔다는 것과 종을 옮겨올 때 소백산에서 종이 갑자기 움직이지 않아서 종에 붙어 있던 돌기를 하나 떼어내어 땅에 묻었더니 그제 서야 움직였다고 했어요. 그런 이유 때문에 지금도 9개의 돌기 중에서 하나가 없어요.

아 빠 　잘 기억하고 있구나. 국보 제36호인 상원사 동종은 한국종의 전형적인 양식을 가장 잘 나타내고 있는데, 그중에서도 가장 큰 특징은 음관(또는 음통)이야. 우선 음관^{音管}은 종의 최상부에 있으면서 종을 매달기 위한 시설인 용뉴 옆에 부착된 대롱형태의 긴 관인데, 종

용두

용누

천판

유두

상대

유곽

비천상

당좌

하대

용통

종신

종복

상원사 동종과 범종의 세부명칭

의 몸통 속으로 뻥 뚫려있어. 이 음관의 역할은 가설만 존재할 뿐 정확히 알려진 바는 없지만, 종 속의 잡소리를 내보내서 종소리를 깨끗하게 정화하거나 음향을 조화시키고, 여운을 은은히 끌기 위한 것이라는 설과 신라의 만파식적萬波息笛을 형상화했다는 설이 있어. 중국이나 일본의 종에서는 전혀 찾아볼 수 없는 한국 종 만의 가장 큰 특징이지.

호 림 만파식적이 뭐죠?

엄 마 만파식적은 고전古典에 전하는 신라의 신령스런 피리인데, 왕이 이 피리를 불면 나라의 모든 근심과 걱정은 해결되고, 쳐들어오던 적 군은 물러갔다고 해.

아 빠 저기 큰 종을 매단 부분 바로 옆에 파이프처럼 보이는 저것이 음 관이야.

범종 음관

고려이후 불교미술의 예술적 완성도가 점점 떨어진 이유

아 름 그런데 보물로 지정된 이 화계사 동종에는 왜 저 음관이 없나요?

아 빠 대부분의 불교 문화재는 시기적으로 보았을 때, 삼국시대와 통일신라시대까지가 종합예술적인 측면에서 가장 뛰어난 작품들이 많았고, 고려시대를 지나면서부터는 예술적, 기술적인 완성도가 점점 떨어졌어. 그 이유는 불교 내부에서 일어난 교리의 변화 때문이야.

엄 마 통일신라시대 말기부터 불교 내부에서는 교종보다는 선종이 점점 유행하기 시작했단다.

호 림 종교 교리가 바뀐 것이 불교 문화재랑 무슨 연관성이 있나요? 선종은 문화재를 만들지 말라는 규칙이라도 있나요?

아 빠 그런 것이 아니야. 여보, 당신이 교종과 선종의 차이점을 아이들에게 설명해 줄래?

엄 마 교종은 부처님의 말씀을 가장 중요시 여기기에 부처 불, 말씀 어자를 써서 불어종佛語宗이라고도 해. 반면에 선종은 부처님의 마음을 더 중요시 여기기 때문에 부처 불, 마음 심자를 써서 불심종佛心宗이라고도 해. 두 종파는 부처님의 가르침을 전달하는 주요 매개체를 무엇으로 삼느냐로 나눠진 거란다.

아 빠 바로 그거야. 교종은 부처님의 말씀을 최고로 여기기에 모든 것의 기준이 부처님의 말씀을 기록한 불교경전이야. 그래서 불교에 관련된 모든 종교시설물은 가능하면 불교경전의 내용을 하나도 빠짐없이 반영해서 만들려고 하지.

엄 마 그래서 최고 수준의 종합예술품이 탄생하는 거란다.

아 빠 반면에 선종은 부처님의 마음을 읽어내는 것을 더 중요시 여기기에 글자에 집착하지 않아. 따라서 경전을 중요시 하는 교종에 비해서는 시각적인 예술적 완성도가 떨어질 수밖에 없어. 중국의 제6대 조사인 혜능선사는 불법을 전수받을 때, 글자를 하나도 모르던 문맹이었다는 사실 하나만 봐도 충분히 선종의 분위기를 짐작할 수 있지. 더욱이 조선시대로 내려오면서 불교는 국가로부터 엄청난 탄압을 받는 지경에 이르게 돼. 그래서 불교 문화재의 예술적 완성도는 통일신라시대를 정점으로 해서 점점 떨어지는 것이 일반적이야.

엄 마 화계사 동종은 조선시대에 만들어진 종이어서 한 눈에 보기에도 옆에 있는 큰 종에 비해 미적 감각도 떨어지는 것 같아요.

종에 용을 새기는 이유는
종소리가 더 크고 오래가도록 하는 속설 때문이다

아 빠 또 다른 한국 종의 특징은 유곽과 유두야.

아 름 유두는 젖꼭지 맞죠? 종에 붙어 있는 저 돌기가 젖꼭지처럼 생겨서 유두라고 부르나요?

아 빠 그래. 유곽은 종의 최상부를 한 바퀴 감는 띠 모양의 상대上帶 바로 아래쪽에 붙어 있는 네 개의 네모난 테두리이고, 그 유곽 속에는 3단 3열로 9개의 유두가 달려있어. 이 유두는 종의 울림을 조금 더 오래 잡아주는 기능을 한다고 해. 중국 종에서는 전혀 찾아볼 수 없고, 일부 일본 종에서 볼 수가 있지만, 우리 종처럼 규격화되거나 유두의 숫자가 일정하지가 않아.

호 림 아빠, 종을 매다는 부분에 용의 조각은 왜 만드나요? 그냥 간단한 모양의 고리를 매달수도 있을 것 같은데요.

동종의 유곽과 아홉 개의 유두

아 빠 종을 매다는 부분의 용의 조각은 우리나라 종만 있는 것은 아니고
중국 종이나 일본 종에서도 많이 쓰여. 다만 한국 종의 경우에는 통
일신라 이전에는 거의 단룡을 사용하는 데 비해서, 한국 종이라도
고려이후의 종이나 중국, 일본의 종은 대부분 쌍용을 사용하는 경
우가 많아. 그리고 용을 종에 사용하는 것에는 장식적인 것도 있지
만, 종소리가 더 크고 오래 가도록 하고자 하는 민간속설 때문이야.

아 름 용을 조각한다고 종의 소리가 크고 오래가나요?

아 빠 용과 관련된 민간속설에 대해 하나씩 설명해 줄게. 우선, 종은 아
무 곳이나 치는 것이 아니라 당좌撞座라는 특정한 위치를 치게끔 표
시가 되어 있어. 큰 종의 몸통 부분에 마치 과녁처럼 동그랗게 생
긴 저 부분이야. 기술적으로 본다면 당좌 부분을 쳐야만 종소리가

가장 잘 난다고 해.

엄 마 당좌에서 첫 글자 '당'은 한자로 '칠 당撞'자 인데, 당구할 때의 그 당자란다.

아 빠 그리고 당좌를 쳐서 종소리를 내는 나무를 '당목'이라고 하는데, 다른 말로는 고래 경자를 쓰는 경목鯨木이라고도 해. 그리고 이름만 경목이라고 붙이는 것이 아니라 실제로 나무를 고래 모양으로 조각하기도 해. 그 이유는 종에 조각된 용과 관련된 민간속설 때문이야. 종에 조각된 용은 포뢰라고 하는 이름이 있어. 민간속설에 의하면 포뢰는 바다에 사는 용왕의 아홉 아들 중에서 셋째 아들인데, 고래를 가장 무서워했고, 고래를 볼 때마다 고래고래 소리를 질렀다고 해. 그래서 종을 치는 당목을 경목이라고 부르고 모양까지 고래 모양으로 깎으면, 포뢰 때문에 종소리가 훨씬 더 크고 오래간다는 속

동종에 새겨진 명문

설이 있는 거야.

호 림 용이 고래를 볼 때 마다 고래고래 소리를 질러요? 표현이 너무 우습다.

엄 마 이 화계사 동종의 표면에는 상원사 동종이나 성덕대왕 신종에서 볼 수 있는 비천상이나 공양상 등의 문양이나 장식은 없고, 그저 명문만이 양각으로 새겨져 있네요.

아 빠 응. 명문은 전부 200자 가까운데, 동종의 제작 시기와 봉안했던 사찰, 무게 등과 더불어서 동종 제작에 참여했던 시주자와 장인匠人의 이름이 나열되어 있어. 그 내용을 살펴보면 이 화계사 동종은 원래 경상

범종의 당좌와 당목

북도 영주시 희방사喜方寺에서 있었던 것을 알 수 있는데 1898년에 화계사로 옮겨진 거야. 그리고 종에 새겨진 명문은 종의 위쪽 띠 부분인 상대上帶에도 있어. 그 내용은 '육자대명왕진언六字大明王眞言'과 '파지옥진언破地獄眞言'이야.

유명한 진언
'수리수리 마하수리 수수리 사바하'와 '아제아제 바라아제'

엄 마 진언이라면...

아 빠 진언은 진실하여 거짓됨이 없는 불교의 비밀스러운 주문을 가리키

는 말이고, 그 내용은 부처와 보살의 서원^{誓願}이나 덕^{德}, 그 별명^{別名}이나 가르침을 간직한 비밀의 어구를 뜻해. 따라서 우리나라와 중국, 일본에서는 그 뜻을 굳이 번역하지 않고, 산스크리트어 그대로를 읽고 있어. 이것을 외우고 그 문자를 계속 쳐다보면 그 진언에 응하는 여러 가지 공덕이 생겨나고, 세속적인 소원의 성취는 물론, 성불할 수도 있다고 해. 내용이 짧은 것은 '진언'이라고 하고, 긴 것은 '다라니'라고 해.

아 름   아, 석가탑에서 나온 무구정광대다라니경!

호 림   짧은 진언 하나만 알려주세요. 짧은 것 하나라도 외워두면 소원성취도 된다고 하니깐...

아 빠   좋아, 천수경이라는 불교경전의 가장 처음에 나오는 구절이야. 자, 시작한다. 정구업 '진언'$^{淨口業 眞言}$ 수리수리 마하수리 수수리 사바하.

호 림   예? 수리수리 마수리? 진언을 알려달라고 했더니 웬 마법의 주문을 외우고 계세요?

아 빠   내가 불러준 것이 천수경의 첫 구절에 나오는 진언이야. 정구업 '진언'이라는 말은 '입으로 지은 업을 깨끗이 하는 참된 말'이란 뜻이고, 그 진언이 바로 '수리수리 마하수리 수수리 사바하'야. 이제 알겠니? 또 세상 사람들에게 잘 알려진 유명한 진언으로는 반야심경에 나오는 '아제아제 바라아제'가 있지.

엄 마   '파지옥진언'이라면 그 뜻이 '지옥을 깨뜨리는 진언'이니깐, 지하세계에 있는 중생의 구제를 위한 범종의 의미와 잘 맞아 떨어지는 것 같아요. 그런데 '육자대명왕진언'의 뜻은 여섯 글자로 되어 있다는 뜻인데, 그 여섯 글자가 뭐죠?

아 빠   그 진언은 관세음보살의 자비를 나타내는 주문인데, '옴마니반메

훔'이야. 이 주문을 외우면 관세음보살의 자비에 의해서 번뇌와 죄악이 소멸되고, 온갖 지혜와 공덕을 갖추게 된다고 해. 관세음보살이 이 진언에 등장하는 것은 사후세계인 서방정토에서 아미타부처의 좌협시보살이기 때문이지.

아 름   아, 그래서 염불할 때도 '나무아미타불 관세음보살' 하는구나!

아 빠   자, 이제 그 옆에 있는 대적광전으로 가볼까?

화계사의 대적광전

→ 대적광전 1층 앞

화계사 대적광전에는 비로자나불이 주불로 모셔져 있다

대적광전

아 름 와! 엄청 크다. 4층짜리 절집은 처음 봐요.

아 빠 이 건물은 '대적광전'인데, 화계사에서 가장 큰 건물이야. 이렇게
복층으로 된 절집은 근래에 만들어졌다는 것을 뜻해. 1층은 공양
간, 즉 식당으로 사용하고, 2층은 강의실, 그리고 3층은 법당이

야. 4층은 국제선원으로 사용하다가 최근에는 일요영어법회와 템 플스테이 장소로 이용하고 있다고 해. 내가 퀴즈 하나를 낼까? 현 각 스님, 국제선원, 일요영어법회에서 우리가 공통으로 알 수 있 는 것은?

아 름   현각 스님은 원래 미국사람이고… 국제선원… 일요영어법회… 아! 이 화계사가 국제적인 활동이 활발한 곳이라는 것을 알 수 있게 해 주네요!

아 빠   정답!

엄 마   대적광전이라면, 비로자나부처를 모신 곳이죠?

아 빠   응, 법신불인 비로자나부처님을 주불(主佛)로 모셨어. 그렇지만 비 로전이나 화엄전이라고 하지 않는 것으로 봐서는 좌우에 협시보살 이 아니라 협시부처가 있다는 뜻이지.

호 림   엄마, 아빠는 그것을 어떻게 아세요?

엄 마   누구든 불교의 기본적인 교리내용만 이해하면 전각의 현판만 봐도 그 절집에 모셔진 부처님이 누구인지, 그리고 부처님을 모신 방식 이 어떤 지를 어느 정도는 알 수 있단다.

아 름   아빠, 말로만 설명할 것이 아니라 우리 법당으로 가서 직접 확인 해 봐요?

아 빠   그럴까? 여기까지 왔는데 부처님께 인사 한번 드리고 가야겠지?

호 림   그렇지만 아빠는 불교신자도 아니면서 부처님께 인사를 드려요?

아 빠   그런 게 무슨 상관이야? 길에서 어르신들 만나면 공손하게 인사하 는 것처럼, 절에 가면 부처님께 인사드리고, 교회나 성당에 가면 예 수님이나 성모님께 인사드리는 것은 종교적인 것을 떠나서 기본적 인 예의라고 할 수 있어.

엄 마 여보! 이 법당에는 가운데 비로자나 부처님 이외에도 양쪽에 부처님이 두 분 더 모셔져 있고, 부처님들의 사이사이에 좌우로 네 분의 보살님들이 협시하고 있어서 총 칠존불 구성이에요. 수인으로 봐서 가운데 모신 분이 비로자나 부처님인 것은 확실히 알겠는데 나머지 부처님과 보살님은 분간이 잘 안돼요.

비로자나부처를 모신 대적광전

뱀의 발 비로자나부처의 지권인

원칙적으로 모든 부처님은 32길상 80종호(큰 특징 32가지, 작은 특징 80가지)라는 외형적인 공통점을 지녔기 때문에 겉모습으로 도저히 분간할 수 없다. 하지만, 부처님의 독특한 손 모양을 통해서 구분할 수가 있는데, 이를 손 수, 도장 인자를 써서, 수인手印이라고 한다. 왜냐하면 수인은 부처님의 불성佛性이나, 부처님이 맹세하여 세우는 소원인 서원誓願을 상징적으로 나타내고 있기 때문이다. 따라서 수인은 부처님을 구분하는 가장 중요한 기준이 된다.

예를 들어, 비로자나 부처님의 수인手印은 지혜 지, 주먹 권, 도장 인자를 써서 '지권인智拳印'이라고 하는데, 깨달음의 지혜를 주먹으로 나타내는 손 모양이란 뜻이다. 지권인은 우선 왼손의 집게손가락을 수직으로 곧게 펴고 오른손으로 집게손가락의 윗부분을 감싸 쥔 뒤, 오른손의 엄지손가락과 왼손의 집게손가락을 서로 맞대는 손모양이다. 이때의 오른손은 부처의 세계를, 그리고 왼손은 중생의 세계를 나타내는 것인데, 부처와 중생은 둘이 아니고, 중생의 미혹함과 부처의 깨달음이 하나임을 뜻하는 것이다.

전각 명칭	전각 설명
(1) 대웅전大雄殿	주불로 석가모니불을 모신다. 협시보살은 좌측에 문수보살과 우측에 보현보살이 온다. 지혜를 상징하는 문수보살은 청사자를 타고 있고, 자비행을 상징하는 보현보살은 흰 코끼리를 타고 있다. 최초의 불교경전 수타니파타에서 석가모니를 위대한 영웅 이라고 표현한데서 대웅전이라고 한다.
(2) 대웅보전大雄寶殿	대웅전보다 격이 높다. 왜냐하면 주불인 석가모니불의 좌우에 협시보살이 아닌 협시불이 오기 때문이다. 좌측인 동쪽에는 (동방)약사불이, 우측인 서쪽에는 (서방)아미타불이 온다. 약사불과 아미타불 좌우에 각 부처의 협시보살이 오기도 한다.
(3) 아미타전阿彌陀殿	미타전彌陀殿, 무량수전無量壽殿, 보광명전普光明殿, 극락전極樂殿, 극락보전極樂寶殿, 안양전安養殿이라고도 한다. 주불로 아미타불을 모신다. 협시보살은 관음보살과 대세지보살이다. 관음보살은 보관에 아미타불의 화불(작은 부처)이 있고, 대세지보살은 보관에 정병이 있다. 아미타불은 다른 말로 무량수불, 무량광불로도 불린다. 아미타불은 보살시절에 법장비구로 불렸고, 아미타부처의 세계가 극락정토이기 때문에 극락전이라고 한다. 극락을 안양이라고도 하기 때문에 안양전으로도 불린다.
(4) 비로전毘盧殿	화엄전華嚴殿, 대적광전大寂光殿, 대광명전大光明殿, 대광보전大光寶殿이라고도 한다. 주불로 법신불인 비로자나불을 모신다. 모든 전각중 가장 격이 높다. 협시불로 응신불(화신불)인 석가모니불과 보신불인 노사나불 (또는 아미타불)이 온다. 석가불과 아미타불의 좌우에 각 부처의 협시보살이 오기도 한다. 화엄경에서 비로자나부처를 교주로 설정했기 때문에 화엄전이라고 한다.
(5) 영산전靈山殿	팔상전捌相殿이라고도 한다. 주불로 석가모니불을 모신다. 석가모니의 일대기인 팔상탱화를 봉안한다. 협시보살로 상리보살과 미륵보살 또는 제화갈라보살과 미륵보살을 봉안하기도 한다.
(6) 약사전藥師殿	유리전琉璃殿, 유리광전琉璃光殿, 만월전滿月殿, 만월보전滿月寶殿, 약왕전藥王殿이라고도 한다. 주불로 약사불을 모신다. 약사불은 약합을 손에 들고 있다. 협시보살로 월광보살과 일광보살을 봉안한다. 약사여래의 세계는 유리광세계이다.
(7) 미륵전彌勒殿	용화전龍華殿, 장륙전丈六殿이라고도 한다. 주불로 미륵보살을 모신다. 미륵보살의 세계가 용화세계여서 용화전이라고도 하고 키가 일장육척이나 되기 때문에 장륙전이라고도 한다.

전각 명칭	전각 설명
(8) 적멸보궁寂滅寶宮	석가모니 부처님의 진신사리를 모신 법당이다. 진신사리가 있기 때문에 불상을 따로 모시지 않는다. 궁宮이란 이름도 전殿 보다 격이 높다는 것을 뜻한다. 우리나라에서는 643년 신라의 승려 자장율사가 당나라에서 귀국할 때 가져온 부처의 진신사리와 정골頂骨을 나누어 봉안한 5대 적멸보궁이 있다. 경남 양산 통도사通度寺, 강원도 오대산 상원사上院寺, 설악산 봉정암鳳頂庵, 태백산 정암사淨巖寺, 사자산 법흥사法興寺 적멸보궁이 이에 해당된다.
(9) 관음전觀音殿	원통전圓通殿, 원통보전圓通寶殿, 보문전普門殿, 보타전寶陀殿이라고도 한다. 주불로 관세음보살을 모신다. 관음보살의 성격이 주원융통하다는 이름에서 원통전이 생겼고 관세음보살에 대해 묘사한 법화경의 '관세음보살보문품'에서 보문전이라는 이름이 생겼고, 관음보살의 상주처가 보타락(가)산 이어서 보타전이라는 이름이 생겼다.
(10) 문수전文殊殿	주불로 문수보살을 모신다.
(11) 천불전千佛殿	누구든지 깨달으면 부처가 될 수 있다는 대승불교의 근본사상을 상징한다.
(12) 각황전覺皇殿	부처는 깨달음의 왕이란 뜻에서 각황覺皇이라고도 하지만, 왕이 깨우쳐 불전을 중건하였다는 뜻에서 이름 하였다고 한다.
(13) 대장전大藏殿	장경전藏經殿, 경판전經板殿, 장경판전藏經板殿, 법보전法寶殿, 수다라장修多羅藏이라고도 한다. 부처님의 말씀인 대장경을 보관하기 위해 만든 전각이다.

화계사 대적광전은 삼신불 구성이다

아 빠 지권인을 하고 계시는 비로자나 부처님 양쪽에 부처님이 두 분 더 계신다면 그것은 다불사상多佛思想에 기초한 삼신불三身佛 구성을 뜻해. 삼신불 구성을 글자 그대로 풀이하면 부처님의 몸이 세 가지 형태로 나타난다는 뜻이야.

호 림 부처님이 겨우 세 분 밖에 없어요?

아 빠 호림아, 여기서 3이라는 숫자는 단지 셋을 의미하는 것이 아니라 상징적인 숫자야. 즉, 부처님은 다양한 중생들을 제도하기 위해서 여러 가지 다른 모습으로 나타난다는 것을 뜻해. 여기서 삼신이라고 하는 것은 세 가지 몸, 즉 불법 자체가 몸인 법신불法身佛, 사람의 형태로 변화한 화신불化身佛, 또는 응신불應身佛, 마지막으로 공덕에 대한 보답으로 부처가 된 보신불報身佛이야.

아 름 석가모니 부처라든지 혹은 아미타 부처라든지 하는, 우리에게 친숙한 부처님 이름은 하나도 없네요?

아 빠 법신불, 응신불 그리고 보신불은 부처의 이름이 아니라, 부처의 종류를 뜻한다고 생각하면 돼. 우선 법신불法身佛은 불법 그 자체가 부처의 몸이라는 뜻으로, 진리 자체인 이 부처님은 형체도 없으면서 영원한 과거부터 이미 존재하고 있던 부처님이고 앞으로도 영원불멸의 존재인 부처님이야. 다른 모든 부처는 이 부처에서 비롯되었다고 생각하면 돼. 부처를 다른 말로 여래如來라고 하는데, 글자를 풀어보면 같을 여如, 올 래來야. 같은 곳에서 왔다는 뜻이지. 여기서 같은 곳이란 결국 법신불을 뜻하는 거야. 모든 부처의 출발점이지. 그리고 법신불은 형체는 없고, 빛으로 상징되는 부처야. 법신불을 달리 '비로자나부처'라고 부르는데, 여기서 비로자나라는 말은 '빛'을 뜻하는 산스크리트어 '바이로차나'에서 온 말이야.

불교의 삼신불 사상은 기독교의 삼위일체 사상과 비슷하다

엄 마 법신불을 쉽게 이해하려면 기독교에서의 하나님과 비슷한 존재라고 보면 된단다. 태초부터 계셨던 하나님 말이야.

아 빠 그 다음 응신불應身佛은 화신불化身佛이라고도 하는데 응할 응應, 몸 신身자를 써서 '사람의 몸 형상으로 대응한 부처님', 또는 될 화化, 몸 신身자를 써서 '사람의 몸 형상으로 변화된 부처님'을 뜻 해. 쉽게 말해 사람으로 태어난 부처라는 뜻인데, 바로 석가모니 부처를 가리키는 말이야.

엄 마 응신불도 쉽게 이해하려면 기독교에서의 예수님과 비슷한 존재로 이해하면 된단다. 예수님도 사람의 모습으로 태어나셔서 인류의 원죄를 대신 짊어지고 인류를 구원하고자 하셨고, 석가모니도 사람의 모습으로 태어나서 모든 중생을 구제하고자 하셨어. 알고 보면 불교의 삼신불 사상은 기독교의 삼위일체 교리와도 상당 부분 비슷한 면이 많단다.

아 빠 마지막으로 보신불報身佛은 갚을 보, 몸 신자를 쓰는데, 스스로 오랫동안의 수행으로 무궁무진한 공덕을 쌓고 그에 따른 보답의 결과로 부처가 되신 분이야. 불교 교리상 보신불의 개념에 가장 충실한 대표적 부처는 노사나 부처인데, 깨달음의 경지를 되새기면서 수도정진해서 스스로 부처가 되신 분이라는 뜻이야.

아 름 그렇지만 노사나 부처라는 말은 처음 들어봐요.

아 빠 아, 그것은 노사나 부처가 일반 중생들과는 상관없이 스스로 자신만의 목표를 설정하고 노력해서 부처가 되었기 때문이야. 어떻게보면 자신만의 해탈을 목적으로 하는 소승불교의 색깔이 강하다고할 수 있지. 그래서 좀 어려운 말이지만 노사나 부처를 자수용신自受用身이라고 불러. 이에 반해서 자신이 아닌 일반 중생들을 구제하는것을 목표로 삼고 수도정진해서 성불한 부처를 타수용신他受用身이라고 해. 이 부처도 역시 보신불의 범주에 들어가는데, 아미타 부처와약사 부처가 대표적이야.

엄 마 그래서 일반 중생들에게는 현실적으로 자신들에게 가장 필요한 보신불을 모실 때, 자수용신 보다는 타수용신을 선호할 수밖에 없고,그 중에서도 특히 아미타 부처에 대한 신앙이 가장 두텁단다. 오죽하면 가장 많이 알려진 염불이 '나무아미타불'이겠니?

아 름 정리하자면, 법신불은 비로자나 부처님, 응신불은 석가모니 부처님, 그리고 보신불은 노사나 부처님, 아미타 부처님 또는 약사 부처님… 맞나요?

엄 마 어려운 내용을 잘 정리했구나.

수인으로 부처님 구분하기

아 름 그런데 이 법당의 부처님은 누가 법신불이고, 누가 응신불이고, 누가 보신불인지 어떻게 구분해요?

아 빠 가운데 부처님은 수인이 지권인이기 때문에 분명히 법신불인 비로자나 부처야. 게다가 이 전각의 이름이 대적광전인 것도 가운데 중심부처인 주불이 비로자나 부처임을 말해주고 있어. 대적광전大寂光

부처님이나 보살들이 취하고 있는 다양한 손이나 손가락의 특정한 모습을 인상印相 이라고 한다.

여기서 인타이란 세존의 서원誓願, 공덕의 표식인데 손가락을 구부리기도 하고 여러 가지 물건을 잡기도 한다. 그래서 손가락을 구부리는 것을 수인手印이라고 하고, 물건으로 인타를 표시하는 것을 계인契印이라고 한다.

수인에는 부처님이나 보살들이 어떤 특정한 상태나 행동에 들어있다는 것을 나타내주는 불교교리의 중요한 뜻이 담겨 있기 때문에 불상을 만들 때 함부로 형태를 바꾸거나 특정 부처의 수인을 다른 부처에 표현하지 않는다. 결국 수인은 여러 종류의 부처를 식별하는데 가장 중요한 상징물이며 형상화된 관습적인 표식 언어인 셈이다. 이중에서 여래상의 가장 기본이 되는 다섯 가지를 석존5인釋尊五印이라고 하는데 선정인禪定印, 항마촉지인降魔觸地印, 전법륜인轉法輪印, 시무외인施無畏印, 여원인與願印이 그것이다.

다음은 수인의 다양한 종류다.

1) 선정인禪定印

결가부좌하였을 때만 맺을 수 있는 수인으로 선정에 들어 있음을 알리는 표시다.

부처님은 결가부좌하고 왼손은 손바닥을 위로 해서 무릎 위에 놓고 오른손도 손바닥을 위로해서 겹쳐놓되 두 엄지손가락을 서로 맞대는 형식이다.

2) 항마촉지인降魔觸地印

역시 결가부좌하였을 때만 맺을 수 있는 수인으로 부처님이 정각正覺에 이르렀을 때 땅의 신에게 그것을 증명하라고 명하는 순간을 나타내는 모습이다. 그 모양은 대체로 선정인에 위에 얹은 오른손을 풀어 손바닥을 오른쪽 무릎에 대고 다섯 손가락은 땅을 향하며 손가락 끝을 가볍게 땅에 댄 것이다.

왼손은 손바닥을 위로 해서 배꼽 앞에 놓은 선정인 그대로다. 예외는 있지만, 대체로 석존만이 취하는 수인으로 간단히 항마인, 또는 촉지인이라고도 한다.

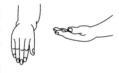

3) 전법륜인轉法輪印

문자 그대로 수레바퀴를 돌리는 모습인데 불법을 설하고 있음을 나타내는 표시다.

이때 부처님은 앉아서 오른손으로는 설법인을 맺고 왼손으로는 그것을 받친다.

4) 시무외인施無畏印

베풀 시, 없을 무, 두려울 외, 도장 인 자를 써서, 중생의 두려움을 없애주고 평안함을 준다는 표시다.

오른팔을 들어서 손바닥이 밖으로 보이게 하여 어깨높이까지 올린 형태다. 불교 설화 중에 보이는 이 수인의 배경으로는 바데밧다라는 악귀가 코끼리를 취하게 하여 석가를 공격하였는데 석가는 오른손을 들어 코끼리를 멈추게 하고 복종시켰다는 설화에서 찾을 수 있다.

5) 여원인與願印

같이할 여, 원할 원. 도장 인자를 써서, 중생이 원하는 것을 들어준다는 표시다.
우리나라에서는 시무외인과 짝을 이루어 한 세트의 통인의 형태로 표현되기 때문에 항상 왼손으로 맺는것이 원칙이다. 왼팔을 아래로 내리고 손바닥을 바깥으로 보이게 하여 땅을 가리킨다. 이때 왼손은 종종 두 손가락으로 옷자락을 쥐는 형태로 표현되기도 한다.

6) 지권인智拳印

지권인은 대일여래 곧 비로자나불만이 취하는 수인이다.
이러한 손 모양은 무명번뇌를 없애고 부처님의 지혜를 얻는다는 뜻이다. 밀교계통에서는 두 손을 모은 상태에서 검지를 구부리는 식으로 약간의 변형을 보이기도 한다.

7) 설법인說法印

중생에게 법을 설하고 있음을 알리는 표시다.
전법륜인과 거의 같은 뜻으로 사용된다.
이 수인은 앉거나 서거나 관계없이 적용된다. 오른팔 혹은 양팔을 들어 엄지와 검지를 붙여 동그라미를 만든다. 동그라미는 불법의 바퀴를 의미한다.

8) 공양인供養印

부처님에게 공양을 올리는 모습을 나타내는 표시다. 두 손을 마주 잡아서 연꽃 봉오리처럼 만든다.
이 표시는 보살이나 제자들, 예배자들, 그리고 협시자들에게만 적용되는 찬탄, 숭배를 나타내는 동작이다.

9) 미타정인彌陀定印 (9품인)

미타정인은 아미타여래의 수인이다.
또 미타정인에는 상중하의 3품에 각각 3생이 있어서 9품인 이라고도 한다.
①상품상생 ②중품상생 ③하품상생 ④상품중생 ⑤중품중생 ⑥하품중생 ⑦상품하생 ⑧중품하생 ⑨하품하생

殿이란 한자를 그대로 풀이하면, 커다란 정적大寂 속에서 한줄기 빛이 있는 집光殿이란 뜻인데, 빛을 뜻하는 비로자나 부처를 잘 묘사한 말이야. 그런데 양쪽 협시불의 수인이 뚜렷하지 않아서 나도 자신 있게 구분하기가 쉽지 않아. 앞에 가서 보면 부처님 이름이 쓰여 있으니 그것을 보면 확인할 수 있어.

엄 마 당신도 헷갈리나요?

아 빠 응, 보통 삼신불의 구성에서 응신불인 석가모니불은 항마촉지인을 하고, 노사나불은 전법륜인 또는 양손을 모두 들고 있는 수인을 취하는 것이 일반적인데, 여기 계신 협시불은 좌협시의 경우 아미타 구품인을 취한듯 하고, 우협시불 역시 보기 드문 수인이야.

호 림 그래도 두 분 중의 한 분은 응신불, 나머지 한 분은 보신불이라면서요? 셋 중 하나 고르기에서 둘 중 하나 고르기로 범위가 많이 좁혀졌잖아요? 확률이 높아졌으니 한번 도전해 보세요.

아 빠 그렇다면 좌협시불이 보신불이고 우협시불이 응신불일 것 같아. 왜냐하면, 우협시불은 자세히 보니 항마촉지인의 흔적이 많이 보이는 데, 결국 우협시불이 응신불인 석가모니 부처란 뜻이지. 반면 좌협시불은 수인이 아미타 구품인에 가까운 것 같아. 그렇다면 타수용신인 아미타 부처이거나 그것도 아니면 자수용신인 노사나 부처를 모셨을 거야.

아 름 그렇다면 협시보살님들은 어떻게 구분해요?

아 빠 좌협시불이 아미타 부처라면 아미타 부처의 양협시보살은 관세음보살과 대세지보살이고, 반면에 우협시불이 석가모니 부처라면 석가모니 부처의 양협시보살은 문수보살과 보현보살이 분명해.

호 림 아빠, 보살들의 이름이 모두 맞았어요. 여기 화계사 대적광전 설명문에도 그 네 분의 보살 이름이 나와 있어요! 그렇지만 보신불은 아미타 부처가 아니라 노사나 부처라고 되어 있어요.

아 빠 그것은 아마도 불교 교리상 보신불의 가장 대표적인 부처를 모시다 보니 그렇게 된 것이라고 할 수 있어. 그래도 좌우의 협시보살이 아미타 부처의 협시보살이고, 수인도 아미타 부처의 수인에 가까운 것으로 봐서는 아무래도 아미타부처와 노사나 부처를 한꺼번에 표현하려고 한 것이 아닐까 하는 생각이 들어.

엄 마 좀 전에도 말했듯이 아빠처럼 불교의 기본적인 교리를 이해하면 누구든 알 수 있는 내용이란다.

부처님의 10대제자 중
가섭과 아난은 각각 선종과 교종의 출발점이다

아 름 아빠, 가운데의 비로자나 부처님 뒤쪽으로 두 분의 스님 그림이 있는데, 한 분은 노인이고 또 한 분은 젊은 분이에요. 대부분 부처와 보살 그림인데, 유독 스님 두 분이 왜 저기에 계시죠?

아 빠 아, 그 두 분은 석가모니 부처님의 10대제자 중 '가섭'존자와 '아난'존자인데, 노인이 가섭이고, 젊은이가 아난이야.

호 림 10대제자 중에서 그 두 분만을 뽑아서 부처님의 옆에 둔 것은 부처님의 수제자였기 때문인가요?

아 빠 부처님의 수제자는 사리불舍利弗이야. 지혜가 가장 뛰어났기 때문에 '지혜제일 사리불로 불리고, 사리자舍利子라고도 하는데 반야심경에도 등장하는 인물이야.

아 름 그렇다면 수제자를 제쳐놓고 저 두 분을 부처님 옆에 모신 것은 무

대적광전 왼쪽에 모셔진 지장보살

엇 때문인가요?

아빠 사실 부처님의 10대 제자는 모두 수제자라고 할 수 있어. 아무튼, 저 두 분을 별도로 저기에 그림으로 모신 것은 불교의 가장 큰 두 종파인 '교종'과 '선종'의 출발점이기 때문이야.

엄마 내가 아까도 설명했다시피 교종은 부처님의 가르침과 말씀, 그리고 그것을 문자로 나타낸 불교경전을 불교의 바탕으로 해야 한다고 생각하는 종파이고, 반면에 선종은 불교의 경전에 크게 의존하지 않고, 그 대신 참선參禪이나 좌선坐禪으로 자기 안의 불성佛性을 찾고, 즉

시 부처님의 마음을 중생에게 전하려는 종파란다.

아 름 다시 한번 정리하면 교종이 부처님의 '말씀'이라면, 선종은 부처님의 '마음'이라는 뜻이군요!

아 빠 교종의 시작점인 '아난'존자는 석가의 설법을 가장 많이 듣고 기억해서 '다문제일多聞第一 아난'이라고 불려. 10대 제자 중에서 가장 젊고 기억력이 뛰어나서 석가모니가 열반에 드신 후에 석가모니의 설법내용을 모두 기억해서 그것으로 불교경전을 만드는데 가장 큰 공을 세웠지. 그런 이유로 불교경전은 대부분 여시아문如是我聞이라는 말로 시작해.

엄 마 여시如是는 '이와 같이'라는 뜻이고, 아문我聞은 '내가 들었다'의 뜻인데, 아난존자가 석가모니에게 들었던 불법의 내용을 그대로 기록했다는 의미란다.

아 름 그래서 교종은 부처님의 말씀을 기록한 불교경전을 가장 중요시하는구나!

석가모니 부처님의 마음을 읽은 가섭

아 빠 한편, 선종의 시작점은 '두타제일 가섭迦葉'인데, 두타頭陀는 수행승이 지켜야 할 생활의 규범을 말해. 가섭존자는 선종禪宗의 역대 조사祖師 중 제1조 이기도 하기 때문에 선종을 열었다고 할 수 있지. 그리고 말을 안 해도 그 뜻을 알아차린다는 뜻의 단어 '염화시중미소'의 주인공이기도 해.

아 름 '염화시중미소'가 말을 안 해도 그 뜻을 알아차린다는 뜻이라고요?

엄 마 한자로 풀이하면 쉽게 이해가 된단다. 염화시중拈花示衆 미소는 집을 염, 꽃 화, 보일 시, 무리 중자를 쓰는데, 연꽃을 집어 들고 대중들 앞에 보여주면서 아무 말 없이 미소만 지었다는 뜻이야.

호 림 연꽃을 보여주면서 말없이 미소를 지었다? 도대체 무슨 뜻이었을까?

엄 마 석가모니가 설법을 할 때 제자들에게 아무 말 없이 연꽃을 보였는데, 모든 사람들이 무슨 뜻인지를 몰라 망연자실하였지만, 가섭만이 그 뜻을 깨닫고 미소를 지었대. 그리고 나서 석가모니는 자신의 마음을 제대로 읽은 그에게 불교의 진리를 전해주었다는 데서 비롯된 말이란다.

아 빠 그래서 선종은 불교경전보다는 부처님의 마음을 읽어내는 것, 즉 깨달음을 더 중요하게 여기는 거야. 심지어 중국 선종의 제6대 조사인 혜능 선사는 글자를 전혀 모르는 문맹이었어. 깨달음에는 굳이 문자가 필요 없다는 것을 반증하는 좋은 사례야. 그것을 선종에서는 불립문자不立文字라고 하는데, 그 뜻을 풀어보면 '문자로는 세울 수 없다.' 즉, 진정한 깊은 진리는 말이나 글을 써서 전할 수 없다는 뜻이야. 그래서 선종의 가장 큰 목적이자 핵심을 한마디로 요약하면 '견성성불見性成佛'이라고 할 수 있어.

엄 마 글자를 풀이하자면 볼 견, 성품 성, 될 성, 부처 불! 즉, 부처가 될 수 있는 성품인 불성을 발견해서 부처가 되라는 말이란다.

아 빠 선종은 모든 인간의 내면에는 본래부터 부처의 싹인 불성佛性이 있다고 믿고, 수행을 통해서 자기 내면에 있는 본래의 부처를 발견해서(見性) 열반에 이르는 것(成佛)을 가장 큰 목적으로 하는 거야. 그리고 수행에 있어서는, 좌선 또는 참선을 중요한 수행 방법으로 삼는 것이 선종의 특징인데, 선종은 부처님의 깨우침을 마음에서 마음으로 전달하기 때문에 스승과 제자와의 관계가 아주 특별해. 그래서 부처님의 근본 깨우침을 조사선법祖師禪法으로, 쉽게 말해서 마음으로 전해주는 스승을 불교에서는 조사라고 부르는 거야.

뱀의 발 부처와 협시보살의 종류

신앙 대상	단독 조성시 주불전	비 고
1. 문수보살 보현보살	문수전	석가모니 부처의 좌협시보살 / 사자좌 석가모니 부처의 우협시보살 / 백상좌
2. 관세음보살 대세지보살	관음전, 원통전, 보문전, 보타전	아미타 부처의 좌협시보살 / 보관에 화불 아미타 부처의 우협시보살 / 보관에 정병
3. 미륵보살 제화갈라보살	미륵전, 용화전	*삼세불 구성시 석가모니 부처의 좌협시보살 / 미래불, 반가사유상 석가모니 부처의 우협시보살 / 과거불
4. 지장보살	지장전, 명부전, 시왕전	대세지보살의 대타로 아미타 부처의 우협시보살 기용

화계사의 대웅전

 대웅전 앞

화계사의 주불전은 대적광전이 아닌 대웅전이다

대웅전

아 빠 자, 여기가 이 화계사의 가장 중심 불전, 즉 큰 법당인 대웅전이야.

호 림 예? 화계사의 중심 불전이 조금 전에 들렀던 대적광전이 아니에요? 크기도 제일 컸는데…

아 빠 절에서 크기가 가장 크다고 해서 중심 불전이 되는 것은 아니야.

아 름 아빠, 이 절에서 참 특이한 것을 봤어요. 대웅전 앞에 궁궐에서나 볼 수 있는 드므가 있어요.

아 빠 이 화계사는 다른 절들과는 달리 왕실에서 시주해서 중창, 삼창한 사찰이야. 특히, 흥선대원군과 인연이 깊은 절이지. 쉽게 말해서 왕실의 원찰이라고 할 수 있는데, 그 때문에 여느 절과는 색다른 가람배치법을 보이고 있어. 궁궐에서나 볼 수 있는 드므가 이곳에 있는 것도 그런 이유이고, 특히 왕실가족이 이 화계사에 와서 편리하게 사용할 수 있게끔, 대웅전 앞의 보화루는 누각이라기보다는 살림집의 구조를 가지고 있지.

대웅전 옆에 있는 드므

아 름 대적광전에 모신 부처님은 비로자나불을 중심으로 삼신불을 모셨다고 했는데, 대웅전에 모신 부처님은 누구예요?

아 빠 원래 대웅전이라는 전각에 모시는 부처님은 석가모니 부처님이야. 왜냐하면 가장 오래된 불교경전중의 하나인 '수타니파타'의 한 구절에 석가모니 부처님을 위대한 영웅이라고 묘사한 대목이 있는데, 위대한 영웅을 한자로 쓰면 대웅大雄이야. 그런 까닭에 대웅전은 석가모니 부처님을 모신 전각이지.

호 림 어떤 사찰에는 대웅보전이라고도 되어 있던데, 대웅전과는 뭐가 다르죠?

아 빠 좋은 질문이다. 불교사찰에서 한 전각에 주존불로 부처님을 딱 한 분만 독존으로 모시거나 그 양옆에 보살들이 협시하는 경우도 있지만, 경우에 따라서는 조금 전에 대적광전에서도 보았다시피, 주불로 모셔진 그 부처님의 좌우에 보살이 아닌, 다른 부처님들이 좌우로 협시하는 경우도 있어. 주존불의 좌우에 보살이 아닌 부처가 협시할 경우에는 그 전각은 부처님이 최소 3분이 되면서 보살들만 협시했을 때 보다 그 전각의 격이 더 높아지는 거야. 그래서 석가모니 부처님만 독존으로 모시고 좌우에 보살님만 협시할 경우에는 대웅전이라고 부르지만, 석가모니 부처님의 좌우로 다른 두 분의 부처님이 더 모셔질 경우에는 대웅보전이라고 불러.

엄 마 석가모니 부처님의 좌우로 모셔지는 부처님은 대부분 약사 부처님과 아미타 부처님이란다.

아 빠 우리나라 사찰에서 대부분 약사 부처는 석가모니의 왼쪽에, 아미타 부처는 석가모니의 오른쪽에 모시고 있어. 왜냐하면 약사여래는 '동방유리광정토'의 교주이고, 아미타여래는 '서방극락정토'의 교주이기 때문에 음양오행에 맞춰 동쪽은 좌측, 서쪽은 우측으로 배치를 하는 것이 일반적이야.

대웅전 벽화는 석가모니의 일생을 그린 팔상도이다

호 림 결론적으로 전각 안에 부처님이 한 분이면 대웅전, 세 분이면 대웅보전이군요! 그런데 대웅전의 바깥쪽 벽에 그림이 그려져 있는데,

전혀 이해가 안 되는 그림도 있어요. 특히, 관 밖으로 발바닥이 나와 있는 그림은 무엇을 뜻하는 거죠?

아빠 대웅전의 외벽에 그려진 벽화는 석가모니의 일생을 여덟 장면으로 나누어 그린 팔상도야. 우리나라 사찰 중에서 팔상도를 모신 전각 중에 가장 유명한 것은 국보 제55호로 지정된 속리산 법주사의 팔상전이야. 현재 국가지정 문화재중 유일하게 남은 목탑이기도 하지.

아름 아빠, 그림 하나하나를 보면서 자세히 설명해 주세요.

법주사 팔상전

팔상도 1. 도솔래의상

도솔래의상

아 빠   좋아, 왼쪽 편에서 보살이 흰 코끼리를 타고 내려오는 그림부터 시작하자. 이 그림은 팔상도의 첫 그림인 '도솔래의상兜率來儀相'이야. 도솔천은 불교의 28천 중, 맨 아래쪽에서 네 번째의 하늘나라야. 석가모니는 원래 호명보살이라는 이름으로 도솔천에서 수행을 하고 있었어. 그러다가 도솔천에서 지상으로 강림하여 마가다 왕국의 왕비였던 마야부인의 아들로 태어나는 장면을 그린 거야. 그런데 불교 교리에는 지금도 도솔천에서 석가모니의 뒤를 이어 열심히 수행중인 보살님이 한 분 더 계신다고 해. 이 분도 석가모니처럼 나중에 사바세계에 내려오셔서 성불하신 뒤 중생들을 구제하실 분인데, 이 분이 누굴까?

아 름   힌트를 주세요.

아 빠   이 분은 아직 성불하기 전이기 때문에 당연히 보살신분이야. 하지만 미래에는 성불하실 것을 이미 예정하고 있기 때문에 민간에서는 부처라고 부르기도 하지. 그리고 지금 머무르고 있는 도솔천에서 어떻게 하면 사바세계의 중생들을 모두 구제할까하고 골똘히 고민하고 계시는데, 너무 생각을 많이 하고 계시기 때문에 이 분의 모습을 조각으로 나타내면 로댕의 생각하는 사람과 비슷하게 보여.

아 름 아, 알겠다. 미륵보살이요. 반가사유상으로 더 유명하잖아요! 그리고 미륵불이라고도 불리고요.

팔상도 2. 비람강생상

비람강생상

엄 마 두 번째 그림은 어디서 많이 본 것 같지 않니?

아 름 아, 석가탄신일 때 많이 보던 아기 부처님의 모습이구나!

아 빠 이 그림은 룸비니 동산에서 부처님이 탄생하는 모습인 비람강생상毘藍降生相이야. 인도의 전통에 따라 해산을 하기 위해 친정으로 향하던 마야부인이 룸비니 동산에 이르러서 해산기를 느꼈고, 곧 오른쪽 겨드랑이 밑으로 태자를 낳았어.

호 림 아기를 어떻게 겨드랑이 밑으로 낳아요?

아 빠 고대 인도에서는 위대한 성인은 겨드랑이로 태어난다고 믿었나봐. 그런데 태자는 태어나자마자 일곱 걸음을 걸었고, 걸음걸음마다 연꽃이 피어났어. 그리고는 오른손을 들어 하늘을 가리키고 왼손으로는 땅을 가리키면서 천상천하 유아독존天上天下 唯我獨尊이라고 말했어.

그러자 공중에서 아홉 마리의 용이 나타나서 각각 깨끗한 물을 토해내서 태자를 목욕시킨 것을 그림으로 나타낸 거야.

아 름 아, 그래서 석가탄신일에 아기부처님 머리 위로 깨끗한 물을 붓는 구나!

엄 마 여보, 그런데 아무리 생각해도 아기부처가 처음 한 말이 너무 이해가 안돼요. 하늘과 땅 사이에 오로지 나만 홀로 존재한다는 것은 매우 이기적이고 건방지게 들려요.

아 빠 사실은 그런 뜻이 아니야! 여기서 '나 아我'를 잘 해석해야 해. 이 세상의 어디에도 의존하지 않고 오직 '나 스스로'가 존귀하다는 뜻이야. 또한, 여기서 '나'는 석가모니 자신을 말하는 것이 아니라, 이 세상의 모든 사람들의 자기 자신을 말하는 거야. 그리고 일반인들은 '천상천하 유아독존' 부분만 알고 있지만, 그 뒤에 아기부처가 한 말이 더 있어. '삼계개고三界皆苦 아당안지我當安之'야. 삼계란 모든 세계를 뜻하니깐 이 세상의 모든 괴로움은 '나 스스로'가 마땅히 편안케 해야 한다는 뜻이야.

엄 마 그러고 보니, 아기부처의 말은 '이 세상 모든 사람들이 남에게 의지하지 않고, 이 세상의 모든 괴로움을 넘어서 스스로의 수행을 통해 해탈의 경지로 가라'는 말씀이군요! 이제야 이해가 되네요.

팔상도 3. 사문유관상, 팔상도 4. 유성출가상

아 빠 세 번째 그림은 석가모니가 자신이 태자로 있던 왕궁의 동서남북 4문을 둘러보고 출가를 결심하는 모습인 사문유관상四門遊觀相이고, 네 번째 그림은 성문을 넘어 출가하는 모습인 유성출가상瑜城出家相이야.

사문유관상(위)과 유성출가상(아래)

세 번째 그림부터 볼까? 원래 태자 싯다르타는 호화스런 왕궁에서 조금도 부족함이 없는 생활을 누렸어. 하지만 성년이 된 어느 봄날 태자는, 왕궁의 동문에서는 늙은 사람을 처음 보았고, 서문에서는 병이 든 사람을 처음 보았고, 남문에서는 죽은 사람을 처음으로 보게 되고 큰 충격을 받았어. 그리고는 생명을 가진 어떤 것도 이 고통에서 벗어날 수 없다는 것을 스스로 깨닫게 되고, 번민하던 태자는 북문에서 인간의 괴로움으로부터 해탈하는 방법을 닦는 수행자를 만나게 돼.

호 림 그렇지만 성년이 될 때까지 노인과 병든 사람과 죽은 사람을 처음 봤다는 것은 납득이 안 가요.

엄 마 그것은 그의 아버지인 부왕父王이 의도적으로 그렇게 만든 것이었어. 그게 다 부모의 마음이란다.

아 빠 이제 네 번째 그림을 볼까? 싯타르타 태자는 태어나는 데 따르는 괴로움, 늙는 데 따르는 괴로움, 병드는 데 따르는 괴로움, 죽는 데 따르는 괴로움인 생로병사生老病死를 근본적으로 해결하지 않고서는 인생의 참다운 행복이란 존재할 수 없음을 깨닫게 돼. 그래서 그 방법을 찾기 위해 출가出家를 결심하고 실천에 옮겼어. 한밤중에 부왕과 사랑스러운 아내, 그리고 귀여운 아들과 이별을 하고는 시종 한 사람만을 데리고 성을 뛰어넘어 출가를 해.

호 림 우리는 집을 나가면 가출이라고 하는데… 성인은 역시 다르구나! 그런데 지금까지 석가모니, 아니 싯타르타 태자의 머리 뒤에는 둥근 보름달 같은 것이 씌어 있어요. 저게 뭐죠?

아 빠 그건 후광이라고 해. 후광은 글자 그대로 뒤 '후', 빛 '광'자야. 뒤쪽에 있는 빛이란 뜻이지. 부처님뿐만 아니라 예수님, 성모 마리아 등 성인들의 그림을 보면 머리 뒤쪽에 보름달처럼 동그란 것이 있어. 즉, 후광효과는 동서양을 가리지 않고 나타나는데, 사람의 뒤쪽에서 빛이 비춰지면 이상하게도 그 사람이 어딘지 모르게 성스럽게 보이고 위대해 보이는 거야. 원래 이런 후광효과는 고대 페르시아 지역에서 발생한 불을 숭배하던 조로아스터교, 우리말로 배화교라는 종교에서 나온 거야. 이런 전통이 오랜 시간이 지나면서 자연스럽게 기독교와 불교에도 전해진 거지.

엄 마 불교에서는 특히, 그것을 광배라고 부르는데, 머리 뒤에 있으면 두광, 몸 뒤에 있으면 신광이라고 부른단다.

팔상도 5. 설산수도상, 팔상도 6. 수하항마상

아 빠 다섯 번째 그림은 눈 쌓인 설산에서 깨달음을 얻기 위하여 혹독하게 고행하는 모습인 설산고행상雪山苦行相이고, 여섯 번째 그림은 보

설산수도상(위)과 수하항마상(아래)

리수 나무 아래에서 악마의 항복을 받는 모습을 그린 수하항마상樹下降魔相이야.

호 림 다섯 번째 그림은 한눈에도 그 내용을 쉽게 알 수 있는데, 여섯 번째 그림은 내용을 전혀 이해할 수가 없어요. 많은 사람이 물병과 줄다리기를 하는 것 같아요. 도대체 무슨 뜻이에요?

아 빠 저 장면은 석가모니가 오랜 수행 끝에 득도한 순간을 나타낸 거야. 석가모니가 아직 득도하기 직전까지는 보리수나무 아래에서 선정에 잠겨 있었어. 그런데 곧 석가모니가 득도할 순간에 점점 가까워지자 마왕 파순波旬이 나타나서 여러 가지 방해 공작을 했어. 왜냐하면, 만약 석가모니가 깨달음을 얻게 되면 일체중생이 구제되고, 그렇게 되면 마왕 자신의 위력은 당연히 감소될 것으로 생각했기 때문이지.

엄 마 마치 기독교 성경 내용 중에서 예수님에게 사탄이 시험한 내용과 흡사하네요.

아 빠 응, 신약성서 마태복음 제4장에 나오는 대목이지. 아무튼, 마왕 파순은 처음에는 아름다운 자기의 세 딸을 보내서 미인계와 쾌락으로 석가모니를 유혹했는데, 성공을 거두지 못했어. 그러자 마왕은 마침내 지하세계의 모든 군대를 동원하여 힘으로 석가모니를 쫓아내려 했지. 그러자 석가모니는 힘으로 마왕의 군대에 맞선 것이 아니라 자기 앞에 감로수 병을 갖다놓고 이것을 쓰러뜨리는 것으로 승부를 내자고 했어. 여섯 번째 그림은 바로 이 장면을 보여주는 거야. 마왕의 군대가 모두 달려들어 감로수 병에 줄을 매고 죽을힘을 다해 당겼지만 감로수 병은 꼼짝도 하지 않았어.

호 림 그러자 마왕이 순순히 물러났나요?

아 빠 아니, 마왕은 마지막으로 칼을 들이대면서 석가모니에게 "비구야, 보리수 나무 아래서 무엇을 구하는가? 빨리 떠나라. 너는 신성한 금강보좌에 앉을 가치가 없는 자이다!"라고 위협을 가했어. 그러자, 석가모니는 "천상천하에 이 금강보좌에 앉을 수 있는 사람은 오직 나 한 사람뿐이다. 땅의 지신地神은 나와서 이를 증명하라."라고 하면서, 선정인에 들어간 오른손을 풀어서 자신의 오른쪽 무릎 위에 얹고 손가락으로 땅을 가리켰어. 그러자 지신이 홀연히 뛰쳐나와 그것을 증명하였는데, 이때의 모습을 나타낸 수인이 바로 항마촉지인이야. 글자 그대로 풀이하면 마귀에 대항해서, 지신을 불러내려고 땅에 접촉한다는 뜻이지.

아 름 아, 석굴암 본존불의 그 수인!

엄 마 대세지보살의 보관에 그려져 있는 감로수 정병도 석가모니 부처님의 그런 권능을 표현한 것인가요?

아 빠 　내가 아는 한 불교경전에는 딱히 그런 직접적인 표현은 없지만, 대세지보살이 발을 한번 구르면 삼천대천세계뿐만 아니라 마귀의 궁전까지 뒤흔들 정도의 힘을 지녔다고 하는 것으로 봐서는 충분히 연관성이 있을 것으로 생각돼. 참, 다섯 번째와 여섯 번째 두 그림에서 석가모니의 위상이 바뀐 것을 알 수 있는 것이 있는데 그것이 뭘까?

아 름 　음... 아, 알겠다. 득도하기 전에는 후광이 머리에만 있었는데, 득도한 후에는 후광이 머리뿐만 아니라 몸 뒤에도 있어요!

호 림 　나도 하나 찾았다. 득도한 후에 석가모니가 연꽃 위에 올라가 있어요!

팔상도 7. 녹야전법상

녹야전법상

아 빠 　팔상도의 일곱 번째 그림은 석가모니가 득도한 뒤 녹야원에서 최초로 설법하는 모습인 녹야전법상鹿苑轉法相이야.

아 름 　그림에는 설법을 듣는 사람 중에 늙은 사람도 있고, 젊은 사람도 있는데, 혹시 처음 설법을 들었던 사람 중에는 가섭존자와 아난존자가 모두 있었나요?

아 빠 　아니야. 득도 후 최초로 석가모니가 불법을 설하신 다섯 명의 비구는 원래 석가모니가 득도하기 전에 함께 수행하던 사람들이야. 당시에는 고행을 최고의 수행방법으로 여겼기 때문에 밥도 거의 먹지 않았어. 하지만 함께 수행하던 도중에 석가모니는 5년간의 고행을 마치고, 한 비구니가 준 우유죽을 받아먹고 기력을 회복했어. 그러자 그와 함께 수행하던 다섯 비구는 석가모니가 타락했다고 하면서 녹야원으로 떠나버렸어.

호 림 　석가모니는 왜 갑자기 고행을 중단했나요?

아 빠 　석가모니의 첫 깨달음은 극단적인 수행 방법으로는 궁극적인 깨달음에 이를 수 없다는 것이었어. 그 후 석가모니는 보리수 아래에서 선정에 들어 마침내 진정한 깨달음을 얻었지. 궁극적인 깨달음을 얻은 석가모니는 함께 수행하던 다섯 비구를 가장 먼저 제도해야겠다고 생각하고 그들이 떠났던 녹야원으로 갔어. 그곳에서 석가모니는 그들에게 극단적인 수행법을 뛰어넘어 중도中道를 배우라고 가르쳤어.

아 름 　아빠가 우리 집의 가훈을 왜 '적당히 살자'로 했는지 이제 알 것 같아요.

아 빠 　'중용中庸, 중도中道, 적당適當' 이런 말들의 본질은 모두 같은 뜻이야. 그리고 추가적으로 인생의 네 가지 진리인 '사성제'와 그 수행방법인 '팔정도'를 설하였어. 사성제四聖諦는 불교의 핵심적인 인생관을 나타내는 말로 '네 가지 고귀한 진리'라는 뜻인데 그 네 가지를 하나씩 살펴보면, '인생은 괴로움이다.'라는 뜻의 고苦성제, '괴로움은 집착에서 나온다.'라는 뜻의 집集성제, '집착은 없애야만 한다.'라는 뜻의 멸滅성제, 마지막으로 '집착을 없애는 방법으로는 도를 닦아야 한다.'라는 뜻의 도^道성제를 말해.

엄 마 흔히 이 네 가지를 간단히 고집멸도^{苦集滅道}라고 부른단다.

아 빠 집착을 멸하는 방법으로 석가모니가 제시한 수행방법이 '팔정도' 인데, 여덟 가지의 바른 길이란 뜻이야. 석가모니의 첫 설법 내용 인 네 가지 진리와 팔정도를 시각적으로 보여주는 불교문화재가 있 는데, 그것이 바로 석등이야. 불교이론을 충실히 따라서 제대로 만 든 석등은 네 가지 진리를 밝게 밝히는 것이 곧 부처님이라는 뜻에 서 불빛이 비쳐 나오는 화창^{火窓}을 네 개로 만들고, 석등을 지탱해주 는 기둥인 간주석은 보통 8각 기둥을 쓰는데 이것은 팔정도를 뜻 하는 거야.

팔상도 8. 쌍림열반상

쌍림열반상

아 빠 드디어 호림이가 질문한 그림이 나오는구나. 팔상도의 마지막 그림 은 석가모니가 80세 되던 해에 사라쌍수 나무 아래에서 열반에 드 는 모습을 그린 쌍림열반상^{雙林涅槃相}이야.

호 림 부처님이 키가 너무 커서 발이 관 밖으로 나왔나 봐요.

아 빠 그게 아니라 이 그림에도 사연이 있어. 녹야원에서 다섯 비구에게 처음으로 설법 하신 이래로 45년 동안 조금도 쉬지 않으시고 중생의 고통을 해결하고자 설법을 해 오신 석가모니가 80세가 되던 해에 사라쌍수 나무 아래서 열반에 드셨어. 하지만, 부처님이 돌아가실 그 당시에 부처님의 마음을 가장 먼저 읽어서 선종을 개창했던 제자 가섭은 먼 지방에 있었어. 가섭을 기다리다 지친 제자들이 불교식화장법인 다비를 치르려고 했는데 아무리해도 관에 불이 붙지 않았어. 뒤늦게 연락을 받고 도착한 가섭존자가 부처님께 예를 표하자 그제 서야 관 속에서 두 발을 내어 보이신 후에 장작에 스스로 불이 붙어 다비식을 거행하였다는 내용이야.

아 름 그 이야기는 무엇을 상징하나요?

아 빠 부처님의 육신은 사라져도 불법은 영원불멸하다는 것을 말해주는 거야. 이 고사를 가리키는 말이 사라쌍수하沙羅雙樹下 곽시쌍부槨示雙趺인데, 덧널 곽, 보일 시, 두 쌍, 책상다리 부, 즉 '사라쌍수 나무 밑에서 관

대웅전(서울시 유형문화재 제65호)

밖으로 두 발을 보이다'라는 말이야. 자, 건물 외벽의 그림을 모두 봤으니 이제 건물 자체를 살펴볼까? 이 대웅전 건물은 서울시 유형문화재 제65호로 지정되었어.

소승불교와 대승불교의 수행법에는 불교의 교리상 근본적인 차이가 있다.

팔정도八正道

소승불교에서는 개인의 해탈을 목적으로 한다. 따라서 해탈을 방해하는 집착과 번뇌를 끊어버리기 위한 수행법으로 여덟 개의 부분으로 이루어진 성스러운 길(道), 수단 또는 실천 덕목을 팔정도八正道라고 이름 붙이고 이를 실천한다. 그렇지만 팔정도는 복수가 아닌 단수로 표현한다. 왜냐하면 어느 하나도 빠져서는 안 되기 때문이다. 이 때문에 팔정도의 영어 번역도 'Noble Eight Paths'가 아니라 'Noble Eightfold Path'라고 하여 길(道)을 복수가 아닌 단수로 표현한다. 팔정도는 다음과 같다.

1. 정견(正見): 바르게 보기
2. 정사(正思) 정사유(正思惟): 바르게 생각하기
3. 정어(正語): 바르게 말하기
4. 정업(正業): 바르게 행동하기
5. 정명(正命): 바르게 생활하기
6. 정근(正勤) 정정진(正精進): 바르게 정진하기
7. 정념(正念): 바르게 깨어있기
8. 정정(正定): 바르게 삼매(집중, 禪定)하기

육바라밀六波羅蜜

한편 대승불교에서는 개인의 깨달음과 열반뿐 아니라 중생과 함께 열반에 이르는 것을 가장 큰 가치로 삼기 때문에 팔정도八正道 이외에도, 보살은 수행자로서 육바라밀六波羅蜜을 닦아야 한다고 말한다. 여기서 바라밀婆羅蜜은 산스크리트어 파라미타(Paramita)를 음에 따라 번역한 것으로, 완전한 상태, 최고의 상태를 뜻한다. 육바라밀(六波羅蜜)은 여섯 가지의 수행 및 실천덕목을 통칭하는데, 다음과 같다.

1. 보시바라밀(布施波羅蜜): 보시는 조건 없이 기꺼이 주는 생활이다.
2. 지계바라밀(持戒波羅蜜): 지계는 계율을 잘 지켜 악을 막고 선을 행하는 생활이다.
3. 인욕바라밀(忍辱波羅蜜): 인욕은 박해나 곤욕을 참고 용서하는 생활이다.
4. 정진바라밀(精進波羅蜜): 보살로서의 수행을 힘써 닦으며 꾸준히 노력하는 생활이다.
5. 선정바라밀(禪定波羅蜜): 선정은 마음을 바로 잡아 통일되고 고요한 정신 상태에 이르는 것이다.
6. 반야바라밀(般若波羅蜜): 진실하고 올바른 지혜, 즉 무분별지(無分別智)를 작용시키는 것이다.

육바라밀은 대승불교 교리의 특성상 팔정도八正道에서는 설명되어 있지 않는 이타행利他行 으로서의 보시布施가 제1차적으로 취급된 점에 특색이 있다. 또한, 육바라밀의 여섯 가지 덕목들에서는, 우선 보시, 즉 '주는 것'을 강조하고 마지막 덕목으로 지혜(무분별지)의 완성을 말하고 있다.

서울시 유형문화재로 지정된 대웅전 건물

엄 마 정면 3칸, 측면 3칸의 다포계 팔작지붕 건물이에요. 그런데 건물 내부가 상당히 어둡네요.

아 빠 이 건물은 안쪽의 높은 기둥인 내진고주^{內陣高柱}를 뒤로 후퇴시켜서 가능한 예불공간을 넓게 쓰려고 했어. 그런데도 건물의 창호가 건물규모에 비해 상대적으로 적어서 빛이 덜 들어오기 때문에 어두운 거야. 아마도 원래 창호가 설치되어 있던 측면 벽체를 후대에 판벽으로 개조하면서 이렇게 된 것 같아.

호 림 빛이 들어와야 할 곳을 벽으로 막았으니 당연히 어둡죠. 어쩐지 건물이 좀 답답하게 느껴졌어요.

아 빠 또 이 대웅전은 드므 이외에도 화계사가 왕실의 원찰이라는 사실을 알려주는 것이 또 있어. 우선 용마루의 양끝에는 궁궐이나 관청 건물에서나 쓰이는 용두가 배치되어 있어서 이 대웅전의 격을 올려주고 있고 또한 대웅전의 후불탱화는 이 건물이 대웅전임에도 불구하고 석가삼존도가 아니라 아미타삼존도가 걸려 있어서 왕실가족의 극락왕생을 기원했음을 짐작하게 해 주고 있어. 기록에 의하면 1973년 이전에는 불상마저도 아미타삼존불이 모셔져 있었다고 되어 있어.

엄 마 1973년 이전에는 비록 건물의 현판은 대웅전이라고 되어 있어도, 정작 건물 안에는 아미타부처를 모셨다는 말인데… 그런 경우처럼 전각의 현판과 그 안에 모셔진 불상이 불교교리와는 다른 사찰이 많이 있던데 그건 왜 그렇죠?

아 빠 그건 여러 가지 원인이 있어. 예를 들어 화재 등의 원인으로 인해

대웅전 불상(위)과 대웅전 탱화(아래)

서 건물 밖으로 불상을 긴급히 반출했는데 건물이 제때 복원되지 못해서 불가피하게 다른 전각에 모신다거나, 건물이 낡아서 중수되는 과정에서 다른 전각에 모시는 경우, 또는 건물의 현판을 떼어 냈다가 다시 원상복귀 하는 과정에서 문제가 생긴 경우도 있어. 심지어 불교 교리대로 불보살을 배치하는 법을 스님들이 잘 모르는 경우도 있지.

아 름 어떻게 불교 관련된 내용을 스님들이 모를 수가 있어요?

아 빠 그건 한국 불교가 조선시대를 거치면서 숭유억불 정책으로 불교의 맥이 끊어졌기 때문이야. 게다가 일제강점기 때 들어온 일본 불교는 우리 불교를 더욱 혼란스럽게 만들었어. 그래서 어느 사찰에는 앞쪽에 불상으로 모셔진 삼존불과 뒤쪽 후불탱화로 모셔진 삼존불의 위치가 정반대로 되어 있는 웃지 못 할 경우도 있어.

뱀의 발 화계사와 한글맞춤법통일안의 인연

한글을 공용문(公用文)으로 채택하고, 각종 교과서를 한글로 펴내야겠는데 통일된 정서법이 없자 1907년 학부(學部)안에 국문연구소(國文研究所)를 설치하여 정서법 통일안을 마련하도록 하였고 그 결실이 〈국문연구(國文研究)〉였다. 그러나 1910년 경술국치로 나라를 잃자 국문연구소도 해체되고 〈국문연구〉도 빛을 보지 못하고 말았다. 그 뒤 우리나라 정서법을 제정하는 일은 조선총독부의 주관으로 넘어가 일본인 학자와 우리나라 학자가 함께 참여하여 1912년에 〈보통학교용 언문철자법〉을 만들어 국민학교 교과서에 적용하여 썼다. 그러다가 1919년 3·1 운동을 계기로 일제가 무단정치를 문화정치로 바꿈으로써 신문, 잡지의 간행 및 집회가 허용되어 우리나라 어학자들이 학회를 구성하고 정서법 통일안의 제정에 착수하였으니 그것이 곧 〈한글맞춤법통일안〉이 되었다. 조선어학회는 1930년 12월 13일 맞춤법통일안을 제정할 것을 총회의 결의로 정하고 그 첫 원안(原案)을 1932년 12월에 작성하였고, 1932년 12월 25일부터 1933년 1월 4일까지 '개성'에서 원안을 심의하여 제1독회(第1讀會)를 마치고 이를 수정위원에게 맡겨 수정안을 만들었다. 이 수정안은 다시 1933년 7월 25일부터 8월 3일까지 서울 '화계사'에서 검토하여 제2독회(第2讀會)를 마친 뒤 정리위원 9인에게 맡겨 그 최종안이 마련되었다. 3개년에 걸쳐 125회의 회의를 거듭한 결실이었다. 1933년 10월 29일 한글날(당시의 한글날은 10월 29일이었음)을 기하여 이 새로운 안을 세상에 공표하니 이것이 곧 〈한글맞춤법통일안〉이다.

화계사의 천불오백성전

 천불오백성전 앞

천불오백성전에 부처님이 없는 이유

아 름 이 건물은 천불오백성전이라고 되어 있는데 부처님은 거의 안보이고 전부 스님들뿐이네요? 천불의 뜻이 부처님이 천명이라는 뜻 아닌가요? 최소한 가운데 한분이라도 크게 모셔야 할 것 같은데…

천불오백성전

아 빠 이 전각은 오백나한을 모신 곳이야. 다른 절에서는 오백나한전 또는 나한전 또는 응진전이라고 불리는 전각이지. 그런데도 앞에 천불이라는 이름이 붙은 것은 '천불전'과 '나한전'을 겸한다는 뜻으로 이해할 수 있어.

호 림 부처님은 정말 천 분이나 계시나요?

아 빠 대승불교의 교리에서는 부처는 수없이 많다고 하고, 그런 개념을 다불多佛 사상이라고 불러. 그래서 천불이라는 개념도 부처님이 꼭 천 분만 있다는 뜻이 아니라 누구든지 깨달으면 부처가 될 수 있다는 대승불교의 근본사상을 상징하는 것이라고 할 수 있어. 또한, 다불 사상에 근거해서 삼신불, 천불, 삼천불 등의 구체적인 교리가 만

들어지게 되었어. 원래 천불전이라는 개념도 과거천불, 현세천불, 미래천불 도합 삼천불에서 '현세천불'만을 골라내서 모시는 거야.

아 름 '16나한'이라는 말을 들어본 적이 있는데 '오백나한'하고는 어떤 관계인가요? 그리고 부처님의 '10대 제자'와는 어떻게 다르죠?

아 빠 우선 나한이라는 말의 정의부터 알아볼까? 소승불교의 교리에 의하면, 부처님은 오직 석가모니 한 분 뿐이고, 나머지 불교의 수행자들은 열심히 수행해서 개인적인 해탈의 경지에 도달하면, 불제자가 될 수 있는 최고단계인 아라한^{阿羅漢} 또는 나한^{羅漢}이라는 위치에 이른다고 해. 따라서 나한^{羅漢}은 최고의 깨달음을 얻은 성자이기 때문에 부처나 보살 못지않게 신앙의 대상이 되는 것이고, 그런 나한을 신

천불오백성전 오백나한

앙의 대상으로 모신 곳이 나한전 또는 응진전이야.

호 림 제가 보기에는 500명의 제자 중에서 뛰어난 사람을 16명을 뽑아서 16나한이라고 하고, 그중에서 다시 10명을 뽑아서 10대 제자라고 부른 것 같아요. 제 말이 맞죠?

아 빠 10대 제자와 16나한의 이름을 보면 겹치는 사람이 없어. 따라서 10대 제자는 석가모니 생존 시 제자 중에서 가장 뛰어난 10명을 가리키는 말이고, 16나한은 석가모니 생존시대와 상관없이 깨달음의 경지에 도달했었던 성자들, 즉 아라한들 중에서 특별히 선발된 16명인 것 같아. 그리고 오백나한에 대해서는 여러 가지 의견들이 많은데, 대체로 석가모니가 열반에 드신 후 중인도의 마가다국 칠엽굴에 모여서 석가모니의 설법내용을 불교경전으로 편찬한 오백 명의 비구를 가리키는 말이라고 보면 무난해.

아 름 그런데 나한의 다른 말을 응진應眞이라고 하셨는데 도대체 무슨 뜻이에요?

아 빠 응진은 응할 응, 참 진, 두 글자인데, 부처님의 진리에 부응한다는 뜻이야.

화계사의 삼성각

 삼성각 앞

삼성각 = 산신각 + 칠성각 + 독성각

삼성각

아 빠 화계사에서 가장 뒤쪽에 있는 이 건물이 삼성각인데, 정면 3칸 측면 2칸의 팔작지붕이야.

삼성각 산신

호 림 삼성그룹에서 지어준 건물인가요?

엄 마 아니야. 삼성각은 산신을 모신 산신각, 칠성신을 모신 칠성각, 그
리고 나반존자를 모신 독성각을 따로따로 만들지 않고 하나로 합쳐
서 만든 건물을 부르는 말인데, 규모가 큰 사찰에 가면 산신각, 칠
성각, 독성각이 각각 별도의 건물로 존재한단다.

아 빠 불교에서는 신앙의 대상에 따라서 상단신앙, 중단신앙, 하단신앙
으로 구분할 수 있어. 상단신앙은 부처와 보살을 신앙의 대상으로
삼는 가장 높은 수준의 신앙이야. 그리고 중단신앙은 불교를 수호
하는 수호신들, 즉 신중을 대상으로 하는 신앙이야. 예를 들면 사천
왕이나 금강역사, 팔부중, 범천과 제석천, 그리고 나한들이지. 마
지막으로 하단신앙은 원래 불교와는 전혀 관련이 없는 민간의 토속
신앙을 불교에서 수용한 경우야. 불교는 포용력이 큰 종교이기 때

문에 이 땅에 토착화하는 과정에서 원주민들의 신앙을 불교 내부로 수용한 것이지.

아 름   아, 그래서 무속신앙에도 불교적인 요소가 많이 보이는 것이 바로 그런 이유가 있었군요!

아 빠   이 삼성각 안쪽에도 산신과 칠성, 그리고 독성을 모신 탱화가 걸려 있어. 먼저 산신은 한국불교의 토착화 과정을 보여주는 가장 좋은 증거야. 산신은 원래 불교와는 전혀 관련이 없는 도교 성향의 토착신이었어. 주로 호랑이를 데리고 있는 노인의 모습으로 묘사되는데 우리나라 특유의 산악숭배 신앙과도 관련이 깊어.

호 림   칠성은 북두칠성을 뜻하나요?

아 빠   응. 칠성 역시 도교에서 유래한 칠성신을 뜻하는데, 칠성신은 옛날부터 우리나라 민간에서 재물과 재능을 주고 아이들의 수명을 늘려주며 비를 내려 풍년이 들게 해주는 신으로 믿어왔어. 그런 칠성신을 불교에서 수용해서 치성광여래를 중심으로 한 칠성삼존불과 칠여래 등을 배치한 탱화를 걸어 놓았어.

삼성각 칠성(위)과 삼성각 독성(아래)

엄 마   민간에서도 아이를 낳게 해 달라거나 아이의 장수를 기원할 때 칠성당에 가서 빌었단다.

아 름   마지막 독성은 뭐예요?

아 빠 독성은 글자 그대로 혼자서 스승 없이 깨우친 성자를 뜻해. 특히 독성신앙은 인도나 중국에서도 전혀 찾아볼 수 없는 우리나라만의 독특한 신앙 형태인데, 남인도의 천태산에서 홀로 수행하여 깨달음을 얻은 나반존자^{那畔尊者}를 가리켜. 이 나반존자는 과거, 현재, 미래의 모든 일을 꿰뚫어 보고, 자신과 남을 이롭게 하는 능력을 두루 갖추고 있기 때문에 중생들에게 복을 주고 소원을 성취시켜 준다고 믿어왔어.

심우도는 깨달음을 얻는 과정을 쉽게 그림으로 보여준다

호 림 그림이 좀 낡기는 했지만, 이 삼성각에도 대웅전처럼 벽화가 있어요. 그림에 소가 등장하는데 이 벽화의 내용은 뭐죠?

아 빠 이 삼성각의 벽화는 소가 나오는 10개의 그림이라고 해서 십우도^{十牛圖}라고도 불리고, 소를 찾는 그림이라는 뜻에서 찾을 심^尋자를 써서, 심우도^{尋牛圖}라고도 불려. 그런데 여기서 소는 그냥 보통의 소가 아니라 불가에서 말하는 '깨우침'을 상징해. 이 그림을 순서대로 볼 때, 첫 번째 그림은 소를 찾아나서는 장면이고, 두 번째 그림은 소의 발자국을 발견한 장면이야. 이어서 세 번째, 네 번째, 다섯 번째, 여섯 번째 그림은 소를 발견하고, 붙잡아서, 길들여, 집으로 끌고 오는 그림이야.

아 름 그러고 보니, 소의 색깔이 어두운 색에서 점점 흰색으로 변해요. 왜 그렇죠?

아 빠 소의 색깔이 변하는 것은 깨우쳐가는 과정을 나타낸 거야. 결국 십우도는 불가에서 엄격한 수행을 통해 깨우쳐 가는 과정과 그리고 깨우친 이후에 무엇을 해야 하는가를 10장의 비유적인 그림으로 표현한 것이지. 그렇기 때문에 소는 깨우침을 상징하는 것이고, 그래서 부처님에 비유되는 거야. 이렇게 그림으로 깨우침의 과정을 표현한 것은 글을 모르는 사람도 쉽게 배울 수 있도록 하기 위함이야.

호 림 소를 길들여 집으로 끌고 오면, 곧 깨우친 것이니 그것으로 목표달성 아닌가요? 그런데도 뒤에 그림이 더 있는 것은 왜죠?

아 빠 일곱 번째 그림을 잘 살펴보면 집으로 끌고 온 소가 없어진 것을 알 수 있어. 그것이 대승불교의 핵심인 공空 사상이야. 여덟 번째 그림에서는 심지어 소뿐만 아니라 소를 끌고 온 사람도 없어져. 그것을 '인우구망'이라고 하는데, 쉽게 말해서 깨달음을 얻었다는 사실까지도 완벽하게 잊어야 한다는 거야. 모든 것에서 초월하라는 뜻이지. 그런데 아홉 번째 그림을 보면 뜬금없이 산이 솟아있고 물이 흐르는 장면이 있어. 혹시, "산은 산이요, 물은 물이로다."라는 말 들어본 적 있지?

엄 마 유명하신 성철스님의 법어잖아요? 그런데 그 뜻은 잘 모르겠어요. 워낙 고승의 선문답이어서 우리 같은 사람들은 이해하기가 쉽지 않은 것 같아요.

아 빠 그렇지 않아. 성철스님의 그 법어는 자신의 제자들에게 가르침을 주기 위한 선문답을 하신 것이 아니라, 전 국민들을 대상으로 대중적인 법어를 내려주신 거야. 그 뜻은 쉽게 말해서 '제일 중요한 것은 자기 자신'이라는 뜻이야. 각자 용맹정진 수행을 거듭해서 성불하고 난 뒤 주위를 돌아보면, 역시 산은 예전 그대로의 산이고, 물도 그대로의 물이야. 즉, 자신만이 바뀌어 있을 뿐이고, 나머지는 예전 그대로라는 뜻이지.

엄 마 아, 일체유심조一切唯心造!

아 빠 그래서 심우도의 마지막 열 번째 그림이 속세를 향해 지팡이를 짚고 걸어가는 장면이야. 자기 자신만 성불해서 될 일이 아니라, 나머지 속세의 중생들을 해탈의 길로 인도하라는 뜻이지. 그것이 대승불교가 소승불교와 가장 크게 차이나는 점이야.

뱀의 발 심우도尋牛圖

심우도尋牛圖 는 선종에서 선禪의 수행 단계를, 동자가 소를 찾는 것에 비유해서 그린 그림으로, 깨달음에 이르는 과정을 10단계로 나누어 그렸다. 그래서 일명 십우도十牛圖, 목우도牧牛圖라고도 한다. 중국에서 〈곽암〉의 십우도와 〈보명〉의 십우도가 전해졌으나 근래에는 곽암의 십우도가 더 일반화되었다.

1. 심우尋牛, 소를 찾아 나서다
자기의 본심인 소를 찾아 나서는 그림으로, 소를 찾는 동자가 망網과 고삐를 들고 산속을 헤매는 모습이다. 이것은 처음 수행을 하는 수행자가 아직은 무엇이 진리며, 깨달음의 본성本性이 무엇인지를 알지 못하고, 진리를 찾겠다는 열망으로 수행하는 마음을 일컫는다. 이른바 초발심初發心이다.

2. 견적見跡, 소의 발자국을 보다
진리의 본성을 찾으려는 일념으로 용맹정진하던 중, 조금씩 본성의 자취를 어렴풋이 느끼게 됨을 알아가는 과정이다.

3. 견우見牛, 소를 보다

동자가 멀리 있는 소 또는 소의 꼬리를 발견한 것을 묘사한 그림이다. 이는 오랜 노력과 공부 끝에 본성을 깨달음이 바로 눈앞에 다가왔음을 상징하고 있다.

4. 득우得牛, 소를 손에 잡다

동자가 소를 붙잡아서 막 고삐를 낀 모습으로 표현된다. 이 경지를 견성見性이라고 하는데 마치 땅속에서 아직 제련되지 않는 광석을 막 찾아낸 것과 같은 상태라고 한다. 이때의 소의 모습은 어두운 색으로 표현하는데 아직 거친 본성을 지니고 있다는 뜻에서 어둡게 표현한다. 오랫동안 산천에 파묻혀 있던 소와 같이 온갖 번뇌 속에 파묻혀 있던 본성을 비로소 만났으나 아직은 야성을 그리워하고 방종하려 한다. 그러므로 더욱 정진하고 수행에 힘써야 하는 상태다.

5. 목우牧牛, 소를 길들이다

이 그림은 동자가 소의 고삐를 쥐고 앞서가고 소는 뒤에서 순순히 따라오는 장면을 묘사했다. 서로가 친숙해질 때까지 고삐와 채찍으로 쉴 새 없이 거친 소를 길들여서 자연스럽게 놓아두어도 저절로 가야 할 길을 갈 수 있도록 하는 단계다. 이것은 자신의 마음을 어느 정도 자신이 조종할 수 있는 단계인데, 즉 어느 정도는 마음의 안정을 찾은 상태다. 그러나 깨달음이 한순간 물거품처럼 사라질 수도 있으니 그 마음이 변치 말라는 것이다. 소의 색깔이 어두운색에서 백색으로 변하는 것은 깨달음의 과정이다.

6. 기우귀가騎牛歸家, 소를 타고 집으로 돌아오다

동자가 피리를 불며 본래의 고향으로 돌아오는 모습이다. 소는 완전히 흰색으로 되어 특별히 지시하지 않아도 동자와 일체가 되어서 피안彼岸의 세계로 나가게 된다. 이때 피리에서 흘러나오는 소리는 깨달음의 본성本性에서 흘러나오는 소리를 상징하고 있다. 이미 본성을 찾았으니 모든 것이 완숙하게 이루어진 것이다.

7. 망우존인忘牛存人, 소를 잊어버리고 자기만 남은 상태

이 그림은 집에 돌아와 보니 애써 찾던 소는 온데간데없고 자기만 남아 있다는 내용이다. 결국 소는 마지막 종착역인 심원에 도착하게 하는 방법이었으므로 이제 고향 집과 고향 산천으로 돌아오게 되었으니 방법은 잊어버려야 한다는 것이다. 이는 뗏목을 타고 목적지에 도달하면 뗏목을 버려야 한다는 가르침과 일맥상통하는 것이다.

8. 인우구망人牛具忘, 소도, 자기 자신도 모두 잊어버리다

소를 잊은 다음, 자기 자신도 잊어버리는 상태를 묘사한 것으로서 텅 빈 원만을 그리게 된다. 객관적인 소를 잊었으면 이번에는 주관적인 자신 또한 성립되지 않는다는 원리를 깨달아야 한다. 이 경지에 이르러서야 비로소 완전히 깨달음에 이르렀다 할 수 있다. 모든 것을 초월한 경지에 이르니 전부가 오직 공空인 것이다.

9. 반본환원返本還源, 본래의 맑고 깨끗한 근원으로 돌아가다

진리란 먼 곳에 있는 것이 아니라 바로 그 자리에 있음을 상징적으로 표현한 것이다. 산은 산으로, 물은 물로 조그마한 번뇌도 묻지 않고, 있는 그대로의 모습을 볼 수 있는 참된 지혜를 상징한 것이다. 그래서 성철스님은 살아생전에 〈산은 산이요, 물은 물이로다〉라는 법어를 내신 것이다.

10. 입전수수入廛垂手, 세속으로 들어가 중생들과 함께하며 제도하다

큰 포대를 메고 지팡이를 짚고 사람들이 많이 사는 저잣거리를 찾아 나서는 모습이다. 이 때 큰 포대는 중생들에게 베풀어 줄 복과 덕을 담은 포대로 불교의 궁극적인 뜻이 중생의 제도에 있음을 상징한 것이다.

화계사의 명부전

 명부전 앞

명부전의 지붕이 맞배지붕인 까닭

명부전

아 름 어라, 이 건물은 지붕이 맞배지붕이에요!

아 빠 이 건물은 명부전이야. 쉽게 말해 저승세계를 보여주는 곳인데, 이 전각의 주인이 지장보살이어서 지장전이라고도 하고, 지장보살 좌우로 열 명의 심판관인 시왕十王이 있기 때문에 시왕전이라고도 불리지. 이곳이 저승과 관련이 있어서 그런지 다른 사찰에서도 명부전, 시왕전, 지장전은 지붕형태가 팔작지붕보다는 맞배지붕이 더 많아. 왜냐하면, 맞배지붕은 팔작지붕에 비해 화려함이 적고 엄숙함을 느끼게 해 주기 때문이야. 종묘의 거의 모든 지붕이 맞배지붕인 것도 같은 이유라고 볼 수 있어.

아 름 아빠의 설명을 듣고 나니 왕릉의 정자각도 거의 모두가 맞배지붕이었던 것이 기억나요. 게다가 이 명부전 측면의 풍판은 마치 왕릉의 정자각을 정면에서 보는 것 같아요.

명부전 지장삼존상

아 빠 이 명부전은 가운데 지장보살을 중심으로 좌우에 도명존자와 무독 귀왕이 협시를 하고 있고, 그 양쪽으로 시왕이 앉아 있는 전형적인 배치법을 보이고 있어.

호 림 가운데 앉아계신 스님이 지장보살이에요? 보살이라면, 화려한 보 관을 쓰고 온몸에는 장신구가 많이 있어야 하잖아요?

아 빠 네 말대로 대부분의 보살은 외관이 화려해. 그렇지만 지장보살만 은 부처님처럼 법복만 입고 있어. 다만 부처님과 구별되는 점은 머 리를 깎은 민머리이거나 머리에 특수한 두건을 쓰고 있고 육환장이 라는 지팡이를 가지고 있는 정도야. 지장보살은 중생제도를 위하여 부처가 되기를 포기하시고 영원히 보살로 남기를 서원하신 보살이 셔. 지장보살은 석가모니 부처님의 입멸로부터 미륵불이 출현할 때 까지 뭇 중생들을 교화하고 모든 중생을 지옥의 고통으로부터 구제 하여 극락으로 인도한다고 해.

아 름 지장보살의 좌우에 계신 많은 분들에 대한 설명도 해 주세요.

지장보살, 도명존자, 무독귀왕은 지장삼존이 된다

아 빠 지장보살의 왼편에는 도명존자, 그리고 오른편에는 무독귀왕이 자 리를 잡으면, 지장삼존상地藏三尊像이 완성 돼. 도명존자道明尊者는 스님 과 같이 민머리인데, 우연히 사후세계를 경험했다고 해. 지옥사자 를 따라서 저승에 가서 명부冥府의 이곳저곳을 구경하고 지장보살을 만났고, 이승으로 돌아와서는 자신이 저승에서 본 것을 그림으로 그렸는데 우리가 사찰에서 보는 지옥과 명부의 모습은 모두 도명존 자가 그린 내용을 기준으로 하고 있어.

엄 마 마치 단테의 신곡에 나오는 내용과 비슷하군요. 거기서도 단테가
       로마의 시인 베르길리우스의 안내로 지옥과 연옥을 돌아보는 장면
       이 나오잖아요.

아 빠 알고 보면 동서양이 서로 비슷한 점이 참 많은 것 같아. 그리고 지
       장보살의 오른편에는 관을 쓴 모습의 무독귀왕無毒鬼王이 서 있는데,
       이 사람의 역할도 이름을 풀어보면 어느 정도 짐작이 가. 없을 무,
       독 독, 귀신 귀, 임금 왕! 무독귀왕無毒鬼王!

아 름 독을 없애는 귀신들의 왕이라… 혹시 저승에 오는 인간들의 죄를
       없애주는 일을 하나요?

아 빠 맞았어. 역시 한자풀이는 게임처럼 재미있지?

아 름 한자가 쉬울 때는 재미있지만, 어려울 때는 재미없어요.

시왕 중에서 염라대왕을 찾는 법

명부전 시왕

아 빠 지장삼존상의 좌우로 나누어 앉아있는 시왕十王에 대해서 좀 더 상
       세한 이야기를 해 줄께. 저승에는 죽은 사람의 죄의 경중輕重을 다루

는 10명의 왕이 있는데, 이분들을 시왕이라고 해. 이분들은 순서가 정해져 있는데, 첫 번째는 진광대왕, 두 번째는 초강대왕, 세 번째는 송제대왕, 네 번째는 오관대왕, 다섯 번째는 땡땡대왕, 여섯 번째는 변성대왕, 일곱 번째는 태산대왕, 여덟 번째는 평등대왕, 아홉 번째는 도시대왕, 열 번째는 전륜대왕이야.

호 림 예? 땡땡대왕이요? 그런 대왕도 있어요?

아 름 퀴즈란 말씀이야. 이렇게도 눈치가 없어서야… 쯧쯧… 분명히 우리가 알고 있는 이름이니깐 문제를 내셨을 거야. 저승을 다스리는 대왕이라면….

호 림 염라대왕 밖에 더 있어?

아 빠 호림아, 정답이다!

호 림 예? 정말 염라대왕이 정답이에요? 난 무심코 한 말인데….

아 빠 사람이 죽으면 49재라는 불교식 제사를 지내는데, 그 이유가 바로 시왕 때문이라고 해. 일단 사람이 죽으면 7일마다 시왕을 한 분씩 만나서 심판을 받아. 그러면 49일째에는 태산대왕의 심판이 기다리고 있겠지? 그런데 죄가 없는 사람은 태산대왕에서 죄의 심판이 마무리되고 극락으로 가지만, 살아생전에 죄가 많은 사람은 평등대왕, 도시대왕, 그리고 전륜대왕의 심판도 받아야 해. 그래서 49일째 극락왕생을 위해서 제사를 지내는 것이 49재야.

명부전 염라대왕

아 름 그런데 시왕들은 열 분이나 되는데, 염라대왕을 어떻게 찾을 수가
있죠?

아 빠 염라대왕을 쉽게 찾을 수 있는 방법이 하나 있는데 시왕 중에서 머
리 위에 책을 올려놓은 분을 찾으면 돼. 그 책은 금강경인데 불교
경전 중에서도 최고의 경전이라고 해. 금강경을 많이 읽으면 저승
에 가도 염라대왕이 자리에서 벌떡 일어난다는 말이 있을 정도야.
그리고 염라대왕이 금강경을 머리에 이고 있는 이유는 염라대왕이
석가모니로부터 곧 보현왕여래普現王如來가 될 것이라는 수기를 받았
기 때문이야.

아 름 염라대왕도 곧 부처가 된다는 말이군요. 그래서 불법을 수호하는
의미에서 금강경을 머리에 올려놓고 있구나!

아 빠 우리나라는 관음신앙과 함께 지장신앙도 매우 발달한 곳이야. 일
반 백성들의 입장에서는 모든 것이 완벽한 존재인 부처님보다는 어
딘가 모르게 사람의 냄새
가 나는 보살님이 좀 더
친근한 존재였기 때문에,
살아생전에는 관세음보
살을 찾고, 죽어서는 지
장보살을 찾는 것이지.
이곳 명부전 앞에도 대
웅전과 마찬가지로 드므

명부전 앞 드므

가 설치되었다는 것은 화계사가 왕실의 원찰이라는 것을 더 확실
하게 알려주고 있어. 즉, 돌아가신 왕실가족의 극락왕생을 빌었다
는 뜻이거든.

염라대왕(閻魔大王)

염라대왕은 힌두교와 불교에서 사후세계를 관장하는 가상의 군주이다. 힌두교 경전인 베다에 처음으로 등장하며 산스크리트어로는 '야마(Yama)'라고 한다. 염라대왕은 힌두교 신화에 그 뿌리를 두고 있다. 염라대왕은 죽음을 맞이한 후 천상세계로 가는 길을 가장 먼저 발견한 존재로, 생전의 공덕으로 인해 죽은 자들의 통치자가 되었다고 전해진다.

불교에서 염라대왕은 명부의 시왕 중 다섯 번째 왕이다. 사람이 죽어서 가는 곳을 명부라 하는데, 명부에서 핵심을 이루는 것이 지장보살과 명부시왕이다. 진광대왕에서 전륜대왕까지 10명의 대왕이 있으며, 보통 살아생전 죄를 거의 짓지 않고 살다 죽은 사람은 제 7 태산대왕을 끝으로 심판은 마무리되지만, 그렇지 못할 경우 평등대왕, 도시대왕, 전륜대왕의 심판도 받아야 한다.

염라대왕을 만나러 가는 모습은 몇몇 경전에 묘사되어 있다. '시왕생칠경'에서는, 염라대왕 앞에서 죄인이 머리채를 잡힌 채 머리를 들어 '업경'을 보고 비로소 전생의 일을 분명히 깨닫게 되며, 이 업경에는 죄인들의 생전에 지은 일체의 선행과 악행이 비춰진다고 한다. '시왕찬탄초'에서는, 염라대왕전에서는 전보다 죄인의 고통이 더욱 심해지고 염라대왕은 호통을 치면서 "네가 여기에 온 것이 예부터 몇 천만인지 그 수를 모르겠다. 생전에 착한 일을 하여 다시 이 악처에 와서는 안 된다고 매번 알아듣도록 얘기했건만 그 보람도 없이 또 오게 되었느냐. 너라는 죄인은 의심이 많고 이치에 닿지 않는 말만 하는구나."라고 도깨비와 함께 죄인의 조서를 읽고 죄인의 양손을 되찾아서 아홉 면을 가진 업경 앞에 이 죄인을 두니, 하나하나의 거울에 한평생 동안 지었던 죄업이 남김없이 비친다. 옥졸이 머리카락을 잡아채고 얼굴을 잡아당겨 거울에 들이대며 보라고 나무랄 뿐만 아니라, 방망이로 두들겨 패면 처음에는 소리를 내서 울부짖지만 나중에는 숨도 다 끊어지고 몸이 티끌처럼 부서진다고 한다. (출처: 위키백과)

화계사의 보화루

 대적광전쪽 보화루 앞

보화루가 누각처럼 보이지 않는 이유

아 빠 여기가 보화루인데 일반적인 사찰누각과는 느낌이 많이 다르지?
아 름 맞아요. 이름은 누각인데 전혀 누각 같은 느낌이 들지 않아요. 마치

누각의 흔적이 남아 있는 보화루

마당이 딸린 살림집 같아요.

아 빠 이 보화루가 처음에는 이런 모습은 아니었다고 해. 지금도 범종각
쪽에서 보면 2층으로 된 부분이 남아있어서 다른 사찰의 누각처럼
2층으로 된 원래 모습을 약간 추측해 볼 수 있어. 보화루가 이런
식의 구조를 가지게 된 것은 바로 앞쪽의 대적광전을 4층 건물로
지으면서 서로 높이를 맞추기 위해 뒷마당을 평평하게 만든 거야.

엄 마 건물 구조도 특이해요. 일자형이 아니라 기역자로 꺾어진 모양이
에요.

아 빠 이 보화루는 현재 법회나 강의, 회의장소로 사용하고 있는 큰 방이
있고, 그리고 종무소와 다실로도 쓰고 있어. 보화루의 마루에서 대
웅전을 바라보면 석가모니 불상이 보이는데 이는 곧 보화루의 마루
에서 직접 예불을 드릴 수 있는 구조로 되어 있다는 것을 알 수 있

정丁자 형태의 보화루

지. 이 절이 왕실의 원찰이어서
왕실사람들의 편의를 위한 것
임을 짐작케 해 주는 부분이라
고 판단이 돼.

아 름 이 건물에는 현판이 엄청나게
많이 붙어 있어요!

보화루에서 바로 대웅전이 보인다

엄 마 화계사華溪寺라는 현판은 두 개나 있고, 보화루寶華樓라는 현판도 있고,
화장루華藏樓라는 현판도 있네… 저기 안쪽에도 현판이 있는데, 삼각
산제일선원, 그리고… 글자가 읽기가 어렵네…

아 빠 활해도화活海道化와 학서루鶴棲樓야. 이곳에는 군데군데 여러 개의 현판
이 붙어 있는데 '보화루'라는 현판은 추사의 수제자 위당威堂 신관
호申觀浩가 쓴 것이라고 해.

엄 마 어쩐지 글씨에서 추사체의 느낌이 많이 나더라.

좌측은 추사의 수제자 신관호가 쓴 보화루현판과 우측은 화장루 현판

보화루의 현판에서 흥선대원군의 글씨 찾기

아 빠 그리고 화계사에는 흥선대
원군이 시주를 한 절이어
서 그런지 흥선대원군의 글
씨가 많아. 현판에 찍힌 낙
관에서 '대원군장大院君章' 또
는 '석파石坡'라는 글씨가 있
으면, 그것이 바로 대원군의

대원군이 쓴 활해도화 현판

글씨야. 건물 바깥쪽에 걸린 두 개의 '화계사'라는 현판 중에서 오
른쪽 현판과 건물 안쪽의 '활해도화' 그리고 '학서루'가 대원군의
글씨야.

호 림 현판의 뜻이 무슨 뜻인지 도대체 모르겠어요. 하나씩 설명해 주세요.

우측은 대원군이 쓴 화계사 현판

대원군이 쓴 학서루 현판

아 빠 우선 '화계사華溪寺'는 이 절의 이름인데, 글자 그대로 계곡이 화려한 절이란 뜻이야. 그리고 '보화루寶華樓'는 보물이 빛나는 누각이라는 뜻인데, 여기서 보물은 불교에서 말하는 세 가지 보물, 즉 삼보인 부처와 불법과 승려를 말하는 것 같아. 그리고 '화장루華藏樓'는 화려함을 감추고 있는 누각이라는 뜻인데, 결국 '보물을 감추고 있다. 보물이 빛나고 있다.'와 같은 뜻으로 볼 수 있을 것 같아.

아 름 건물 안쪽의 현판도 설명해 주세요.

아 빠 '삼각산 제일선원'은 삼각산에서 제일가는 선원, 즉 선을 수련하는 사원이라는 뜻이고, '학서루鶴棲樓'는 학이 깃들어 사는 누각이라는 뜻이야. 마지막으로 '활해도화活海道化'는 다른 곳에서는 잘 쓰지 않는 글이기는 하지만, 글자 자체는 어려운 한자가 아니어서 직역을 하자면, '살아있는 바다와 같은 도道가 된다.' 또는 '그런 도道로 교화시킨다.'라는 뜻이야.

엄 마 설명문을 보니 이곳에서 1933년에 한글학회의 주관으로 이희승, 최현배 등 국문학자 9인이 화계사 보화루에 기거하면서 한글맞춤법 통일안을 집필한 유서 깊은 곳이래요.

보화루는 소실된 관음전을 대신하고 있다

아 름   아빠, 이곳에도 법당처럼 보살님을 모셨어요.

아 빠   예전에는 대웅전 왼쪽에 관음전이 있었는데, 1974년에 화재로 소
　　　실되었다고 해. 그래서 이 보화루에 소실된 관음전을 대신해서 관
　　　세음보살상을 봉안하고 후불탱화로 석가여래를 주존불로 하고 좌
　　　우에 문수보살과 보현보살이 협시하고, 사천왕과 10대 제자가 시
　　　립해 있는 그림을 봉안해 놓았어.

엄 마   관세음보살을 모셔두고, 그 뒤쪽의 탱화로 석가모니가 주존불이면
　　　서 문수보살과 보현보살이 협시하고, 또 사천왕과 10대 제자가 있
　　　다면 마치 석굴암의 배치와 흡사하군요!

아 빠   맞아. 거기에다 금강역사, 범천과 제석천, 그리고 팔부중만 더 있으
　　　면 완벽한 석굴암 구조가 되는 거야.

대웅전 쪽을 향해 모셔진 보화루 관세음보살상

1. 전실: 팔부중, 금강역사
2. 비도: 사천왕
3. 주실: (범천과 제석천) - (문수보살과 보현보살) - (십대제자) - (관음보살)

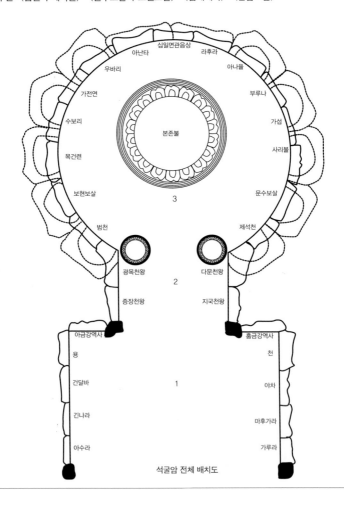

석굴암 전체 배치도

화계사의 조실당

 조실당 입구 앞

조실스님은
총림을 제외한 모든 사찰에서 가장 큰 스님을 일컫는 말이다

아 빠 이곳은 조실당 입구인데 일반인들은 들어갈 수가 없는 곳이야. 왜냐
하면, 조실당은 선종사찰의 조실스님이 거처하는 곳이기 때문이야.

조실당

아 름 조실스님이요? 주지스님이 아니고요?

엄 마 여보, 불교계에서는 총무원장이니, 종정스님이니, 주지스님이니, 방장스님이니 하는 스님들과 관련된 명칭이 많은데 이 기회에 좀 정리를 해 줘요.

아 빠 좋아! 먼저, 조실스님은 선종사찰에서 참선을 지도하시는 스님 중 가장 큰 어른을 일컫는 말이야. 그리고 주지스님은 사찰의 관리권을 가진 승려를 말해. 마치 학교의 교장하고 같은 거지. 그리고 방장스님은 총림叢林의 최고 책임자를 말해.

아 름 총림이요?

아 빠 불교의 사찰은 그 성격에 따라 선원, 율원, 강원으로 나뉘는데, 선원禪院은 참선을 전문적으로 수행하는 곳이고, 율원律院은 스님으로서 지켜야 할 계율을 전문적으로 공부하는 곳이고, 강원講院은 부처님께서 설하신 경전을 전문적으로 공부하는 곳이야. 그런데 선원, 율원, 강원을 모두 갖춘 아주 큰 규모의 절을 총림이라고 해. 현재, 우리나라에서 가장 큰 불교종단인 조계종에는 5개의 총림이 있는데 가장 오래된 해인총림(가야산 해인사)을 비롯해서 조계총림(조계산 송광사), 덕숭총림(덕숭산 수덕사). 영축총림(영축산 통도사), 고불총림(백암산 백양사) 이렇게 다섯 곳이야. 그 유명한 성철스님이 해인총림의 초대 방장스님이었어.

아 름 역시 삼보사찰은 모두 포함되어 있네요.

아 빠 그리고 총무원장은 대한불교 조계종의 종무宗務 집행 기관인 총무원의 수장을 말해. 끝으로 종정은 불교종단의 정신적 최고 지도자를 말해. 성철스님은 1981년부터 1993년 입적하실 때까지 조계종 종정도 역임하셨지. 결과적으로 하나의 불교종단에는 종정스님은 한

분, 총무원장도 한 분, 방장스님은 총림의 숫자와 같고, 주지스님은 사찰의 숫자와 같은 거야.

엄 마 요약하자면, 절에서 가장 큰 스님을 일컫는 말 중에서, 절의 규모가 커서 종합수도원인 총림叢林의 경우에는 방장方丈스님이 되는 것이고, 총림 아래 단계의 절에서는 조실스님이라 부르는군요!

아 빠 정답이야.

조계산 송광사

가야산 해인사

덕숭산 수덕사

영축산 통도사

보현산신각

북한산생태공원 상단

탕춘대성
암문 입구

제6구간 평창마을길
제7구간 옛성길

형제봉 입구

보현산신각

평창동의 지명유래

아 름 아빠! 우리가 지나온 제1, 2, 3구간에는 문화재가 많았는데, 이쪽 구간에는 문화재가 그다지 별로 없는 것 같아요.

아 빠 북한산 둘레길에는 문화재가 골고루 분포된 것이 아니라, 특정 지역에 집중적으로 몰려있어. 특히 우리가 지나온 제1, 2, 3구간에는 순국선열들의 묘가 한 지역에 집중적으로 몰려있지. 이런 것으로 추정해 볼 때, 예나 지금이나 풍수지리라는 것이 우리 생활에 많은 영향을 끼치고 있는 것 같아. 그렇지만 우리가 지나가고 있는 여기 평창마을길에도 한 군데 잠깐 들러볼 곳이 있어. 그런데 참, 이 평창동이라는 동네이름이 생겨난 유래를 들어봤니?

아 름 동네이름이라면 '평창' 말씀인가요?

호 림 아, 강원도 평창올림픽! 강원도와 관련이 있을 것 같아요!

아 빠 평창이란 이름은 강원도와는 전혀 관련이 없고, 조선시대 선혜청宣惠廳이란 관청의 양곡 창고였던 평창平倉에서 유래된 지명이야. 선혜청은 대동법大同法의 실시에 따라 설치한 기관인데, 대동미大同米, 대동포大同布, 대동전大同錢의 출납을 관장했어.

아 름 대동법이 뭐예요?

엄 마 조선시대에는 각 지방에서 생산되는 특산물을 국가에 바치게 하는 공물제도가 있었는데 자연재해로 인해 피해를 입거나 불가피한 경우로 생산이 안 되는 경우에도 반드시 특산물로 공물을 바쳐야만 했기 때문에 백성들이 너무너무 힘들어했고, 또한 중간에서 착취하는 탐관오리들이 많았단다. 그래서 특산물인 공물貢物을 쌀로 통일하여 바치게 한 납세제도가 바로 대동법이었어.

평창동, 북창동, 남창동은 모두 선혜청의 창고 이름에서 유래되었다

아 름 학교 역사시간에 봄철 보릿고개에 먹을 것이 없어서 살기 어려운 백성을 위해서 나라에서 곡식을 빌려주고 가을철 수확기에 일정한 이자를 붙여서 거둬들이던 상평창이란 관청이 있다고 배운 것 같은데, 그것도 평창과 관련이 있나요?

아 빠 좋은 질문이다. 아름이가 말한 상평창의 기능을 환곡제도라고 해. 상평창은 고려시대 때부터 있었던 관청인데, 환곡제도뿐만 아니라 풍년이 들어서 곡물이 흔하면 나라에서 값을 비싸게 사들이고, 흉년이 들어서 곡물이 귀하면 나라에서 값을 싸게 팔아서 물가를 조절하기도 했어. 그런데 선혜청이 대동법을 근거로 새로 생겨나면서 기존에 물가조절과 환곡제도를 겸했던 상평청常平廳과 재해 구제를 전담했던 진휼청賑恤廳, 그리고 균역법에 의거한 균역청均役廳을 차례로 포함하면서 호조를 능가하는 최대의 재정기관이 되었어. 그러다 보니 여러 곳에 창고가 많이 필요하게 되었지.

호 림 그래서 평창이라는 창고가 이곳에 있었다는 말씀이구나!

아 름 그렇다면 이곳 말고 다른 곳에도 창고가 있었을 것 같은데 이곳 '평창'처럼 지명으로 남아 있는 곳이 또 있나요?

아 빠 그럼! 서울시청과 숭례문 사이의 북창동北倉洞은 선혜청의 북쪽 창
고가 있었다는 데에서 생겨난 지명이고, 남쪽 창고와 함께 선혜청
본청이 있던 자리는 지금의 남대문 시장 입구인 남창동南倉洞이야.
자, 평창동 이야기는 이것으로 정리하고 산신각에 잠시 들려보자.

 보현산신각 앞

민간에서의 산신각과 사찰에서의 산신각의 차이점

아 빠 여기가 서울특별시 민속자료 제3호로 지정된 보현산신각이야.

호 림 쳇, 담장으로 둘러치고 자물쇠로 잠겨 있어서 가까이 갈 수도 없
잖아요?

엄 마 먼발치에서나마 볼 수 있
는 것도 다행이라고 생각
해야 해. 그나마 담장이 낮
아서 이렇게 내부가 모두
다 보이잖니?

아 빠 이곳은 산신을 모시는 일
종의 산신당이야. 원래 여
기서 조금 아래쪽에 여산
신각이 있어서 이 남산신
각과 함께 평창동 동민들
마을제사인 동제洞祭의 대

담장으로 둘러싸인 보현산신각

상이었지만, 여산신각은 1970년대에 그만 소실되었다고 해.

아 름 산신을 모셨으면 북한산, 아니 삼각산의 산신을 모셨단 말인가요?

엄 마 아빠가 보현산신각이라고 했잖니?

호 림 그렇지만 보현산이란 산은 없잖아요?

아 빠 북한산은 워낙 큰 산이어서 많은 봉우리가 있어. 그 중에 이 골짜기
로 내려온 산줄기를 따라 올라가 보면 해발 700m의 보현봉에 이르
게 돼. 따라서 이 산신각에 모신 산신은 보현봉의 산신이야.

아 름 보현이라는 이름은 혹시, 불교의 보현보살을 가리키는 말인가요?

아 빠 그래. 우리나라의 산과 봉우리 이름은 불교식 이름이 매우 많아. 이
북한산만 해도 보현봉, 문수봉, 의상봉, 원효봉, 나한봉, 승가봉, 향
로봉 등이 모두 불교식 이름이야. 다른 산도 마찬가지인데, 금강산
도 세존봉, 석가봉, 천불산, 관음봉, 미륵봉, 수미봉, 비로봉 등이

보현산신각

있지. 참, 모든 산에서 비로봉이라는 이름이 가장 높은 봉우리라는 것은 내가 말해줬지? 부처님 중에서 가장 서열이 높은 부처님이 바로 비로자나 부처이기 때문에 봉우리 중에서는 비로봉이 가장 높은 봉우리가 되는 거야.

보현산신각 내부 모습

호 림 이 산신각은 사찰의 산신각 하고는 어떤 차이가 있나요?

아 빠 사찰에서 모시는 산신은 원래 불교와는 관계가 없던 토착신이었지만, 불교의 재래신앙에 대한 포용력에 의해서 불법을 수호하는 호법신중護法神衆이 되었다가, 후대에 이르러 원래의 토속적인 성격을 불교 안에서 되찾게 된 것이라고 할 수 있어. 이에 비해서 민간의 산신은 불교하고는 직접적인 상관이 없는, 순수 토속민간신앙이야. 이곳 산신각을 예를 들더라도 매년 음력 3월 1일에 마을의 노인들이 추렴을 해서 마을의 안녕을 비는 유교식 제사를 지내고 제물을 집집마다 나누고 있다고 해.

아 름 아하, 이곳의 산신각은 불교식이 아니라 유교식이구나!

아 빠 이런 민간의 산신각은 마을의 공동체적 단합을 다짐하는 동제洞祭의 한 형태를 보이고 있고, 특히 산세가 험한 지리적인 성격을 그대로 잘 반영한 것이라고 볼 수 있어. 이것은 마치 해안지방에서 바다의 신을 위안하고 어민의 무사함과 풍어를 비는 풍어제를 올리는 것과 유사하다고 볼 수 있지. 아무튼 이 보현산신각은 산신개념으로 대표되는 민간산악숭배의 전통과 동제의 전통이 결합된 양상을 잘 보여주는 것이라고 할 수 있어.

보현산신각 측면

뱀의 발 조용조(租庸調)

중국의 수(隋) · 당(唐)나라 때에 완성된 조세체계로 조(租)는 토지에, 용(庸)은 사람에게, 조(調)는 호(戶)에 부과되었다. 우리나라에서는 고려, 조선시대에 징세법으로서 이 원칙이 준용되었다.

조(租)는 토지에 부과하여 곡물을 징수하고,
용(庸)은 사람에게 부과하여 역역(力役) 또는 그 대납물(代納物)을,
조(調)는 호(戶)에 부과하여 토산품을 징수하였다.

조선 초기에는 이 조용조 가운데서
조(租)는 과세(課稅)의 대상이 일정한 전결(田結)이므로 부과율이 뚜렷하지만,
용(庸), 조(調)는 그렇지 못하여 관리들의 협잡이 따르게 됨으로써
조(租)보다도 그 부담이 실지로 더 무거웠다.

조선 중기 이후에는 대동법이 실시되면서 조(調)의 대부분도 전결(田結)을 대상으로 삼고,
또 균역법(均役法)의 제정 뒤에는 용(庸)의 일부도 전결을 대상으로 하게 되자,
후기에는 조(租)가 가장 무거워지고,
그 다음이 용(庸), 가장 가벼운 것이 조(調)라는 순위로 되는 등
시대에 따라 그 부담의 경중이 바뀌기도 하였다. (출처: 위키백과)

평창동길 돌부처상

탕춘대성 암문

탕춘대성은 한양도성과 북한산성을 연결하는 성이다

 탕춘대성 암문 앞

아 름 아빠, 이 길의 이름이 옛성길인데, 여기서 말하는 옛성은 북한산
성인가요?

아 빠 아니, 탕춘대성이야.

호 림 탕춘대성? 처음 들어보는 이름
이에요.

아 빠 탕춘대성은 한양 도성의 인왕산
서북쪽 끝과 북한산성을 연결하
는 성이야. 자, 한양도성을 대강
이렇게 그리고, 북한산성을 대
강 이렇게 그려보자. 그런데 만
약 북쪽에서 외적이 쳐들어 왔
을 때는 어떻게 되지?

아 름 가운데가 텅 비어 있어요. 그 사
이로 적군이 쳐들어오면 상황이

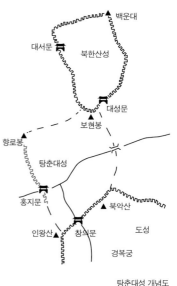

탕춘대성 개념도

불리하겠어요. 만약 저라면 두 성을 연결하는 성을 하나 더 쌓겠어요. 그러면 한양이 훨씬 더 튼튼해 질 것 같아요.

탕춘대터 표지석

아 빠 바로 그 성이 탕춘대성이야. 한양의 북서쪽 방어를 위하여 세웠기 때문에 탕춘대성을 다른 말로 서성西城이라고도 불러.

호 림 그럼 왜 우리는 그동안 탕춘대성을 들어보지 못했을까요?

아 빠 탕춘대성은 이미 조선 숙종 때 만들어졌어. 탕춘대성의 주출입문이 홍지문이야.

엄 마 아, 내부 순환로에 있는 '홍지문 터널'의 홍지문이 탕춘대성의 주출입문을 가리키는 이름이었구나!

아 빠 알고 있는 이름이 나오니 반갑지? 탕춘대성과 홍지문은 1920년대 초에 큰 홍수로 폐허가 되고 난 뒤 오랫동안 방치되다가 1977년이 되어서야 홍지문을 비롯한 일부만이 복원 되었어. 그래서 사람들에게는 잘 알려지지 않았지.

탕춘대는 연산군이 처음 만들었다

아 름 아빠, 그런데 성의 이름에 탕춘대라는 독특한 이름이 붙은 사연이 있을 것 같아요.

아 빠 그럼, 사연이 있지. 원래 탕춘대蕩春臺는 한자로 방탕할 탕, 봄 춘, 돈

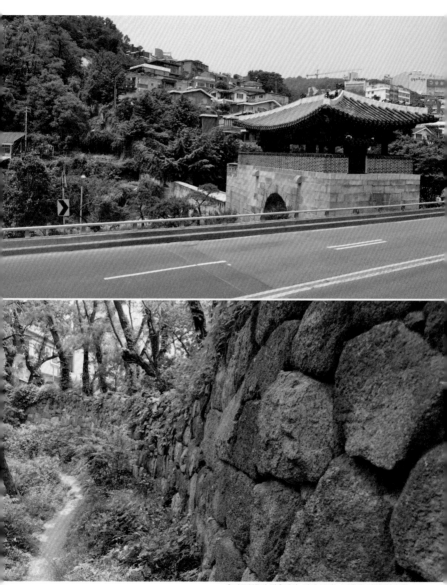

홍지문(위)과 탕춘대성, 뒤에 보이는 건물은 상명대(아래)

대 대 자인데, 글자 그대로 해석하면 봄을 방탕하게 즐기는 돈대라는 뜻이야. 탕춘대를 만든 사람은 다름 아닌 연산군인데, 현재 세검정의 동쪽에 있는 물가의 돈대에 탕춘대 누각을 짓고 미희들과 놀았던 데서 유래된 이름이야.

호 림 그럼 암문은 뭐예요? 바위로 만들어져서 암문이라고 하나요?

아 빠 원래 성의 정식 출입문은 성문城門이라고 불러. 하지만 보통의 성문은 적을 관측하기 위해 누각을 높이 만드는데, 그러다보니 거꾸로 적에게 쉽게 드러나는 단점이 있어. 게다가 대부분 성벽으로 막혀 있는 성의 구조상, 출입문이 있는 성문은 가장 취약한 곳이야. 그래서 성에서 구석지면서도 드나들기 편리한 곳에 적이 쉽게 알 수 없도록 작은 성문을 꾸미는 데 이것을 암문暗門이라고 하고, 특히 적

탕춘대성 암문

의 관측이 어려운 곳에 설치해.

엄 마 암문은 수원화성에도 많이 있단다.

아 빠 암문은 이름 그대로 비밀스러운 통로이기 때문에 크기도 일반 성문
보다 훨씬 작게 하고, 성문 위의 누각 등 쉽게 식별될 수 있는 시설
을 만들지 않았어. 여기 탕춘대성 암문도 그냥 보통의 성벽을 뚫어
서 출입할 수 있는 작은 통로만 만들었을 뿐이야. 암문의 기능으로
는 성내에 필요한 병기나 식량 등 물자를 운반하고 적에게 포위당
했을 때에는 적의 눈에 띄지 않게 구원병을 요청하거나 원병을 지
원받고 역습을 하는 통로였어.

뱀의 발 탕춘대(蕩春臺) : 연산군일기 (연산군 12년 1월 27일, 제61권, 10장 뒤쪽)

임금이 장의문 밖 조지서 터에 이궁을 지으려다가 시작하지 않고, 먼저 탕춘대를 봉우리 위에 세웠다.
또 봉우리 밑에 좌우로 흐르는 물을 가로질러 돌기둥을 세워 횡각을 세우고 언덕을 따라 긴 회랑을 연
하여 짓고 모두 청기와를 이으니, 고운 색채가 빛났다. 여러 신하들에게 과시하고자 하여 놀고 구경하
기를 명하였다. 王於藏義門外造紙署基地 構離宮未就 先起蕩春臺于峰頂 又於峰下左右 截流竪石柱 建
橫閣 緣岸聯以長廊 皆蓋靑瓦 金碧輝暎 欲誇示君臣 命遊賞

제8구간 구름정원길
제9구간 마실길

방패교육대 앞

화의군 이영 묘역

진관사

숙용심씨 묘표

영산군 이전 묘역

진관생태다리 앞

북한산생태공원 상단

화의군 이영 묘역

tip 이곳은 개인 사유지이기 때문에,
화의군 묘역 관리측의 도움 없이는 근접답사가 힘들다.

 화의군 묘역

화의군은 세종의 서자 출신이며,
단종복위운동과 관련되어 유배지에서 사사되었다

아 빠 여기는 조선 전기 때의 왕족이면서 문신이었던 화의군和義君 이영李
  瓔, 1425~1460의 묘역이고, 저기 보이는 건물은 화의군을 기리는 사당

화의군 이영 묘역 입구

인 충경사^{忠景祠}야.

아 름 사당까지 만들어 놓은 것을 보면 훌륭하신 분인 것 같아요.

아 빠 화의군은 세종 임금의 아들이기는 한데, 대군이 아니라 군이라는 칭호가 붙은 것에서 알 수 있듯이 서자 출신이야. 이 분의 생애를 간략히 요약하자면 개인적으로는 품행이나 행실은 좀 문란했지만 충절(忠節)이 있고, 학문에도 조예가 깊어서 한글 창제에도 깊이 관여했는데, 훈민정음처의 감독관을 역임하기도 했어.

엄 마 세종의 아들이면서 충절이 있다면, 시기적으로 봐서 분명 단종 복위와도 관련이 있을 것 같은데…

아 빠 그렇지. 화의군은 육종영^{六宗英}의 한 사람이야. '육종영'은 '사육신'과 마찬가지로 단종을 위해 세조와 맞서다 죽임을 당한 6명의 종친을 가리키는데, 안평대군 장소공^{章昭公}, 금성대군 정민공^{貞愍公}, 화의

화의군 이영을 위한 사당인 충경사

군 충경공忠景公, 한남군 정도공貞悼公, 영풍군 정렬공貞烈公, 이양 충민
공忠愍公 이렇게 6명이야. 화의군은 금성대군의 단종복위운동과 관
련해서 유배지에서 사사되었어. 저기 묘역에 있는 여러 개의 무덤
중에서 가장 위쪽에 있는 것이 화의군의 묘이고, 그 아래는 그 자
손들의 묘야.

호 림 그다지 특별할 것 없는 평범한 무덤이네요?

아 빠 내용을 모르고 보면 대부분의 무덤이 다 똑같이 보여. 하지만 관심
을 가지고 천천히 살펴보면 분명 눈에 띄는 부분이 있을 거야. 자,
우선 봉분 앞의 묘비를 잘 봐. 비석머리 부분에 구름모양이 있지?
저런 것을 구름 운, 머리 수 자를 써서 운수雲首형이라고 불러. 그
런데 운수의 앞면에는 해 모양이 있고, 뒷면에는 구름무늬만 있어.
음양을 구분한 것으로 해석할 수 있지. 그리고 비의 앞면에는 '화

화의군 이영 묘

의군지묘^{和義君之墓}'라고 적혀 있고 뒷면에는 '융경삼년사월일립^{隆慶三年四月日立}'이라고 새겨놓아서 비의 건립연도가 1569년(선조 2)임을 알 수 있어.

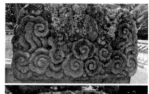

화의군 이영 묘비 앞면(위)과 뒷면(아래)

아 름 융경 3년이요? 그것으로 어떻게 연도를 알 수 있어요?

엄 마 지금은 연도를 구분할 때 서양에서 들어온 달력인 '서력기원', 줄여서 '서기'를 사용하지만, 옛날에는 중국의 연호를 사용했단다.

아 빠 융경은 중국 명나라 제13대 황제인 목종의 연호야. 목종은 연호 이름을 따서 융경제라고도 불리는데, 즉위연도가 1567년이기 때문에 융경 3년은 1569년이 되는 거야.

화의군 이영 묘비의 앞면(왼쪽)과 뒷면(오른쪽)

연호(年號)는 군주국가에서 군주가 자기의 치세연차(治世年次)에 붙이는 칭호이다. 연호의 사용은 중국에서 시작되었으며, 그 영향으로 우리나라, 일본, 월남 등에서도 사용하였다. 최초의 연호는 중국 한(漢)나라 무제(武帝) 때의 건원(建元)이다. 무제는 6년 혹은 4년마다 연호를 고쳤는데, 이후 이 기간은 무시되어 군주 일대에 몇 개가 되는 것이 보통이었다. 그러나 명나라, 청나라 때는 1대에 한 연호〔一世一元〕를 사용하였다. 이 때문에 명나라와 청나라의 연호는 황제의 칭호로도 쓰였는데, 예를 들면 명나라 제3대 황제는 묘호로는 성조(成祖)이지만, 명성조 영락제(永樂帝)로 불리고, 청나라 제5대 황제는 묘호로는 세종(世宗)이지만, 청세종 옹정제(雍正帝)로 불린다. 따라서 청나라 마지막 황제는 선통제(宣統帝)이다.

☐ 중국 명(明), 청(淸) 왕조의 연호

명(明)	청(淸)
홍무(洪武) 1368년 ~ 1398년	천명(天命) 1616년 ~ 1626년 (*후금)
건문(建文) 1398년 ~ 1402년	숭덕(崇德) 1636년 ~ 1643년
영락(永樂) 1402년 ~ 1424년	순치(順治) 1643년 ~ 1661년
홍희(洪熙) 1425년	강희(康熙) 1661년 ~ 1722년
선덕(宣德) 1425년 ~ 1435년	옹정(雍正) 1722년 ~ 1735년
정통(正統) 1425년 ~ 1449년	건륭(乾隆) 1735년 ~ 1795년
경태(景泰) 1449년 ~ 1457년	가경(嘉慶) 1795년 ~ 1820년
천순(天順) 1457년 ~ 1465년	도광(道光) 1820년 ~ 1850년
성화(成化) 1464년 ~ 1487년	함풍(咸豊) 1850년 ~ 1861년
홍치(弘治) 1487년 ~ 1505년	동치(同治) 1861년 ~ 1875년
정덕(正德) 1505년 ~ 1521년	광서(光緒) 1875년 ~ 1908년
가정(嘉靖) 1521년 ~ 1567년	선통(宣統) 1908년 ~ 1912년
융경(隆慶) 1567년 ~ 1572년 (*융경원년 = 1567년, 융경3년 = 1569년)	
만력(萬曆) 1572년 ~ 1620년	
태창(泰昌) 1620년	
천계(天啓) 1620년 ~ 1627년	
숭정(崇禎) 1628년 ~ 1644년	

엄 마   여보, 그런데 화의군의 묘비가 융경 3년인 1569년에 세워졌다면, 화의군이 사사된 지로부터 100년이 훨씬 지나서예요. 왜 묘비가 그렇게 늦게 세워졌나요?

아 빠   지금이야 화의군이 충절의 상징인 육종영의 한 사람으로 추앙을 받지만, 세조의 통치기간에는 비록 왕족이라 하더라도 역적에 해당하는 중죄인의 집안이었어. 그래서 그의 후손들은 전 재산을 몰수당한 채 뿔뿔이 흩어졌고 천민신분으로 비참하게 생활을 하였다고 해. 그런 기록이 조선왕조실록에도 남아 있는데, 1483년(성종 14년)에 화의군의 아들 이원이 생계가 곤란함을 호소해서 나라에서 도움을 받기도 했어. 그러다가 손자인 이윤에 와서야 왕실족보인 선원록에 다시 기재되는 등 조금씩 정상을 찾아가기 시작했어. 그런 연유로 묘비도 늦게 세워진 것 같아.

화의군은 자신의 충절을 백이숙제의 고사에 빗대어 표현하였다

아 름   화의군의 충절을 알 수 있게 해 주는 일화도 있나요?

아 빠   당연히 있지. 화의군은 죽기 전에 "나는 비록 백이숙제만 못하지

뱀의 발   성종실록 제 155권, 14년(1483 계묘/명 성화(成化) 19년) 6월 25일(병술) 네번째 기사

화의군 이영이 도움을 청하니 밭을 주도록 호조에 명하다

이영(李瓔, 화의군(和義君))의 아들 이원(李轅)이 상언(上言)하기를,
"아비 영(瓔)이 지난 을해년(1369)에 금산관(錦山官)에 안치(安置)된 뒤 은혜를 입어 여러 차례 방면(放免)되었지만, 다만 노비(奴婢)와 전산(田産)이 적몰(籍沒)된 나머지 춥고 배고프며 괴로와서 살아갈 수 없으니, 원컨대 가엾게 살펴주소서."
하니, 호조(戶曹)에 명하여 밭을 주도록 하였다.

만, 백이숙제의 마음이 있으니 서산西山에 나를 장사지내 주시오"라고 유언을 남겼어. 그래서 후손들은 그의 유언을 따라서 귀양지였던 금산 적소에서 지금의 묘가 있는 경기도 양주楊州 서산 진관津寬 신혈리神穴里에 이장을 했어.

호 림 백이숙제는 누구예요? 그리고 서산에 묻어 달랬으면, 충청남도 서산에 묻어 달라는 뜻 아닌가요?

아 빠 화의군이 말한 서산은 충남 서산이 아니라, 백이숙제에 대한 고사에 나오는 서산이야. 백이伯夷와 숙제叔齊는 고대 중국의 '하은주夏殷周 시대'의 은殷나라(은殷나라는 상商나라와 같은 나라) 말기에 살았던 형제로, 끝까지 군주에 대한 충성을 지킨 의인으로 잘 알려진 인물이야. 백이와 숙제는 중국 서쪽 변방의 작은 제후국의 왕자였는데, 왕인 아버지가 죽자, 이 두 형제는 서로에게 왕자리를 양보하면서 끝까지 제후의 자리에 나서지 않으려고 했어.

엄 마 그러기가 쉽지 않았을텐데… 아무리 작은 제후국이라도 왕의 자리를 서로 양보하다니….

아 빠 그 당시 중국의 천자는 주지육림(술로 연못을 만들고 고기로 숲을 만들 정도의 호화롭고 사치스런 연회)으로 잘 알려진 은나라의 주왕이었는데, 폭군 중의 폭군이었어. 그래서 제후중의 한 사람인 무왕은 돌아가신 자신의 아버지 문왕의 뒤를 이어 서주西周의 왕위에 오르자마자, 군대를 모아 은나라 주왕에게 반역을 하려고 했어. 그리고 무왕의 부하였던 강태공은 무왕의 아버지였던 문왕 때부터 뜻을 같이하던 주변국의 제후들을 모아 함께 전쟁 준비를 시작했어.

아 름 혹시, 강태공이 낚시꾼의 대명사인 그 강태공인가요?

아 빠 그래 바로 그 강태공이야. 강태공은 자신을 알아주는 인물인 서주西

周의 문왕과 무왕을 만날 때까지 강가에서 구부러지지 않고 곧게 뻗은 낚싯바늘로 세월을 낚고 있었던 거야. 그래서 낚시꾼의 대명사가 되었지. 그런데 이때 백이와 숙제는 서주西周의 무왕을 찾아가서 다음과 같이 말했어. '아버님(문왕)이 돌아가신 후 아직 장사도 지내지 않았는데 전쟁을 할 수는 없다. 그것은 효孝가 아니기 때문이다. 또한, 주나라는 하나라의 신하 국가이다. 어찌 신하가 임금을 주살하려는 것을 인仁이라 할 수 있겠는가?'

호 림   너무 명분만 따지는 것 아닌가요?

아 빠   그 말을 들은 서주의 무왕은 크게 분노해서 백이와 숙제를 죽이려고 했지만, 강태공이 백이와 숙제는 의로운 사람들이라고 간언을 해서 간신히 죽음을 면했어. 이후 서주의 무왕은 은나라를 완전히 토벌하고 드디어 주周나라가 중국 중원의 주인이 되었어.

아 름   그럼, 백이와 숙제는 어떻게 되었나요?

백이와 숙제를 질책한 왕미자와 성상문

아 빠   백이와 숙제는 은나라가 망한 뒤에도 은나라에 대한 충성을 버릴 수가 없었어. 그래서 주나라에서 주는 녹봉을 받을 수 없다면서 수양산으로 들어가서 고사리를 캐어 먹었어. 이때 왕미자라는 사람이 수양산에 찾아와 백이와 숙제를 탓하면서, '그대들은 주나라의 녹을 받을 수 없다더니 주나라의 산에서 주나라의 고사리를 먹는 일은 어찌된 일인가' 하면서 질책하였어. 그 소리를 들은 두 사람은 고사리마저도 먹지 않았고, 마침내 굶어 죽게 되었어. 이후 백이숙제의 고사는 끝까지 두 임금을 섬기지 않고 충절을 지킨 의인들을 가리키는 대명사가 되었어.

엄 마 사육신의 한 사람인 성삼문의 시조 중에도 백이숙제에 관한 것이
있단다.

수양산 바라보며 이제(夷劑)를 한(恨)하노라 /

(수양산^{수양대군, 즉 세조를 의미}을 바라보며 백이숙제를 한탄하노라)

주려 죽을진들 채미(採薇)도 하는 것인가 /

(차라리 굶주려 죽을지언정 고사리를 뜯어 먹어서야 되겠는가?)

비록애 푸새엣 것인들 그 뉘 땅에 났는가 /

구름정원길과 마실길

(비록 산에 자라는 풀이라 하더라도 그것이 누구의 땅에서 났는가?)

아 름 성삼문도 백이숙제를 질책하던 왕미자와 같은 말을 했군요!

아 빠 백이숙제가 굶어 죽었던 수양산을 다른 말로 서산이라고도 했어. 그래서 화의군은 자신을 백이숙제의 고사를 빗대어 서산에 묻어달라고 한 거야.

진관사 쪽 북한산 전경

숙용심씨 묘표

묘표, 묘비, 묘갈의 차이점

→ 진관사 입구 숙용심씨 묘표 앞

숙용심씨 묘표

아 빠　이곳은 숙용심씨의 묘표가 있는 곳이야. 마치 작은 동산처럼 생겼는데 저 위에 묘표가 있어.

엄 마　숙용이라면 조선시대 후궁의 품계잖아요? 이곳에 후궁의 무덤이 있나요?

아 빠　무덤이 있으면 당연히 숙용심씨 묘라고 했겠지. 무덤은 없고 묘표만 있기 때문에 숙용심씨 묘표라고 부르는 거야.

아 름　아빠, 잠깐만요, 묘표라고 하셨나요? 묘비가 맞는 말 아닌가요?

아 빠　무덤가에 있는 표지물을 가리키는 말이 여러 개가 있는데, 예를 들면 묘표墓表, 묘비墓碑, 묘갈墓碣 이런 것들이야. 사실 그것들은 모두 비

뱀의 발　후궁의 품계(내명부)

내명부內命婦는 조선시대 궁중에 있는 왕비와 후궁, 그리고 이들을 모시는 궁녀를 통틀어 일컫는 말이다. 내명부의 상대개념으로 왕족과 관리의 아내를 일컫는 외명부外命婦가 있다. 왕비는 내명부의 수장이다. 임금의 딸인 공주와 옹주, 세자의 딸인 군주, 현주 등은 모두 외명부에 속한다. 이러한 내·외명부의 최고 권한은 왕비에게 있기 때문에 국왕도 내명부 일에는 간섭하지 않는 것이 관례였다. 내명부의 기능은 크게 내관內官과 궁관宮官으로 나누어지고, 품계에 따라 각기 고유한 직무가 부여되었다. 내관內官은 정1품에서 종4품까지의 왕의 후궁이다.

정1품 - 빈(嬪)
종1품 - 귀인(貴人)
정2품 - 소의(昭儀)
종2품 - 숙의(淑儀)
정3품 - 소용(昭容)
종3품 - 숙용(淑容)
정4품 - 소원(昭媛)
종4품 - 숙원(淑媛)

궁관宮官은 정5품 이하의 궁녀로서, 종4품 이상의 품계에는 오르지 못하였다. 이들이 올라갈 수 있는 최고품계는 정5품 상궁이었고, 이들은 일정한 직무와 품계를 가지고 국가로부터 녹을 받고 궁중의 살림살이를 도맡은 핵심 계층이다.

석을 가리키는 말인데 약간씩 차이가 있어. 제일 간단한 것이 묘표인데, 무덤 바로 앞에서 그 무덤의 주인공을 간단히 알려주는 거야. 보통 '누구누구지묘之墓' 이런 식으로 쓰지. 그에 비해서 묘비는 무덤의 입구나 무덤 옆에 세워서 무덤의 주인공에 대한 일생을 간단히 기록한 거야. 우리가 주로 신도비라고 부르는 것이 대표적이야. 그렇지만 일반 사람들은 굳이 구별하지 않고 섞어서 쓰고 있어.

아 름 그럼, 묘갈은 뭐죠?

아 빠 '묘갈'과 '묘비'는 모두 무덤에 세우는 비석을 가리키는 말인데, 처음 말이 만들어 질 때에는 구분되었지만 후대에 와서는 서로 통용되어 사용했어. 후한서라는 책에는 '네모진 것이 비, 둥근 것이 갈이다.'라고 쓰여 있고, 중국 당나라 때에는 관직이 4품 이상은 귀부이수龜趺螭首: 거북 등에 비신(碑身)을 얹고 용머리를 장식한 것인 비碑를 세울 수 있고, 5

뱀의 발 천안 봉선홍경사 갈기비 (天安 奉先弘慶寺 碣記碑)

종 목: 국보 제7호
명 칭: 천안 봉선홍경사 갈기비 (天安 奉先弘慶寺 碣記碑)
소 재 지: 충남 천안시 서북구 성환읍 대홍3길 77-48 (대홍리)

봉선홍경사는 고려 현종 12년(1021)에 창건된 절이다. 절 이름 앞의 '봉선(奉先)'은 불교의 교리를 전하고자 절을 짓기 시작한 고려 안종(安宗)이 그 완성을 보지 못하고 목숨을 다하자, 아들인 현종(顯宗)이 절을 완성한 후 아버지의 뜻을 받든다는 의미로 붙인 이름이다. 현재 절터에는 절의 창건에 관한 기록을 담은 비석만이 남아 있다. 갈비(碣碑)는 일반적인 석비보다 규모가 작은 것을 말하는데, 대개는 머릿돌이나 지붕돌을 따로 얹지 않고 비몸의 끝부분을 둥글게 처리하는 것이 보통이다. 하지만 이 비는 거북받침돌과 머릿돌을 모두 갖추고 있어 석비의 형식과 다르지 않다. 거북 모습의 받침돌은 양식상의 변화로 머리가 용의 머리로 바뀌었고, 물고기의 지느러미 같은 날개를 머리 양쪽에 새겨 생동감을 더하고 있다. 비몸돌 앞면 위쪽에는 '봉선홍경사갈기'라는 비의 제목이 가로로 새겨져 있다. 머릿돌에는 구름에 휩싸인 용이 새겨져 있다. 이 비는 비문의 내용으로 보아 절을 세운 지 5년이 지난 고려 현종 17년(1026)에 세운 것으로 알려져 있다. 비문은 '해동공자'로 불리던 고려시대 최고의 유학자 최충이 짓고, 백현례가 글씨를 썼다. (출처: 문화재청)

품 이하는 방부원수方趺圓首: 아래는 네모지고 위는 둥글게 한 것인 갈碣을 세우도록 규제하였다고 해. 하지만 후대로 가면서 이런 구분이 없어진 거야.

엄 마 천안에 있는 '봉선홍경사 비갈'은 묘갈인가요?

아 빠 비갈은 비碑와 갈碣을 아울러 이르는 말이야. 국보 제7호로 지정된 '봉선홍경사 비갈'의 정식 문화재 명칭은 '천안 봉선홍경사 갈기 비天安 奉先弘慶寺 碣記碑'야.

호 림 그럼 비석은 있는데, 정작 무덤은 없는 이유가 있나요?

숙용심씨의 묘표 머릿돌을 이수가 아닌 비수라고 하는 이유

아 빠 숙용심씨는 조선 제9대 임금인 성종과의 사이에서 이성군利城君과 영산군寧山君, 경순옹주慶順翁主와 숙혜옹주淑惠翁主를 낳은 후궁이야. 여

천안 봉선홍경사 갈기비

기서 바라다 보이는 진관사 쪽 길 건너편에 아들인 영산군 이전의 묘역이 있어. 여기서 직선으로 100m 정도 되려나? 정말 엎어지면 코 닿을 정도지. 숙용심씨 묘표는 처음부터 이곳에 있었던 것이 아니라 임진왜란 때 왜군들이 뺏어간 것을 2001년에 후손들이 국내로 반환해 온 거야. 하지만 숙용 심씨의 묘가 원래 어디에 있었는지를 아무도 알지를 못했어. 묘표가 없어지면서 묘의 위치가 잊혀진 거지.

아 름 그래서 아들의 묘에 가장 가까운 곳에 묘표를 세웠군요. 묘표의 중요성을 알겠어요.

호 림 와! 묘표가 유리상자 속에 들어가 있어요. 비석이 전각 속에 들어가 있는 것은 봤어도 이런 것은 처음 봐요.

엄 마 묘표를 보호하기 위해서 유리상자 속에 넣어둔 것 같은데, 답답한 전각을 씌우는 것 보다 훨씬 좋아 보여요.

아 빠 숙용심씨의 묘표에는 앞면에 '淑容沈氏之墓^{숙용심씨지묘}' 이렇게 단 6자만 기록되어 있기 때문에 묘표라고 해. 우리나라에서는 드물게 비수^{碑首}와 비신^{碑身}을 흰 대리석으로 만들었고,

유리상자 속에 들어 있는 숙용심씨 묘표

비대碑臺는 화강암으로 만들었어. 특히, 비머리인 비수에는 뿔이 있는 용을 구름무늬 속에 조각해 놓았는데, 재질이 대리석이어서 그런지 조각이 뚜렷하면서도 섬세하고, 비수의 뒷면과 좌우옆면은 모두 구름무늬를 새겨 넣었어.

숙용심씨 묘표, 뿔이 있는 용을 조각한 비수

아 름　비의 위쪽에 올라가는 부분을 이수라고 하지 않나요?

아 빠　비석의 머릿돌을 가리키는 이수螭首라는 단어는 교룡 이螭 자를 써서, 머릿돌에 교룡蛟龍을 새겼을 때 이수라고 해. 그런데 교룡은 뿔이 없는 용이야. 그리고 숙용심씨의 묘표에 새겨진 용은 확실히 뿔이 있는 용이지. 따라서 엄밀히 말하자면 이수라고 할 수가 없지. 그래서 비수碑首라는 표현을 쓴 거야. 자, 이제 길 건너편에 숙용심씨의 아들이 묻혀 있는 영산군 이전의 묘역으로 가 보자.

영산군 이전 묘역

 진관사 입구 영산군 이전 묘역 앞

영산군 이전의 묘역은
4대에 걸친 묘제의 변화상을 잘 보여주는 훌륭한 문화재이다

아 빠 이곳은 우리가 조금 전에 들렸던 숙용심씨 묘표의 주인공이 낳은
자손들의 묘역이야. 제일 위쪽이 숙용심씨와 성종 사이에서 태어난
영산군寧山君 이전李恮의 무덤이고, 그 아래쪽이 이전의 아들인 장흥
군長興君 이상李祥의 무덤이야. 또, 그 아래는 이전의 손자인 이경의李
鏡義의 무덤이고 가장 아래쪽에는 증손자인 이종李悰의 무덤이야. 이
묘역은 서울시 기념물 제26호로 지정되었는데, 16세기부터 17세
기까지 4대에 걸친 묘역으로 시간의 흐름에 따르는 묘제의 변화상
을 잘 보여주고 있기 때문이야. 제일 위쪽에 있는 영산군 이전의 무
덤부터 보면서 하나씩 내려오자.

호 림 아니, 이 무덤에는 비석이 왜 이리도 많아요? 무덤 한가운데에 있
는 비석 말고도 구석에 세 개가 더 있어요.

아 빠 우선 무덤의 정면에 있는 비석을 보면, 남편과 더불어 부인은 두 명
만 기록되어 있어. (忠僖公 寧山君 之墓 / 金陵郡夫人 靑松沈氏 祔 / 交城郡夫人 慶州鄭氏 之墓) 그런

데 '영산군 이전'은 부인이 모두 3명이었는데, 첫 번째 부인은 청송 심씨, 두 번째 부인은 경주정씨, 그리고 세 번째 부인은 황씨였어. 그렇지만 현재 무덤은 쌍분이고, 비문에는 첫 번째 부인과 두 번째 부인만 있고, 세 번째 부인은 없지? 세 번째 부인의 무덤은 우리가 영산군 묘역으로 들어올 때 입구 쪽에 따로 떨어져 있던 무덤이야.

엄 마 그런데 비문에 적힌 부인들의 이름 앞에 금릉군부인과 교성군부인 이란 말이 있어요. 그건 무슨 뜻이죠?

아 빠 공통적으로 들어간 군부인^{郡夫人}은 외명부의 품계를 뜻해.

엄 마 내가 알고 있는 외명부의 품계에는 군부인^{郡夫人}이라고는 들어보지 못했어요.

위부터 영산군 이전, 아들, 손자, 증손자까지 4대에 걸친 묘역

영신군 이장 쌍분묘

영신군 이전 묘역

조선시대 품계는 문신, 무신을 위한 품계뿐만 아니라 종친과 의빈을 위한 품계도 있었다

아 빠 아! 그건, 당신이 알고 있는 품계가 문신과 무신들의 품계이기 때문이야. 조선의 품계는 문신과 무신 이외에도 종친과 의빈이 따로 있었어. 종친은 왕의 친족이고, 의빈은 왕과 왕세자의 사위를 뜻해.

아 름 참, 복잡하군요.

아 빠 그래서 조선은 예법의 나라라고 하는 거야. 자, 여기에 종친의 품계표를 간단히 정리한 표가 있어. 이것을 보면 비석의 내용을 이해하는 것이 한결 쉬울 거야.

아 름 어라? 같은 품계인데, 대군의 처와 왕자군의 처가 호칭이 다르네요? 대군과 왕자군은 어떻게 다른가요?

아 빠 대군은 왕비에서 태어난 적자이고, 왕자군은 후궁에서 태어난 서자를 뜻하는 거야. 조선의 정치이념은 모든 우주 만물에 질서와 서열을 부여하는 성리학이라는 것이 품계에서도 확인이 되고 있어.

호 림 아빠, 그런데 같은 품계인데도 위아래가 나눠진 것은 왜 그렇죠?

아 빠 품계는 옛날 관리들에게 붙여줬던 관청에서의 계급이야. 그리고 조선의 품계는 1품부터 9품까지 있어. 그런데 글자를 자세히 봐. '품계品階'는 두 글자지? 즉, 품品도 있지만, 계階도 있다는 말이야. 조선시대에는 각 품品을 (정正, 종從) 두 개로 나누어서, 정1품에서 종9품까지 만들었어. 그리고 이게 끝이 아니야. 그중에서도 정1품부터 종6품까지의 각 품品(정正, 종從)은 각각(상上, 하下)의 2계階로 나누었어. 따라서 같은 종친계 정1품이라도 상계는 현록대부라고 부르고, 하계는 흥록대부라고 불러.

품 계	宗親(종친)	外命婦(외명부)	구 분
정1품	顯祿大夫(현록대부)	府夫人(대군의 처)	당상관
정1품	興祿大夫(흥록대부)	郡夫人(왕자군의 처)	당상관
종1품	昭德(宣德)大夫(소덕대부)	郡夫人(군부인)	당상관
종1품	嘉德大夫(가덕대부)	郡夫人(군부인)	당상관
정2품	崇憲大夫(숭헌대부)	縣夫人(현부인)	당상관
정2품	承憲大夫(승헌대부)	縣夫人(현부인)	당상관
종2품	中義大夫(중의대부)	縣夫人(현부인)	당상관
종2품	正義(昭義)大夫(정의대부)	縣夫人(현부인)	당상관
정3품	明善大夫(명선대부)	愼夫人(신부인)	당하관
정3품	彰善大夫(창선대부)	愼人(신인)	당하관
종3품	保信大夫(보신대부)	愼人(신인)	당하관
종3품	資信大夫(자신대부)	愼人(신인)	당하관
정4품	宣徽大夫(선휘대부)	惠人(혜인)	당하관
정4품	廣徽大夫(광휘대부)	惠人(혜인)	당하관
종4품	奉成大夫(봉성대부)	惠人(혜인)	당하관
종4품	光成大夫(광성대부)	惠人(혜인)	당하관
정5품	通直郎(통직랑)	溫人(온인)	당하관
정5품	秉直郎(병직랑)	溫人(온인)	당하관
종5품	謹節郎(근절랑)	溫人(온인)	당하관
종5품	愼節郎(신절랑)	溫人(온인)	당하관
정6품	執順郎(집순랑)	順人(순인)	당하관
정6품	從順郎(종순랑)	順人(순인)	당하관

아 름 그런데 정3품은 같은 품인데도 상계와 하계가 뭔가 뚜렷한 구분이 되는 것 같아요.

같은 정3품이라도 당상관과 당하관은 천지 차이다

아 빠 좋은 지적이야. 같은 종친계 정3품이라도 상계인 명선대부는 당상관堂上官이지만, 하계인 창선대부는 당하관堂下官이야. 조선시대 때 당상관과 당하관의 차이는 하늘과 땅만큼이나 큰 차이였어.

호 림 당상관이 뭐예요?

아 빠 당상관은 임금과 정치를 논하는 정당政堂에 올라갈 수 있는 고급관리들이야. 임금과 직접 얼굴을 맞대고서 정치를 논하는 관리들이지. 그런데 당하관은 원칙적으로 정당에 올라갈 수가 없는 계층이야. 그래서 같은 정3품이라도 정치적으로는 엄청난 차이가 있는 거야. 심지어 외명부의 글자도 2글자에서 3글자로 바뀌잖아? 그만큼 당상관은 조선시대 모든 관리들의 최대 목표였어.

엄 마 영산군의 부인들은 '왕자군의 부인'에 해당되었기 때문에 모두 군부인郡夫人이라는 외명부의 품계를 받았군요!

아 름 아빠, 세 명의 부인 중에서 한 분은 여기서 50m 정도 떨어진 곳에 따로 무덤이 있다고 하니 그 분을 제외하면 나머지 두 명의 부인중에서 누가 영산군과 함께 묻혔죠?

아 빠 그것은 묘비에 나와 있어. 청송심씨 밑에는 부祔라고

셋째 부인 황씨 묘

쓰여 있고, 경주정씨 밑에는 지묘^{之墓}라고 쓰여 있지? 부^祔는 함께 묻었다는 뜻이야. 지묘^{之墓}는 따로 묘를 썼다는 뜻이고. 따라서 첫 번째 부인이었던 청송심씨와 함께 묻혔고, 두 번째 부인은 그 옆에 묘를 따로 썼어. 여기서 내가 퀴즈를 내지. 두 개의 봉분 중에서 어느 쪽에 남편과 첫 번째 부인이 묻혀 있고, 어느 쪽에 두 번째 부인이 묻혀 있을까?

호 림 그걸 어떻게 알아요? 비석에 쓰여 있나요?

엄 마 비석에 쓰여 있지 않아도 알 수 있단다.

비석에 쓰여 있지 않아도 남편과 부인의 무덤을 구별할 수 있다

아 빠 옛날 조선시대에는 누구나 알고 있는 상식이 있었는데, 그것이 바로 음양이론이야. 살아있는 사람뿐만 아니라 죽은 사람에게도 음양이론은 적용이 돼. 다만 살아있는 사람과 죽은 사람에게 적용되는 음양은 정반대야.

아 름 삶과 죽음, 그 자체도 음양이군요!

아 빠 맞았어. 음양론은 해와 달의 움직임에서 시작하지만, 판단의 중심에는 항상 사람이 있어. 모든 사람은 북쪽을 등지고 남쪽을 바라보면서 살고 싶어 해. 그래서 집도 남향집을 선호하는 거야. 자, 너희들이 북쪽을 등지고 남쪽을 향해서 서 있다고 가정하자. 그럼 너희들의 왼쪽과 오른쪽은 어느 방향이지?

호 림 왼쪽은 동쪽, 오른쪽은 서쪽이에요.

아 빠 잘했다. 그럼 동쪽과 서쪽을 음양으로 나눈다면 어디가 음이고 어디가 양일까?

定城郡夫人慶州鄭氏之墓
金陵郡夫人青松沈氏祔
忠僖公寧山君之墓

영산군 이전 묘 비석

아 름 해가 뜨는 동쪽이 양이고, 해가 지는 서쪽이 음이에요.

아 빠 그래서 동쪽은 왼쪽이고 양의 성질을 갖고 있고, 서쪽은 오른쪽이고 음의 성질을 갖고 있다는 결론에 도달하는 거야. 음양은 서열상 양이 높고 음이 낮아. 그래서 좌의정이 우의정보다 서열이 높은 거야. 전통혼례에서도 신랑은 왼쪽, 그리고 신부는 오른쪽이 자기자리야. 두 손을 모으고 공손히 서 있을 때 남자는 왼손이 위쪽에 올라가고, 여자는 오른손이 위쪽으로 올라가는 것이 전통예법이야. 어때? 복잡한 것 같지만 모두 음양이라는 한 가지 원리만 알면 금방 이해가 되지?

호 림 그럼, 돌아가신 분도 남편은 동쪽에, 그리고 부인은 서쪽에 모시겠네요?

아 름 오빠! 살아있는 사람과 죽은 사람은 음양이 반대로 적용된다는 말 기억 안나?

아 빠 그렇지. 삶과 죽음의 세계는 음양이 바뀌게 돼. 그래서 남편은 서쪽에, 그리고 부인은 동쪽에 묻히는 거야. 서오릉의 홍릉은 영조 임금의 첫 번째 부인이었던 정성왕후의 능인데 오른쪽 자리를 비워두었어. 그 자리가 남편 자리라는 뜻이야. 그래서 서오릉의 홍릉을 오른쪽을 비워두었다는 뜻의 우허제 왕릉이라고 불러.

서오릉의 홍릉

호 림 그렇다면 나침반을 꺼내야겠다. 어느 쪽이 동쪽이고, 어느 쪽이 서쪽인지 알아야 하니깐!

문화재를 공부할 때는 절대향보다 상대향을 더 많이 접한다

아 빠 호림아, 방향에는 두 가지가 있는데 절대향과 상대향이 있어. 우선 절대향은 태양을 기준으로 하거나 나침반을 놓고 보는 방향이야. 동서남북이 절대로 바뀌지 않지. 하지만 상대향은 어떤 기준이 정해지면 그 기준에 따라서 나침반이 가리키는 방향과는 무관하게 동, 서, 남, 북 방향이 새롭게 설정이 되는 거야. 상대향의 가장 대표적인 예는 내가 궁궐답사 때 항상 이야기 하는 군주남면^{君主南面}이야. 군주, 즉 왕은 무조건 남쪽을 향해서 앉아야 한다는 원칙인데, 왕이 바라보는 쪽이 설사 절대향의 남쪽이 아니라도 무조건 그쪽을 남쪽으로 간주하는 거야.

호 림 그렇지만 여기는 왕의 무덤이 아니잖아요?

아 빠 군주남면 원칙은 왕에게만 적용되는 것은 아니야. 나라의 최고지위

뱀의 발 방향에는 절대향과 상대향이 있다.

절대향絶對向은 태양향이라고도 하는데, 말 그대로 태양이 뜨는 쪽이 동쪽, 지는 쪽이 서쪽이다. 한편, 상대향相對向은 지세, 시계視界, 실존성, 사회성을 지닌 것으로 쓰임에 따라 지세향, 시계향 등으로 불린다.

자동차 네비게이션도 절대향과 상대향을 사용한다. 즉, 절대향은 남쪽은 아래, 북쪽은 위로 고정된 지도위에 자동차가 회전 및 동서남북 방향으로 이동을 하는데 반하여, 상대향은 자동차는 붙박이로 고정이 되어 있고, 지도가 회전 및 이동을 한다.

이미 서양문화에 길들여져 있는 우리는 절대향에는 익숙해져 있는데, 상대향에는 익숙하지 않다. 우리를 포함한 전통적인 동양 문화권에서는 두 가지 방향이 모두 사용되기는 했지만, 실생활에서는 상대향이 더 중요한 자리를 차지하고 있었다. 상대향을 사용하는 대표적인 예를 들어보면, 제사를 지낼 때 병풍은 원래 북쪽에 치는 것이 맞다. 하지만, 집의 구조상 북쪽에 병풍을 치지 못할 경우에는, 병풍을 어디에다 치든 간에, 병풍이 있는 쪽을 북쪽으로 간주하는 것이다.

는 왕이지만, 집안의 최고지위는 그 집의 가장이고, 사찰의 최고지위는 부처에게 적용되는 거야. 따라서 무덤에서도 왼쪽 무덤은 동쪽, 오른쪽 무덤은 서쪽으로 간주하면 돼. 한 가지 조심해야 하는 것은 왼쪽 무덤이라고 하는 것이 우리가 기준이 되는 것이 아니라 돌아가신 분이 기준이 된다는 거야.

아 름 아, 그래서 비석도 서쪽의 봉분 앞에 세웠어요. 그리고 비석의 내용도 가장 서쪽에 남편이 있고, 첫 번째 부인이 가운데, 두 번째 부인이 동쪽에 있네요. 이제 이해가 되었어요.

호 림 그런데 비석의 맨 위에 네 글자가 있는데 무슨 글자예요?

엄 마 '성종왕자'라고 쓰여 있어. 영산군이 성종의 아들이기 때문에 그렇게 쓴 거란다.

호 림 그리고 오른편에 비석 세 개가 나란히 있어요. 저건 뭐죠?

비석 상부에 새겨진 성종왕자

아 빠   세 개의 비석 중에서 왼쪽의 검은 색 비석은 근래에 세웠던 비석이
야. 그리고 가운데 비석은 영산군의 본래 묘비이고, 오른쪽의 비석
은 영산군의 원래 묘표야.

묘 동쪽에 나란히 세워진 비석들

엄 마   여보, 그런데 세 개의 비석 중에서 왼쪽의 검은 색 비석의 내용이
좀 이상해요. 여기에는 내용이 첫 번째 부인인 청송심씨는 쏙 빠져
있고, 대신 두 번째 부인인 경주정씨만 쓰여 있는데 게다가 맨 아래
쪽에는 합사했다는 뜻의 부^祔가 쓰여 있어요. 무덤 앞에 있는 비석
내용과 달라요. 어찌 된 일이죠?

아 빠   무덤 앞에 세워진 비석의 뒷면을 보면 첫 번째 부인이었던 청송심
씨의 묘가 원래 진관사의 뒤편에 있었는데 도굴 등의 우려로 인해

1970년에 이곳으로 이장해 왔고, 그 때문에 묘비를 새로 건립했다고 되어 있어. 그래서 예전 비석에는 청송심씨가 없었던 거야.

아 름   아빠, 이 무덤의 앞쪽 좌우에 있는 문석인을 보니 이상한 것이 있어요. 오른쪽에 있는 문석인은 말짱한데 왼쪽에 있는 문석인은 돌에 큰 구멍이 세 개나 뚫려 있어요. 구멍이 왜 뚫려 있을까요?

아 빠   글쎄, 내가 자료를 찾아보니 6 · 25 전쟁을 겪으면서 생긴 것이라고 하는데 정확하진 않아. 그것보다 저 문석인의 복색을 잘 봐. 조선 왕릉에 세워져 있는 문석인의 경우 영조이전까지는 복두공복이라는 옷을 입고 있는데 비해서 영조 이후인 정조의 건릉과 정조가 세운 사도세자의 능인 융릉부터는 금관조복이라는 옷을 입고 있어. 그런데 이곳 영산군 묘역은 조선전기임에도 불구하고 금관조복을 입고 있는 특징이 있어.

세 개의 구멍이 난 서쪽 문석인

호 림   복두공복하고 금관조복은 어떻게 달라요? 그리고 조선에서도 신라처럼 금으로 된 관을 썼어요?

아 빠   금으로 된 관이 아니라, 금칠을 한 관이야. 우선 공복에 대해 알아보면 공복은 매일 아침 조례할 때나 공무에 참여할 때 등 평상시나

의 묘

화를 제대로 모르는 후손들의 잘못이지. 이 비석처럼 돌 색깔이 검은색인 비석은 오석烏石이라는 돌로 만드는데 주로 충남 보령의 남포지방의 특산품이야. 요즘이야 교통과 운송수단이 발달해서 이런 최고급 돌을 전국 어디서든 쓸 수 있지만, 옛날에는 꿈도 꾸지 못할 일이지. 그렇기 때문에 오석으로 만든 비석은 최근에 새로 만들어진 비석이라고 보면 돼. 자, 이제 또 아래쪽에 있는 영산군의 손자 '이경의'의 무덤으로 가 보자.

금관조복을 한 동쪽 문석인

가벼운 의례 때에 입는 옷이었어. 요즘으로 치자면 남자들이 평소
에 입는 비즈니스 정장과 같다고 볼 수 있어. 그런데 금관조복은 나
라의 큰 제사가 있거나, 새해, 동지, 조칙을 반포할 때 등, 큰 의례
때에 입는 관복이었어. 요즘으로 치자면 남자들이 결혼할 때 입는
예복과 같다고 할 수 있지.

아 름 그런데 돌로 만들어진 문석인의 옷차림에서 복두공복과 금관조복
을 쉽게 구분하는 방법이 있나요?

아 빠 옷보다는 머리에 쓴 관의 모양으로 쉽게 구별할 수 있어. 복두는
두 단으로 되어 있으면서 각이 지고 위가 평평한 관모야. 관의 표
면에는 전혀 무늬가 없어. 반면에 금관은 금색으로 빛이 나서 금관
이라고 불리게 된 것일 뿐이고 원래는 양관^{梁冠}이 정식명칭이야. 양
관은 검은 비단으로 만든 타원형 모자에 금속으로 테를 두른 형태
인데, 검은 비단 위에 세로로 그은 줄을 양^梁이라 했기 때문에 양관
이라 불렸어. 원래 양^梁은 줄의 숫자로 계급을 나타내는 것인데 중
국의 1품관이 7줄의 양관을 착용하였다면 우리는 5줄의 양관을 착
용하였어.

호 림 문석인의 관모가 두 단으로 각진 복두인지, 아니면 세로줄이 있는
양관인지만 확인하면 되는구나!

영산군의 아들 비석 내용 중 잘못된 부분 찾아내기

아 빠 자, 이제 아래쪽에 있는 영산군의 아들 '이상'의 무덤으로 가 보자.
영산군의 아들인 '이상'은 비문에서 보다시피 정의대부라는 품계를
받았어. 종친계 종2품의 하계에 해당하지. 그래서 부인은 외명부의

현부인 품계를 받은 거야.

正義大夫 長興君 李祥之墓 / 縣夫人 竹山安氏

祔右) 어때 품계표만 가지고
있으면 언제든 확인이 가
능하지?

아 름 이 분은 부인이 한 분 뿐이
었나 봐요. 그래서 그런지
비석도 두 봉분의 한가운데
서 있어요.

아 빠 그런 규칙도 있는 모양이
구나. 부인이 여러 명 있을
경우에는 남편의 봉분 앞
에 비석을 세우고, 부인이
단 한 명 뿐일 경우에는 남
녀 차별을 두지 않고… 그
런데 이 비석의 내용이 좀
잘못 된 것 같아. 죽산안씨
를 우측에 묻었다고 부우^祔
^右라고 썼는데, 부인은 부
좌^{祔左}라고 써야 해. 왜냐하면 무덤에서 방향의
을 기준으로 좌우가 결정되기 때문이야.

엄 마 한번 비석 내용을 잘못 썼다면 아래쪽에도 계
데… 그런데 이런 실수를 옛날 사람들이 했을

아 빠 아니, 우리 조상들은 이런 실수를 할 리가 없

손자 이강

영산군의 손자 비석 내용 중 잘못된 부분 찾아내기

엄 마 우리가 보기에 오른쪽 무덤의 크기가 작은 것으로 봐서는 분명 부인의 무덤일 텐데, 역시 이 비석에도 부우^{祔右}라고 잘못된 부분이 있네요. 돌아가신 분을 기준으로 하자면 부좌^{祔左}라고 써야 한다는 것을 한 눈에도 확실히 알겠어요. 어? 그런데, 여기 '이경의'의 비석에는 처음 보는 한자가 나와요.

손자 이경의 묘 비석

아 빠 어디 보자… '명선대부 덕원도정 이경의 지묘明善大夫 德源都正 李鏡義之墓, 신부인 곡산노씨 부우愼夫人 谷山盧氏祔右, 신부인 창원황씨 합폄愼夫人昌原黃氏 合窆!' 아하! 합폄이라는 글자를 처음 보는구나! 합폄의 폄은 하관할 폄窆자야. 쉽게 말해서 합장했다는 뜻이지. 명선대부는 종친계 정3품 상계에 해당하는 품계이고 도정都正은 종친부, 돈녕부에 속해서 종친과 외척에 관한 사무를 맡아보던 당상관 벼슬이야. 따라서 부인들의 외명부 벼슬은 신부인이 맞아. 자, 다음은 마지막으로 영산군의 증손자인 '이종'의 무덤으로 가 보자.

영산군의 증손자 비석 내용 중 잘못된 부분 찾아내기

엄 마 　어? 여기 '이종'의 비석도 좀 이상한 부분이 있어요! 내가 가지고 있는 품계표와 내용이 달라요!

아 빠 　'창선대부 강진부정 이종 지묘彰善大夫 康津副正 李琮之墓, 신부인 현풍곽씨 합폄愼夫人 玄風 郭氏 合窆?' 어라? 정말, 이상하네? 창선대부라고 하면 종친계 정3품 하계에 해당하고, '부정'이라는 벼슬도 도정 아래에 있는 당하관이 맞는데, 부인의 외명부 품계가 정3품 당상관 벼슬이지? 이건 아마도 부인의 외명부 벼슬을 잘못 써놓은 것으로 보여. 왜냐하면 정3품 당상관의 외명부는 신부인愼夫人이지만, 정3품 당하관의 벼슬은 신부인에서 부자를 뺀 신인愼人이거든. 위에 있는 영산군 아들, 손자의 비석에서도 계속 실수를 하더니, 결국 이곳 증손자의 비석에서는 더 큰 실수를 했군. 자, 이제 슬슬 진관사로 가 볼까?

증손자 이종 비석

호 림 　아빠, 진관사는 계곡이 좋으니 잠시 계곡물에 발 좀 담그고 가요.

엄 마 　지난번 우리가 소풍 왔을 때 발 담그던 바로 그곳에서 좀 쉬고 가자. 내가 싸온 맛있는 간식도 먹을 때가 되었어.

둘레길에서...
'한 편의 명언을 감상할 수 있는 시간'

▶ 알찬 삶

"As a well-spent day brings happy sleep,
so life well used brings happy death."

"알찬 하루를 보낸 후에는 행복하게 잘 수 있다.
마찬가지로 알찬 삶을 보내야 행복한 죽음을 맞이할 수 있다."

– 레오나르도 다 빈치 (Leonardo da vinci)

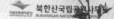

진관사의 일주문과 해탈문

➡ 진관사 입구

진관사는 조선시대 한양의 4대 사찰 중 하나였다

아 빠　이번에 우리가 들릴 곳
　　　은 진관사야. 진관사는
　　　조선시대 때 세조 임금
　　　이 왕실의 발전을 기원
　　　하기 위해서 한양의 동
　　　서남북에 사찰을 하나씩
　　　선정할 때 서쪽의 대표
　　　사찰로 뽑힌 절이야. 동

진관사 입구에 설치된 태극기 설명비

쪽에는 불암사, 남쪽에는 삼막사, 그리고 북쪽에는 승가사가 뽑혔어.

엄 마　왕실에서 선정한 사찰이었으면 국가적인 지원도 있었겠군요?

아 빠　당연히 있었지. 진관사에 대한 국가적인 지원은 조선시대뿐만 아니
　　　라 시대를 거슬러 올라가서 고려시대부터 있었어. 이 절이 생겨난
　　　동기는 고려 때의 진관대사 때문이야. 고려의 제8대 임금 현종은
　　　왕위에 오르는 과정이 순탄하지 못했어. 죽을 고비를 몇 번 넘겼는

데 그때 진관대사의 도움이 컸어. 그래서 나중에 왕위에 오른 현종은 그 은혜에 보답하고자 진관대사의 만년을 위해 크게 절을 세우고, 진관대사의 이름을 따서 진관사津寬寺라고 했고, 나중에는 마을 이름까지도 진관동이라 부르게 되었지.

아 름 조선시대에는 어떤 지원이 있었나요?

아 빠 조선이 건국되고 태조 이성계는 고려가 망하면서 억울하게 죽임을 당한 고려 왕족들, 그리고 전쟁으로 죽어간 수많은 넋을 달래기 위한 명분으로 나라가 지원하는 국행수륙재國行水陸齋를 이곳에서 열었어.

아 름 수륙재라고 하면 강변이나 해변에서 방생하는 불교의식 말인가요?

아 빠 수륙재水陸齋는 물과 육지에서 헤매는 외로운 영혼에게 공양供養을 드리는 종합불교의식이야. 따라서 수륙의 '수水'자만 해석해서 물고기나 자라 등을 살려주는 의식인 방생재放生齋와 혼동하는 경우가 많은데 그것은 잘못이야. 그리고 이 진관사는 비구니 스님들의 수행처이기도 해.

엄 마 수덕사처럼 말이죠?

아 빠 어? 당신도 그렇게 알고 있었어? 수덕사가 비구니 절이라는 것은 오해야. 아마도 '수덕사의 여승'이라는 대중가요 때문에 수덕사를 비구니 사찰로 알고 있는 사람이 많은데 수덕사는 조계종의 5대 총림(율원, 강원, 선원을 모두 갖춘 종합수도원) 중의 하나인 덕숭총림이 있는 곳인데 비구니 스

최근에 지어진 일주문

님들만 있을 리가 없지. 물론 그곳에 '수덕사 견성암'이라고 하는 비구니 스님들의 선원이 따로 있기는 해. 저기 일주문이 보인다.

호 림 저 일주문도 근래 만들어서 그런지, 크기만 크고 그다지 고풍스러운 느낌은 없네요. 일단 일주문은 그냥 통과하겠습니다.

 진관사 해탈문 앞 돌다리

진관사 '해탈문'은 '천왕문'으로 만들었다면 더 좋을 뻔 했다

아 름 저기 다리 건너편에는 해탈문도 있네요? 그런데 아빠, 이 진관사도 화계사처럼 일주문 다음에 있어야 할 천왕문이 안 보여요.

아 빠 아름이의 지적대로 '일주문, 천왕문, 해탈문'이 제대로 갖추어져야만 진정한 산사의 삼문이라고 할 수 있는데, 이런 불교 교리의 내용을 그대로 담아서 사찰을 만들려면 사찰의 규모가 꽤 커야 해. 내

해탈문

가 개인적으로 진관사의 가람배치에서 많이 아쉽다고 생각하는 부분이 바로 저 해탈문이야. 저 해탈문을 천왕문으로 꾸미고 차라리 대웅전 앞에 있는 누각인 홍제루의 아래쪽을 해탈문으로 만들었으면 참 좋았을 거라 생각해. 그러면 불교 교리와도 딱 떨어지는 가람배치가 되거든.

호 림 아빠, 어느 쪽 길로 갈까요? 해탈문을 통과하는 길도 있고, 계곡을 따라 올라가는 나무 데크 길도 있어요.

아 름 기왕이면 운치 있는 나무 데크 길로 가야지.

뱀의 발 천왕문

불교의 세계관에 의하면 인간세계에서 부처님이 계신 곳까지 가는 길에는 수직으로 층층이 쌓여있는 28개의 하늘나라를 거쳐야 한다. 그 28개의 하늘나라를 불교용어로 28천이라고 하고 층층이 쌓여 있는 28천 중에서 가장 아래쪽에 있는 하늘나라는 인간 입장에서 보면, 인간세상과 가장 가까운 하늘나라인데 네 명의 하늘나라 왕, 즉 사천왕四天王이 지키는 하늘나라라고 해서 '사왕천四王天' 또는 사천왕천이라고도 부른다. 따라서 천왕문은 첫 번째 하늘나라 사왕천을 시각적인 조형물로 형상화 한 것이다.

우리나라의 불교 조형물 중에서 4명의 사천왕은 소의경전에 따라서 손에 들고 있는 지물이 다양하게 변하기 때문에 단순하게 지물만으로 어느 방위를 지키는 사천왕인지를 판단할 수는 없다. 다만 대체로 지물이 일치하는 예외적인 사천왕이 있는데, 당(깃발)과 탑을 들고 있을 경우에는 북방 다문천왕일 가능성이 매우 높다고 볼 수 있다. 따라서 부도나 탑, 석등 등에서 탑을 들고 있는 사천왕이 있으면 그쪽이 절대방위든, 상대방위든 간에 대체로 북쪽일 가능성이 높다고 할 수 있다.

한편, 사천왕이 천왕문에 어떻게 배치되어 있느냐도 사찰에 따라서 매우 다양한 사례가 있기 때문에 하나의 정형화된 규칙을 말할 수는 없지만, 대체로 아래와 같은 두 가지의 유형을 따르는 경우가 많다.

사례 1)

출구		
서방 광목천		북방 다문천
남방 증장천		동방 지국천
입구		

사례 2)

출구		
서방 광목천		북방 다문천
남방 증장천		동방 지국천
입구		

진관사의 홍제루

 홍제루 앞

사찰의 누각은 원래 강당 기능을 하도록 만들어졌다

아 빠 여기가 홍제루야. 이 누각의 아래 쪽을 지나면 진관사의 중심 불전인 대웅전이 정면으로 보여.

엄 마 당신 말처럼 이 홍제루의 아래쪽 출입구에 해탈문이라는 현판을 걸 었으면 참 좋았을 것 같아요. 그렇 게 되면 문을 통과하는 것이 해탈 하는 순간을 상징적으로 나타내는 것이 되고, 정면에서 부처님을 바 로 볼 수 있는 멋진 광경이 그려질 것 같아요.

홍제루 앞

아 빠 이뿐만 아니라 홍제루의 바로 옆에 있는 동정각이라는 범종각에서 는 해탈문을 통과하는 순간을 경축하는 환희의 종소리가 울려 퍼지 겠지? 이런 가람배치가 되어야 종교적인 완성도가 높아진다는 것을 왜 사람들이 모르는지 참 답답해.

아 름 아빠, 대부분의 사찰에서 건물의 중심 불전 바로 앞에는 이런 식으로 누각이 서 있는데 그건 왜 그런가요?

아 빠 사찰의 전각 중에서 주불전인 금당金堂은 부처에게 예배를 드리는 공간이고, 강당은 불교도들을 대상으로 불경을 강의하거나 불교 의식을 진행하는 건물이야. 그리고 우리나라 초기불교의 가람배치법에서는 중심 불전인 금당의 뒤쪽에 강당이 있었어. 예를 들면 경주의 불국사나 황룡사가 그런 구조야.

엄 마 아, 기억나요. 불국사의 강당은 대웅전 뒤쪽에 있는 무설전이고, 황룡사의 강당도 앞쪽에 있는 금당보다 건물 규모가 훨씬 컸어요.

아 빠 강당이란 많은 대중을 상대로 법회를 여는 장소이기 때문에 금당에 비해서 규모가 클 수밖에 없어. 그런데 시간이 점점 흐르면서 금당 金堂의 뒤쪽에 있었던 강당의 기능을 금당 앞쪽에서 대신하는 건물이 생겨났는데 그것이 바로 이런 누각 형태의 건물이야.

호 림 하필이면 왜 누각 형태죠?

사찰의 누각은
누하진입 방식을 통해 종교적으로 극적인 효과를 거둘 수 있다

아 빠 우리나라의 사찰은 대부분 산속에 위치하고 있기 때문에 뒤쪽으로 갈수록 지표면이 높아지게 되어 있어. 그래서 중심 불전과 그 앞의 마당의 높이와 맞추려면 2층 누각으로 짓는 편이 훨씬 좋기 때문이지. 심지어 완주의 화암사는 2층의 누마루와 절 앞마당의 높이가 똑같아서 마치 절 앞마당이 훨씬 넓어진 느낌을 주기도 해. 게다가

불국사 입구　　　　　　　　　　　　청운교와 백운교

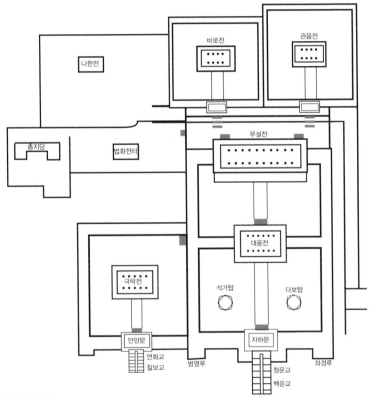

불국사 가람배치도

구름정원길과 마실길

국립경주박물관의 황룡사 복원 모형

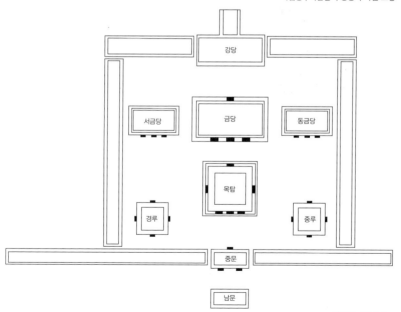

황룡사 가람배치도

앞쪽에 2층으로 된 누각이 있으면 누하진입樓下進入이라는 극적인 효과를 거둘 수 있거든.

아 름　'누하진입'이요?

엄 마　마치 터널을 빠져나올 때와 비슷한 효과란다.

홍제루로 누하진입하면 바로 대웅전이 보인다.

아 빠　누각의 아래쪽은 빛이 덜 들어오기 때문에 아무래도 어두울 수밖에 없어. 그런 누각의 아래쪽을 절의 주출입구로 만들면 누하진입 효과가 생기는 거야. 그런 효과를 극대화 한 절이 바로 영주 부석사야. 부석사에서는 범종각의 누 밑을 지나 안양루를 통과해 무량수전에 이르는 일련의 과정이 바로 누하진입 효과를 최대한 활용한 거야. 닫혀 있던 공간이 눈 앞에서 갑자기 활짝 펼쳐지는 효과는 정말 극적이라는 표현을 쓸 수밖에 없어.

아 름　아, 그래서 아빠가 이 누각의 출입문에 '해탈문'을 만들었어야 한다고 말씀하신 거군요!

아 빠 바로 그거야! 아무튼, 사찰의 중심 불전 앞에 있는 이런 누각을 보
통 보제루普濟樓, 만세루萬歲樓, 구광루九光樓라고 불러. 뜻은 두루두루
널리 모든 중생을 제도한다는 뜻이야. 여기 진관사의 홍제루弘濟樓 역

홍제루 전경

시 넓을 홍, 구제할 제자를 써서, 보제루와 같은 뜻을 나타내고 있
어. 이런 식의 누각이 있는 절은 대부분 해탈문이나 불이문不二門을
따로 만들지 않고, 누각 자체가 해탈문 또는 불이문의 기능을 함께
하고 있어. 그리고 누각 옆에는 법회 등을 알리는 의식 용구를 보관
하는 종각鐘閣이 있는 것이 일반적이야. 영주 부석사는 이런 일련의
효과를 교과서처럼 보여주고 있어.

호 림 그럼 큰 법회는 이 누각에서 하나요?

아 빠 처음에는 누각을 그런 용도로 만들었지만, 시간이 흐르면서 중심

불전과 그 앞마당에서 법회를 하게 되었어. 야단법석野壇法席이라고 들어봤지? 야단野壇이란 '야외에 세운 단'이란 뜻이고, '법석法席'은 '불법을 펴는 자리'라는 뜻의 불교용어야. 밖에서 대형법회를 여니 당연히 시끄러울 수밖에 없겠지? 그래서 떠들썩하고 시끄러운 모습을 야단법석이라고 하는 거야.

아 름   야외에서 어떻게 법회를 열어요? 부처님은 전각 속에 계시는데, 부처님을 밖으로 모셔 나오나요?

아 빠   아니, 괘불이라고 해서 두루마리 형태로 되어 있는 대형 부처님 그림을 밖에 걸어두고 법회를 열어. 그래서 중심 불전 앞에는 괘불을 거는 괘불걸이가 양쪽에 설치되어 있어. 하지만 아직도 이 홍제루의 용도에는 불자들이 참배하고 집회를 할 수 있는 기능은 있어.

뱀의 발   괘불(掛佛)

특별한 법회나 의식을 할 때 괘도처럼 만들어 걸어두는 대형 불화를 괘불(掛佛)이라 한다. 괘불이란 말 속에는 '걸개를 마련하여 매단 부처'라는 뜻이 있으므로 고유어라기보다는 일반어이다. 괘불은 대체로 불보살만을 그려 넣는 경우가 많으나, 본래는 법회의 성격에 맞는 그림을 그려 넣는 것이 원칙이다. 영산재에는 영축산에서 설법하는 석가모니불을 그린 영산회상도를 모시며, 예수재나 수륙재에는 지장회상도나 명부시왕도, 관음재에는 관음보살도, 용왕재에는 용왕대신도, 산신재에는 산왕대신도를 괘불로 모시는 것이 원칙이나 실제로는 사찰마다 모든 종류의 괘불을 갖추고 있는 것은 아니다.

괘불은 자수를 놓은 것도 있지만 대개는 천에 불상을 그리고 이것을 베에 배접한다. 다른 불화와 달리 크기가 매우 큰데, 큰 것은 높이 15m, 너비 10m에 이른다. 아래에는 원형 축을 달고, 위에는 삼각형이나 반원형 축을 달아 두루마리로 감을 때 부피를 줄이고 사용하기 편하게 한다.

괘불을 내걸기 위해 법당 앞에 세운 돌기둥을 괘불석주라 하고, 괘불을 높이 걸 수 있도록 나무로 만든 대를 괘불대라 한다. 보관할 때는 괘불함에 넣어 법당 안에 두고, 내다 걸 때는 법당 옆의 괘불문을 통해 나가는데, 이때 괘불이운(掛佛移運)이라는 의식을 치른다.

부석사 안양루에서 본 무량수전

진관사의 대웅전

 대웅전 앞

대웅전 처마의 용머리 조각은 반야용선을 의미한다

대웅전

아 빠 이 전각이 진관사의 중심 불전인 대
웅전이야. 건물은 1960년대에 만들
어졌기 때문에 문화재적인 가치는
없지만, 건물의 외벽에는 우리가 화
계사에서 보았던 심우도와 비천상이
그려져 있어.

아 름 아빠, 대웅전 가운데 칸의 기둥 위쪽
에 용머리가 조각되어 있는데 보기
좋으라고 해 놓은 건가요?

아 빠 물론 장식적인 면도 있지만, 불교 교
리 중에서 반야용선般若龍船의 의미도

대웅전 정면에 조각된 용머리

담고 있어. 반야라는 말은 불교의 근본교리 중의 하나인데 깨달음
으로 가는 지혜를 뜻해. 용선은 말 그대로 용의 배라는 뜻이야. 따
라서 반야용선은 사바세계에서 깨달음의 세계인 극락정토로 중생
들을 건네주는 용의 배를 뜻하는 거야.

호 림 뭐가 배라는 거죠?

아 빠 대웅전 건물 자체를 배라고 생각하면 돼. 배의 선장은 당연히 그 안
에 계시는 부처님이지. 불교 교리에서는 참된 지혜와 깨달음을 얻
은 중생이 극락정토로 가기 위해서는 반야용선을 타고 건너가야 한
다고 가르치고 있고, 벽화와 같은 불교 회화에서는 반야용선을 타
고 열반의 세계로 향하는 모습이 좋은 소재가 되기도 해. 그런데
반야용선의 모양은 일정하지 않아서 때로는 쪽배의 형태로 묘사되
기도 하고, 어떤 경우에는 용을 형상화한 선박으로 표현되기도 해.

엄 마 반야용선을 표현한 실제 사례가 있나요?

경남 창녕에 있는 관룡사 용선대

아 빠　바로 옆에 있는 명부전의 벽에
　　　도 반야용선이 그려져 있고, 가
　　　까운 경기도 파주 광탄의 보광
　　　사 벽화에도 있어. 그림뿐만 아
　　　니라 경남 창녕에 있는 관룡사
　　　의 용선대는 이름에서도 알 수
　　　있듯이 관룡산의 커다란 바윗
　　　덩어리인 용선대가 반야용선을
　　　상징하고 있고, 그 위에는 보물
　　　제295호로 지정된 석가여래좌
　　　상이 모셔져 있는데 마치 용선
　　　을 몰고 가는 선장님처럼 보여.

용선대 위의 석가여래좌상

그리고 전남 여수 흥국사의 대웅전 계단 소맷돌에 조각된 용도 결
국은 대웅전을 반야용선으로 설정하고 배를 끌고 가는 것을 형상화
시킨 거야. 자, 이제는 대웅전 내부를 살펴볼까?

아 름　먼저 부처님께 인사를 드려야죠. 엄마 같이 절해요.

대웅전의 삼존불은 삼세불 구성이다

아 빠　대웅전에 모셔진 부처님은 석가모니불이고 좌우로 미륵보살과 제
　　　화갈라보살이 협시하고 있어. 저런 형태의 구성을 수기삼존불授記三
　　　尊佛 또는 삼세불이라고 해.

아 름　화계사에서 삼신불 설명은 하셨는데, 삼세불은 또 뭐예요?

아 빠　삼신불의 개념은 부처는 수없이 많다고 하는 대승불교의 다불多佛

사상에서 나온 것이라고 했지? 즉 삼신불은 공간적인 개념이야. 이
세상의 어떤 곳이라도 부처님은 계신다는 뜻이야. 삼신불이니 천불
이니 삼천불이니 하는 것은 결국은 같은 뜻을 나타내고 있는 거야.
하지만 삼세불은 공간적인 개념이 아니라 시간적인 개념이야. 과거
에도 부처님이 계셨고, 현세에도 있고, 또한 미래에도 부처님은 항
상 계실 것이라는 뜻이지. 과거, 현세, 미래 이것을 한꺼번에 표현
하였기 때문에 삼세불이라고 불러.

호 림 그럼 수기삼존불은 뭐죠?

아 빠 우선 수기授記는 부처가 수행자에게 미래의 깨달음에 대하여 미리
지시하는 예언과 약속을 뜻해. 제화갈라보살은 석가모니가 아직 보
살시절이었을 때, '미래에 반드시 성불하리라'는 수기를 준 연등불
의 보살시절 이름이야. 당연히 제화갈라보살이 석가모니에게 수기

대웅전 삼존불과 후불탱화

를 줄 때는 보살이 아니라 연등불이라는 부처님이었지. 그리고 석가모니 부처 역시, 미륵보살에게 '미래에 반드시 성불하리라'는 수기를 주었어.

엄 마 삼세불을 시간 순서대로 정리하자면, '과거불'인 연등불이 석가보살에게 '미래에 반드시 성불하리라'는 수기를 줘서 석가보살이 '현세불'인 석가모니 부처가 되었고, 그 다음에는 석가모니 부처가 '미래불'인 미륵보살에게 '미래에 반드시 성불하리라'는 수기를 주었네요.

아 름 다시 한 번 정리해보면, 과거 연등불 – 현세 석가불 – 미래 미륵보살 이런 순서네요?

아 빠 그런 삼세불 사상에는 중생과 세상을 경계하자는 뜻이 담겨 있어. 즉, 현재 세상에서 받고 있는 고통과 즐거움은 과거의 업보에 대한 결과이고, 현재에 쌓은 업보는 다시 미래에 이어진다는 거야.

아 름 그렇지만 석가모니보다 시기적으로 먼저 부처가 된 연등불을 제화갈라보살로 표현하는 것은 분명히 잘못된 것 같아요!

아 빠 시간 순서대로 합리적으로 따져 본다면 아름이의 지적이 100% 옳아. 따라서 삼세불을 모두 부처의 모습으로 모두 한자리에 모신다면 현세불인 석가모니불이 가운데 위치하고, 그 왼쪽에는 미륵불, 오른쪽에는 연등불이 위치해. 하지만 삼세불 중에서 미륵은 아직 부처가 아닌 보살신분 이잖아? 그래서 삼세불을 조성할 때 미륵을 굳이 미륵보살로 표현하면, 좌우 협시불의 균형이 맞지 않는 단점이 생기는 거야. 그렇기 때문에 연등불도 과거 보살시절의 제화갈라보살로 만들어서 좌우 균형을 맞추는 거야. 가장 유명한 삼세불 구성은 백제의 미소로도 유명한 국보 제84호 서산 마애삼존불이지.

구름정원길과 마실길

서산 마애삼존불

대웅전의 후불탱화는 삼신불 구성이다

엄 마 여보, 그런데 삼존불의 후불탱화는 좀 색다르네요? 앞쪽에 모셔진
불상은 삼세불 구성인데, 뒤쪽의 탱화는 삼신불 구성이에요.

아 빠 맞았어. 탱화의 가운데 부처님은 지권인을 하고 계시니 법신불인
비로자나 부처님이고, 우협시 부처님은 항마촉지인을 하고 계시니
응신불인 석가모니 부처님이고, 좌협시 부처님은 양손을 위로 올려
설법하는 형태를 취하시고 있는데 전형적인 보신불 노사나 부처님
이야. 따라서 이 대웅전은 삼신불과 삼세불을 모두 모셨기 때문에
모든 시공간을 초월해서 부처님이 존재한다는 것을 표현하고 있어.

아 름 그런데 아빠, 대웅전 앞마당이 왠지 허전한 것 같아요.

아 빠 그건 탑이 없어서 일거야. 진관사의 절 마당인 중정^{中庭}에는 탑이 없

텅 빈 대웅전 앞마당과 나가원

나가원

는 것이 특색이라면 특색이야. 대신 석등이 2개가 있어. 그리고 대
웅전의 오른쪽에 있는 정면 7칸, 측면 3칸의 팔작지붕 건물은 스
님들의 일상생활 공간인 요사채와 종무소, 그리고 대중방으로 구
성된 나가원那迦院이라는 건물이야. 정면의 3칸짜리 대중방에는 석
조관음보살좌상과 아미타후불탱화가 모셔져 있어. 그런데 나가원那
迦院이라는 저 현판 글씨 참 대단하지? 유명한 탄허 스님의 글씨야.
탄허 스님의 글씨는 홍제루 옆에 있는 범종각인 동정각動靜閣 현판에
도 있고, 이 절 곳곳에 있기 때문에 진관사는 글씨 감상하기도 안
성맞춤인 것 같아.

엄 마   나가원은 어찌 나, 부처이름 가, 집 원자를 쓰고 있으니깐 '어떤 부
처님의 집'이란 뜻인 것 같고, 동정각은 움직일 동, 고요할 정, 집 각
자를 쓰고 있으니, 종각의 특징을 참 멋있게 잘 표현한 것 같아요.

神通院

考靜閣

탄허스님이 쓰신 나가원 현판

탄허스님이 쓰신 동정각 현판

탄허는 어려서 사서삼경과 노장사상을 두루 섭렵한 후 1934년 오대산 상원사에서 한암 스님을 은사로 출가하여 일찌감치 학승으로 명성을 떨쳤는데, 불경 번역사에 커다란 발자취를 남겼고 힘찬 필력의 붓글씨와 비명, 계를 주고 법명을 지어주면서 뜻을 풀어쓴 글(일명 계첩) 등으로도 세인들의 화제가 되었다.

해방후 함석헌과 양주동은 탄허 스님으로부터 장자 강의를 들었다고 전하는데, 양주동은 1주일간 장자 강의를 듣고 탄허에게 오체투지로 절까지 했다는 것으로 유명하다. 이후 양주동은 탄허를 가리켜 "장자가 다시 돌아와 제 책을 설해도 오대산 탄허를 당하지 못할 것"이라고 그 학문적 깊이에 탄복했다고 전해진다.

탄허 김금택은 22살, 1934년부터 새벽 2시가 되면 어김없이 일어나 반드시 참선을 하고 경전을 읽었다고 한다. 이를 입적하기 전까지 49년간 한 결 같이 했는데 한암선사에게 정식으로 승려가 되겠다고 삭발을 하면서 한암선사는 제자에게 '삼킬 탄(呑)', '빌 허(虛)'라는 법명을 하사했다.

진관사의 명부전

 명부전 앞

지장보살은 가끔
대세지보살을 대신해서 아미타 부처의 협시보살이 되기도 한다

아 빠　여기는 현판에서도 알 수 있듯이 명부전이야. 이 현판도 탄허 스님
　　　의 글씨야.

아 름　화계사에서도 대웅전 바로 옆에 명부전이 있었는데, 이곳 진관사
　　　도 같은 배치군요!

아 빠　명부전의 내부 구성도 화계사와 거의 비슷해. 정면 중앙에 지장보
　　　살과 도명존자 그리고 무독귀왕으로 지장삼존상을 구성하고, 양 옆
　　　쪽으로는 저승세계의 심판관인 시왕十王과 시중드는 동자童子, 죽은
　　　이를 심판하는 판관과 기록을 담당하는 녹사錄事 그리고 문 입구를
　　　지키는 장군상 1쌍이 있어.

엄 마　여보, 지장보살이 명부세계에서 죽은 중생들을 교화시키고 모든 중
　　　생을 지옥의 고통으로부터 구제하여 극락으로 인도하기 위해 노력
　　　을 하신다면, 서방극락정토의 부처인 아미타 부처와 한 팀이 되어
　　　도 전혀 이상할 것이 없겠네요?

탄허스님이 쓰신 현판 글씨와 명부전(위), 명부전 지장삼존상(아래)

지장삼존상 양 옆의 시왕들

아 빠   당연히 그런 생각이 들 수도 있겠지. 그 래서 아미타 부처의 우협시보살인 대세 지보살을 대신해서 관세음보살과 지장 보살이 아미타 부처

명부전 외부벽화 반야용선

의 협시보살로 등장하는 경우도 있는데, 충남 서산의 개심사에서 그런 삼존불 구성을 확인할 수 있지. 그리고 이 명부전의 바깥쪽 벽에 그린 그림 중에는 내가 조금 전에 설명해줬던 그림이 하나 있 을 거야. 한번 확인해 봐.

호 림   아, 찾았다! 바로 반야용선이에요!

뱀의 발 중국에서는 지장보살을 '신라의 왕자'로 알고 있다?

중국에서 4대 불교성지를 꼽으라면 보현보살의 상주처常住處인 아미산, 문수보살의 상주처인 오대산, 관음보살의 상주처인 보타산, 그리고 지장보살의 상주처인 구화산을 지칭한다. 그런데 중국 불교계에서는 신라의 왕족출신인 김교각 스님을 구화산에 모신 지장보살의 현신現身으로 공인하고 있다고 한다.

김교각(金喬覺, 697~794년)은 신라의 승려인데, 신라 성덕왕의 첫째 아들로 속명은 중경重慶이다. 24세에 당나라에서 출가하여 교각喬覺이라는 법명을 받았다. 구화산에서 구도생활을 하고 화엄경을 설파했는데, 명성이 높아져 중국 각지는 물론 신라에서까지 불법을 들으러 옴으로써 구화산은 중국불교의 성지가 되었고, 중생을 구제하는 지장보살의 화신으로 평가받았다.

794년 99세의 나이로 제자들을 모아놓고 작별인사를 한 뒤 참선 중에 입적하였다. 그 뒤 3년이 지나도록 시신이 썩지 않아 등신불이 되었는데, 아직도 구화산 지장보전地藏寶殿에 그의 등신불이 봉안되어 있다고 한다.

진관사의 독성전

 독성전 앞

독성전의 건물이 명부전 보다 격이 떨어지는 부분 찾기

엄 마 어? 이 전각의 이름은 독성전이네요? 독성각은 많이 들어봤어도
독성전은 처음이에요.

아 빠 전국에서 독성각을 독성전으로 부르는 곳은 손에 꼽을 정도인데 부
산 범어사와 수락산 흥국사 정도야. 독성각을 독성전으로 높여 부
르는 것은 그만큼 독성전에 모신 나반존자를 격상해서 모신다는 뜻
이야. 그럼에도 불구하고 옆의 명부전과 비교하면 상대적으로 건물
의 격이 떨어지는 것을 알 수 있는데, 너희가 한번 찾아봐.

호 림 일단 건물의 규모가 매우 작아요. 정면도 1칸이고, 측면도 1칸이
에요.

아 름 건물 지붕이 명부전은 팔작지붕인데, 독성전은 맞배지붕이에요. 게
다가 명부전은 둥근기둥을 썼는데, 독성전은 네모기둥을 썼어요.

엄 마 건축적으로 명부전은 공포를 사용했지만, 독성전은 공포 없이 창방
위에 바로 서까래를 올린 민도리집이에요.

아 름 민도리집이 뭐예요?

독성전(서울시 문화재자료 제 34호)

아 빠 민도리집은 목조건물을 지을 때, 지붕 밑에 들어가는 건축부재를 가지고 건물을 분류하는 방식에서 가장 간단한 구조를 가진 건물을 가리키는 말이야. 가장 화려하면서도 복잡한 방식이 대웅전이나 명부전처럼 공포를 많이 사용하는 '다포집'이고, 그 다음이 기둥 위에만 공포가 올라가는 '주심포집', 그 다음은 간단한 날개모양의 공포인 '익공집'이야. 여기까지가 공포를 사용하는 건물이고 공포를 사용하지 않는 간단한 집에는 '소로수장집', '장여도리집', '민도리집' 순이야. 따라서 민도리집이 가장 간단한 구조의 집이고, 민가의 집은 거의 모두가 민도리집이라고 보면 돼.

엄 마 민도리집에서 민은 '없다'라는 뜻이란다. 민소매가 소매가 없다는 뜻이고, 민둥산이 나무가 없는 산이라는 뜻인 것처럼, 민도리집은 도리를 사용하지 않고 기둥과 기둥을 연결하는 창방위에 바로 서까래를 올린 집이라는 뜻이란다.

명부전 측면

서울시 문화재가 4개씩이나 지정된 독성전

독성전과 칠성각

아 빠 이 건물은 의외로 오래된 건물이야. 이 건물의 건축 관련 기록을 적어놓은 작은 목조 현판의 기록에 따르면 독성전은 1907년 3월에 지어졌고, 공사 참여자 명단도 덧붙여 있는데 모두 승려장인들이었어. 바로 옆의 칠성각과 더불어 독성전은 신중단神衆壇에 속하는 건축물로서는 서울 시내에 현존하는 건물 중 현재까지 알려진 것으로는 건립연대가 가장 오래되었고, 창건될 당시의 시대적, 지역적 특성을 잘 보여주고 있기 때문에 서울시 문화재자료 제34호로 지정되었어. 자, 이제 내부를 들여다볼까?

아 름 조각상 하나에 벽에 걸린 그림이 두 개예요. 그런데 산신그림도 있네요?

아 빠 독성각, 산신각, 칠성각을 합쳐서 삼성각이라고 한다고 했지? 그런데 옆에 칠성각은 있는데 산신각은 없어. 그 이유는 이 독성전이 산신각의 기능까지도 포함하고 있기 때문이야. 그래서 독성각을 독성전으로 한 단계 더 격상을 시켜준 것 같기도 해. 그리고 보통 독성각은 나반존자의 탱화만이 걸리는 것이 보통인데, 이곳에는 특이하게도 나반존자의 소조상까지 있어. 서울, 경기 지방에서는 거의 찾아볼 수 없는 독성조각상이라는 점에서 중요한 의의가 있고, 또한 당시

독성전 나반존자의 소조상
(서울시 문화재자료 제 11호)

독성상의 특징과 조각 양식을 알 수 있는 자료로 평가되기 때문에 서울시 문화재자료 제11호로 지정되었어.

호 림   대웅전과 명부전과 같은 큰 건물에도 없던 문화재가 이 조그만 전

각에 두 개나 지정되어 있어요?

아 빠 두 개가 아니라 네 개야. 나반존자 소조
상 뒤에 걸린 민화풍의 나반존자 탱화
역시 크기가 크면서도 1907년에 제작
된 작품연대가 분명하고, 전체적으로 작
품성도 있으면서 보존상태도 양호해서
서울시 문화재자료 제12호로 지정되었
어. 또 그 옆에 걸린 산신탱화 역시 정확
한 제작연대와 화가 등을 알 수는 없지

독성전 산신탱화
(서울시 문화재자료 제 149호)

만 제작수법으로 미루어 봐서 19세기 말에서 20세기 초에 제작된
것으로 추정되고 작품성도 인정받아, 현재 서울시 유형문화재 제
149호로 지정되어 있어.

독성전 나반존자의 탱화(서울시 문화재자료 제 12호)

독성수(獨聖修) 독성존자(獨聖尊者)로도 불리며, 우리나라 불교에서만 숭상하는 신앙의 대상 중 하나인 성자이다.

독성은 홀로 인연의 이치를 깨달아서 도를 이룬 소승불교의 성자들에 대한 통칭으로 사용되었으나, 나반존자가 '홀로 깨친 이'라는 뜻에서 독성 또는 독성님이라고 부르고 있다.

나반존자라는 명칭은 석가모니의 10대 제자나 5백 나한의 이름 속에 보이지 않고, 불경 속에서도 그 명칭이나 독성이 나반존자라는 기록을 찾아볼 수 없으며, 중국의 불교에서도 나반존자에 대한 신앙은 생겨나지 않았다. 나반존자에 대한 신앙은 오직 우리나라에서만 찾아볼 수 있는 신앙형태이다.

우리나라 사찰에 모셔지는 나반존자의 모습은 하얀 머리카락을 드리우고 있으며, 눈썹은 매우 길게 묘사되어 있고 미소를 띤 경우가 많다. 이에 대해서 최남선(崔南善)은 "절의 삼성각(三聖閣)이나 독성각(獨聖閣)에 모신 나반존자는 불교의 것이 아니라 민족 고유 신앙의 것이다. 옛적에 단군을 국조로 모셨으며, 단군이 뒤에 산으로 들어가서 산신이 되었다고도 하고 신선이 되었다고도 하여 단군을 산신으로 모시거나 선황(仙皇)으로 받들었다. 그래서 명산에 신당을 세우고 산신 또는 선황을 신봉하여왔는데, 불교가 들어오면서 그 절의 불전 위 조용한 곳에 전각을 세우고 산신과 선황을 같이 모셨으며, 또 중국에서 들어온 칠성도 함께 모셨다."라고 하였다. 이는 나반존자상을 단군의 상으로 파악한 것이다.

그러나 불교계 일부에서는 나반존자를 모신 독성각 건립에 대한 기록이 조선 후기에만 나타나고 있기 때문에 불교의 전래시기에 이를 포섭하여 모신 것으로는 보지 않고 있다. 그리고 나반존자를 말세의 복밭으로 보고, 복을 줄 수 있는 아라한의 한 사람으로 신앙하고 있으므로, 18나한의 하나인 빈두로존자(賓頭盧尊者)로도 보고 있다. 특히, 사찰에서는 독성기도(獨聖祈禱)를 많이 올리고 있는데, 이는 나반존자의 영험이 매우 커서 공양을 올리고 기도하면 속히 영험을 얻게 된다는 데 기인한다. 이는 독성기도를 올릴 때 외우는 찬송 가운데 "나반존자의 신통이 세상에 희유하여 행하고 감추고 변하기를 마음대로 한다."고 한 구절 속에서도 쉽게 파악할 수 있다. (출처: 위키백과)

진관사의 칠성각

 칠성각 앞

칠성각에도 문화재가 5개나 지정되었다

아 빠   독성전의 바로 옆에 있는 이 건물은 칠성각이야. 한 눈에도 독성전
과 거의 비슷한 구조의 건물임을 알 수 있는데, 다만 정면의 칸수가

칠성각(서울시 문화재자료 제33호)

3칸으로 독성전보다 조금 더 큰 것뿐이야. 그래서 이 칠성각은 바로 옆의 독성전과 함께 1907년에 지어진 것으로 추정되고, 전서체로 쓴 현판도 건립 당시의 것으로 추정되기 때문에 서울시 문화재자료 제33호로 지정되었어. 자, 이제 내부를 들여다볼까?

아 름 여기도 독성전과 마찬가지로 조각상 하나에 벽에 걸린 그림이 두 개예요.

엄 마 여보, 칠성각에 웬 불상인가요? 보통은 탱화만 걸려있는데….

아 빠 글쎄 말이야. 아무튼, 이 칠성각에 모셔진 저 불상은 옥석으로 만들어진 석조여래좌상인데, 신체에 비해서 머리가 너무 커서 처음부터 단독으로 만들어진 것 같지는 않아.

엄 마 보통 천불전에 가보면 저렇게 생긴 불상들이 많아요.

아 빠 다른 사람들도 그렇게 생각하나 봐. 아무튼, 이와 같은 형식의 불상은 서울, 경기, 강원 지역에서 많이 볼 수 있다고 하는데 전체적으로 신체에 비해 얼굴이 큰 편이지만 안정감 있는 자세와 조형성에서 조선후기 불상의 특징을 보여주기 때문에 서울시 문화재자료 제10호로 지정되었어.

호 림 혹시, 저 뒤에 걸린 부처님 그림도 문화재로 지정되었나요?

아 빠 응, 저 탱화는 칠성도라고 해서 가운데 치성광여래를 중심으로 칠성여래가 그려져 있어. 칠성여래를 구분하는 것은 쉬운데 머리 뒤쪽에 둥근 후광이 있는 것만 골라내면 돼. 그리고 치성광여래 좌우에는 일광보살日光菩薩과 월광보살月光菩薩이 협시하고 있는데 일광보살은 붉은 해, 그리고 월광보살은 흰 달이 그려진 보관寶冠을 쓰고 있어. 이 탱화 역시 20세기 초반의 불화양식을 잘 보여주는 작품으로 정확한 조성 연대와 화승畵僧 등이 밝혀져 있어서 서울시 유형문화

칠성각 석조여래좌상(서울시 문화재자료 제10호)

칠성각 칠성도(서울시 유형문화재 제147호)

재 제147호로 지정되었어.

아 름 그 옆에는 부처님이 아니라 스님 그림이 그려져 있어요.

아 빠 저런 그림은 영정이라고 해. 오른쪽 상단에는 한글로 명문이 있어서 명호라는 스님의 영정을 그린 것을 알 수 있어. 그런데 영정 그림을 그리면서 스님의 좌우에 시중드는 사람을 두 사람 배치해서 삼존형식으로 그렸는데 저런 형식의 영정은 다른 예에서 거의 볼 수 없는 희귀한 작품이야. 그래서 현재 서울시 유형문화재 제148호로 지정되어 있어.

호 림 그렇다면 이 칠성각 건물에도 옆의 독성전 건물처럼 문화재가 4개씩이나 지정되었네요?

아 빠 아니, 하나 더 있어. 바로 진관사 태극기야.

칠성각 명호스님 영정(서울시 유형문화재 제148호)

진관사 태극기

 칠성각 앞

진관사 태극기와 현재의 태극기의 차이점

아 름 아, 그래서 칠성각 앞에 태극기 표지판이 있구나.

호 림 태극기가 왜 문화재예요?

아 빠 2009년 5월에 칠성각을 해
체, 보수과정에서 내부 불단
과 벽체사이에 끼어 있던 태
극기와 독립신문류 등 6종
21점의 유물이 한꺼번에 발
견되었어. 신문류의 발행일
자가 1919년 6월~12월 사

칠성각 앞 태극기 표지판

이에 분포하는 것으로 봐서 그 자료들은 1919년 3 · 1운동과 관련
이 많을 것으로 추정하고 있어. 특히 같이 발견된 태극기는 왼쪽 아
랫부분에 불에 탄 흔적이 있고, 총알에 찢긴 듯한 구멍이 곳곳에 뚫
려 있어서 3 · 1 운동 현장에서 쓰였을 가능성이 높은 것으로 사료
적 가치를 인정받아서 등록문화재 제458호로 지정되었어.

엄 마 지금으로부터 거의 100년 전에 사용된 태극기라서 아마도 지금의
      태극기와는 다른 부분이 있을 거야. 어디가 어떻게 다른지 한번 찾
      아보자.

진관사 태극기와 현재 태극기

호 림 태극 모양이 달라요. 그리고 태극이 회전하는 방향도 반대예요.
아 름 사괘의 모양이 달라요.
아 빠 차근차근 하나씩 비교해 보자. 먼저 태극을 볼까?

태극의 원리에 더 가까운 것은 진관사 태극기

호 림 현재의 태극기는 붉은색과 푸른색이 위, 아래로 배치되었는데, 진
      관사 태극기는 색이 바래서 정확히는 알 수 없지만 붉은색과 검은
      색이 좌, 우로 배치된 느낌이 강해요. 그리고 서로 꼬리를 물고 있
      는 정도를 봐도 진관사가 더 강해요.
아 름 게다가 좌측하단과 우측상단의 4괘의 위치가 서로 바뀌었어요.
아 빠 너희가 정확히 찾았구나.
엄 마 그럼 어느 태극기가 제대로 된 태극기일까요?
아 빠 법적으로 본다면 국기법國旗法이라는 법률에 의거해서 만든 현재의

태극기가 올바른 태극기야. 하지만 우리나라의 태극기는 음양오행과 주역이라는 동양의 전통사상에 의거해서 만든 것이기 때문에 그런 관점에서 본다면 진관사 태극기가 더 올바른 태극기야. 우선 태극 문양부터 살펴볼까? 원래 전통적인 태극문양은 원래 이런 모양이야.

전통 태극문양

아 름 어? 색깔도 흑백이고 태극의 배치도 상하가 아닌 좌우네요? 게다가 상대방의 색을 서로가 조그맣게 품고 있어요. 이뿐만 아니라 태극이 움직이는 방향도 지금의 태극기와는 달리 시계방향이에요.

아 빠 원초적인 태극太極은 중국의 고대 사상 중 음양 사상과 결합해서 만물을 생성시키는 우주의 근원으로서 중시된 개념인데, 태극음양도라고도 불러. 태극太極은 쉽게 말해 태초에 천지가 분화되기 이전인 혼돈混沌된 상태인 원기元氣를 뜻하는데, 비슷한 것으로 무극無極, 황극皇極이라는 것이 있어.

태극은 만물을 생성하는 원리이며,
      음양이 만나 새 생명을 탄생시킨다

아 름 태극과 무극과 황극? 서로가 어떻게 달라요?

아 빠 쉬운 예를 들어 줄게. 너희 학교 운동장에 남학생들과 여학생들이 섞여 있다고 가정해 보자. 전혀 질서 없이 말이야. 그런 상태를 무극이라고 보면 돼. 극이 없다는 뜻이야. 무질서 그 자체이지. 그런데, 남학생은 모두 왼쪽에 모여 있고, 여학생은 모두 오른쪽에 질서정연하게 모여 있다고 가정해보자. 확실히 구분되지? 이런 상태를 황극이라고 보면 돼. 하지만 황극은 질서는 있지만 운동성이 없어. 하지만 태극은 여기에 운동성이 하나 더 추가된 것이야. 남학생들은 무리를 지어서 질서 있게 여학생들 자리로 옮겨가고, 또한 여학생들도 무리를 지어서 남학생들 자리로 이동하는 것이지. 태극은 이처럼 운동성이 중요한 역할을 해.

엄 마 또 다른 예를 들자면…, 남자, 여자가 있다고 아이가 태어나는 것은 아니잖아? 남자와 여자가 결혼해야만 아이가 태어나지.

아 름 아하, 그래서 태극기의 태극이 서로 돌아가면서 자리를 바꾸려고

경복궁 교태전의 정문, 양의문

하는군요.

아 빠 맞았어. 주역에 따르면 태극은 음과, 양이라는 양의^{兩儀}를 낳는다고 했어. 그래서 경복궁 교태전의 정문이 '양의문'이야.

호 림 아하! 교태전은 왕비의 전각이고 그곳에서 왕자가 태어나기 때문에 태극이 필요했구나!

아 빠 그리고 양의는 사상^{四象}을 낳고, 사상은 팔괘를 낳는다고 되어 있어. 물론 팔괘가 두 번 겹치면 주역의 64괘가 되는 것이지. 이 모든 것의 출발이 태극의 운동성이야. 이런 원초적인 태극이 점점 분화를 해 나가면서 색깔도 첨가되고 삼태극, 사태극, 오태극과 같은 변형이 나오는 거야.

태극의 방향은 태양이 결정한다

아 름 태극의 방향은 어떻게 결정이 되는 건가요?

아 빠 태극의 방향은 사람이 아닌, 자연이 결정해. 음양의 출발점은 뭐지?

아 름 해와 달이죠. 해는 동쪽에서 떠서 남쪽을 거쳐 서쪽으로 가는데⋯ 아, 그게 시계방향이구나!

아 빠 그렇지. 시계 바늘은 해시계 그림자의 움직임을 보고 만든 거야.

엄 마 태극무늬의 배치도 좌우에 가깝게 되어 있고, 돌아가는 방향도 시계방향이니 결국은 원초적인 태극이론에 더 가까운 것은 진관사의 태극이네요!

아 빠 자, 이 정도면 태극의 원리는 충분히 알겠지? 이번에는 사괘에 대해 알아볼까? 원래 처음부터 사괘라는 것은 없어. 팔괘가 있을 뿐이지. 사괘라고 하는 것은 팔괘에서 네 개만을 골라낸 것에 불과해.

음양은 4상으로, 그리고 8괘로 분화한다

엄 마 사상체질 할 때의 사상과 사괘는 어떻게 다른 거죠?

아 빠 태극에서 '음과 양'이 나온다고 했지? 그런데 '음과 양'은 경우의 수가 두 가지 뿐이잖아? 하지만 '음과 양'을 두 개씩 겹치면, 더 많은 4가지 경우의 수가 나오겠지? (양, 양 ▬▬)이 나오면 클 태자를 써서 태양, (음, 음 ▬▬)이 나오면 반대로 태음 이렇게 부르고 (양, 음 ▬▬)이 나오면 작을 소자를 써서 소양, (음, 양 ▬▬)이 나오면 반대로 소음 이렇게 불렀어. 이것이 한의학에서 태양인, 태음인, 소양인, 소음인으로 구분하는 사상체질 분류의 가장 기초야. 한의학에서는 몸이 뚱뚱하냐, 말랐느냐를 기준으로 음양을 구분하고, 또한 몸에 열이 많냐, 아니면 몸이 냉하냐로 음양을 구분하기 때문에 총 4가지의 경우가 나오게 되고, 그것이 사상체질이 되는 거야.

호 림 사상체질을 이해하기 쉽게 뚱열체질, 뚱냉체질, 마열체질, 마냉체질 이렇게 부르면 쉬울 텐데….

아 빠 하하, 듣고 보니 호림이 말도 일리는 있구나! 그런데 음양을 두 번이 아니라 세 번씩 겹치게 되면 8가지 경우의 수, 즉 8괘八卦가 나와.

아 름 그렇죠. (음, 양)의 2가지 곱하기 또 (음, 양)의 2가지 곱하기 또 (음, 양)의 2가지 = 총 8 가지가 나와요.

아 빠 8괘八卦를 (+) (–) 기호를 사용해서 하나씩 순서대로 나열하면 이렇게 되겠지?

```
1  2  3  4  5  6  7  8
+  -  +  -  +  -  +  -
+  +  -  -  +  +  -  -
+  +  +  +  -  -  -  -
```

가장 양괘가 많은 (＋＋＋)부터 가장 음괘가 많은 (－－－)까지 총 8가지 경우의 수가 나와. 그리고 이 순서에 이름을 붙여 하나씩 붙인 것이 8괘야. 1건乾(☰), 2태兌(☱), 3이離(☲). 4진震(☳), 5손巽(☴), 6감坎(☵), 7간艮(☶), 8곤坤(☷) 이렇게 말이야.

아 름 어? 어디서 많이 듣던 말들인데, 가만 있자…. 아! 알았다. 태극기의 건곤감리! 맞죠?

태극기의 4괘는 8괘 중에서
위아래가 대칭인 것만 골라 뽑은 것이다

아 빠 그래 맞았다. 태극기의 4괘는 주역의 8괘 중에서도 위아래가 뒤집혀도 모양이 똑같은 4개를 골라서 쓴 거야. 그런데 8괘 할 때의 괘卦는 한자로 걸 괘卦자야. 벽에 걸어서 종을 치는 시계를 괘종시계라고 하지? 괘는 주역의 가장 기본인데 이 괘를 가지고 점을 칠 때 여러 가지 경우에 걸어본다는 뜻이야. 만약, 가족관계의 경우에 8괘를 걸어본다면 (＋＋＋)은 아빠가 되고, (－－－)는 엄마가 되는 거야. 만약 자연현상에 8괘를 걸어본다면 '1건'괘는 하늘을 뜻하고, '2태'괘는 연못을 뜻하고, '3이'괘는 불을 뜻하고, '4진'괘는 우레를 뜻하고, '5손'괘는 바람을 뜻하고, '6감'괘는 물을 뜻하고, '7간'괘는 산을 뜻하고, '8곤'괘는 땅을 뜻하지.

아 름 그럼, 태극기의 건곤감리는…. '하늘'과 '땅', 그리고 '물'과 '불'을 뜻하는 군요!

아 빠 맞았어.

호 림 아, 이건 재미있는 이야기네요. 태극기가 점괘를 포함하고 있다니!

엄 마　점괘가 아니라 주역의 원리란다.

아 빠　자, 그럼 태극기의 4괘로 돌아가 볼까? 현재의 태극기와 진관사 태
　　　극기를 비교해 볼 때, 건乾괘와 곤坤괘는 어떻게 되어 있지?

아 름　하늘을 뜻하는 건乾괘는 좌측 상단에 있고, 땅을 뜻하는 곤坤괘는 우
　　　측 하단에 있어요. 하늘을 뜻하는 것이 위에 있고, 땅을 뜻하는 것
　　　이 아래에 있으니 모두가 순리대로 된 것 같아요.

아 빠　그럼 감坎괘와 리離괘는 어떻게 되어 있지?

현재 태극기의 4괘 중 감괘와 리괘는
위치가 바뀌어야 음양이론에 부합한다

아 름　물을 뜻하는 감坎괘는… 현재의 태극기에는 우측 상단에, 진관사 태
　　　극기는 좌측 하단에 있고요. 불을 뜻하는 리離괘는 현재의 태극기에
　　　는 좌측 하단에, 진관사 태극기는 우측 상단에 있어요.

아 빠　음양론에서 볼 때, 불과 물 중에서 위에 있어야 하는 것이 뭘까?

아 름　뜨거운 것이 위에 있어야 하니깐 불이 위에 있어야 하고, 차가운
　　　물이 아래에 있어야 해요. 그러고 보니 진관사 태극기가 순리대로
　　　되어 있어요!

아 빠　어때? 태극기만 가지고도 음양이론을 충분히 공부할 수 있겠지?

진관사의 나한전

 나한전 앞

나한전에서 배우는 쉬운 고건축 이야기

아 빠 여기가 오늘 진관사에서 마지막으로 답사할 나한전이야. 일단 건물의 외관을 한번 자세히 봐. 다른 건물들과 매우 차이나는 점이 있지?

나한전

호 림   맞배지붕 건물이에요. 그런데 옆에 있는 독성전과 칠성각도 똑같은 맞배지붕 건물이지만 그것들과는 뭔가 다른 것 같아요.

아 름   아, 알았다. 건물의 양쪽 측면으로 지붕이 얼마나 튀어나왔는지가 달라요. 독성전과 칠성각은 지붕이 조금만 튀어나와 있지만 나한전은 엄청 많이 튀어나와 있어요.

아 빠   잘 맞췄다. 맞배지붕은 지붕의 구조가 간단한 대신 약점이 있어. 그건 건물의 양쪽 측면이 비바람에 무방비 상태로 열려 있다는 거야. 그래서 초기에는 비바람으로부터 건물을 보호하기 위해서 지붕을 가능하면 많이 튀어나오게 하려고 했어. 하지만 그렇게 되면 튀어나간 지붕의 무게 때문에 건물의 전체적인 구조가 약해지는 단점이

생겨. 그래서 타협을 본 것이 독성전이나 칠성각처럼 지붕은 비록 약간만 튀어나왔지만 비바람을 막기 위해서 부채를 아래로 펼친 것과 같은 모양의 풍판을 다는 거야. 하지만 이 나한전은 지붕을 제법 많이 튀어나오게 했기 때문에 풍판이 없어도 되는 거야.

엄 마 수덕사 대웅전의 지붕이 이 나한전과 비슷하게 많이 튀어나왔단다. 또한, 건물 밖으로 지붕이 많이 노출되어 있기 때문에 지붕 밑의 건축부재들이 드러나서 고건축 공부하는데 많은 도움이 되기도 해.

아 빠 여기서 간단히 고건축 공부를 좀 해 볼까? 일단 목조건물의 가장 큰 기본 뼈대는 3가지로 요약할 수 있어. 기둥과 도리와 보야. 이 세 가지가 있으면 목조건물의 틀은 온전히 서 있을 수가 있어.

수덕사 대웅전

목조건축물의 기본 뼈대는 '기둥'과 '도리'와 '보'다

호 림 기둥은 누구나 쉽게 알지만, 도리와 보는 잘 모르겠어요.

아 빠 기둥은 눈에 잘 보이지만 도리와 보는 눈에 잘 보이지 않기 때문에 그런 거야. 기둥은 땅 위에 세로로 서 있는 건축부재인 반면에, 도리와 보는 기둥 위쪽에 수평방향으로 올라가는 건축부재야. 수평인 것 중에서 건물의 좌우를 연결하면 '도리'라고 하고, 앞뒤를 연결하면 '보'라고 해.

호 림 조금 더 쉽게 설명해 주세요.

아 빠 더 쉽게? 좋아. 목조건물을 처음 짓기 시작할 때 집터의 기초 부분을 탄탄히 다져 놓았다고 한다면 집의 뼈대 중에서 무엇부터 가장 먼저 시작해야할 것 같니?

아 름 기둥이요. 그래야 지붕이 그 위에 올라가죠.

아 빠 맞았어. 집이 만들어지려면 반드시 기둥이 필요하지. 기둥이 없으면 벽도, 지붕도 없는 거야. 그런데 모든 기둥은 주춧돌 위에 세로로 서 있는데, 만약 기둥만 서 있으면 어떻게 되겠니?

호 림 당연히 기둥은 쓰러지죠.

기둥이 쓰러지지 않도록
기둥머리끼리 연결시키는 수평부재를 창방이라고 한다

아 빠 그렇기 때문에 기둥과 기둥이 쓰러지지 않도록 기둥끼리 서로를 연결하는 건축부재가 필요한 거야. 건물의 벽면을 따라가면서 기둥의 끝인 기둥머리와 기둥머리 사이를 옆으로 가로지르는 나무부재가 보이니? 저것을 창방이라고 해. 저런 식으로 창방을 사용해서 기둥들을 연결시키면 기둥은 절대 쓰러지지 않아. 왜냐하면, 창방의 끝과 기둥의 끝에 홈을 파서 서로 끼워 맞추게 했거든.

아 름 그럼 창방 위에 바로 지붕이 올라가나요?

아 빠 창방 위에 바로 지붕을 만들면 어떻게 될까? 그러면 지붕이 수평으로 평평해지겠지? 만약 우리나라에 눈과 비가 전혀 오지 않는다면 그런 집도 가능할 거야. 하지만 실제로는 눈비가 오

창방

기 때문에 빗물이나 눈이 흘러내리도록 지붕에는 반드시 경사를 만들어야 해. 이건 우리나라뿐만 아니라 전 세계 어디를 가도 마찬가지야. 특히, 눈이 많이 오는 추운 지방일 수록 지붕의 경사가 급해. 이유는 쉽게 알겠지?

호 림 지붕을 경사지게 만들려면 뭔가 필요하겠죠?

아 빠 당연하지. 기둥의 끝에는 지붕의 경사를 만들게 해 주는 건축부재가 필요한데, 그것을 '도리'라고 해. 따라서 정상적인 집이라면 건물의 옆면에서 보았을 때 도리는 최소한 3개가 필요해. 건물 앞쪽 기둥 위에 하나, 뒤쪽 기둥 위에 하나, 그리고 지붕의 가운데 가장 높은 곳에 하나, 이런 식으로 말이야. 그래야 옆에서 보았을 때 집의 지붕단면이 삼각형 모양이 되어서 빗물이 앞쪽으로도 흘러내리고, 또한 뒤쪽으로도 흘러내리지. 그리고 도리를 한자로 '량梁'이라고 해. 그래서 도리가 3개인 집을 3량집이라고 부르는데, 집 중에서는 가장 간단한 형태의 집이야.

도리는 지붕을 받치는 가장 높은 곳에 위치하여, 서까래를 지탱한다

아 름 도리가 5개면 5량집이 되나요?

아 빠 그렇지. 그런데 '도리'는 최소 3개 이상이 있어야 하기 때문에 서로 구별해 주는 이름이 필요한데, 도리의 높이에 따라 부르는 이름이 달라져. 가장 낮은 곳에 있는 '도리'는 건물의 가장 앞뒤 기둥 바로 위에 있는 도리로 '주심도리柱心道里'라고 부르는데, 기둥 주, 중심 심, 즉, 기둥의 중심에 있는 도리라는 뜻이야.

아 름 기둥의 중심 바로 위에 있는 도리는 '주심도리柱心道里'이다. 이건 쉽네요.

아 빠 반대로 지붕의 한 가운데, 가장 높은 곳에 있는 도리를 '종도리宗道里'라고 불러. 한자로는 '마루 종宗'자를 쓰거든. 마루는 꼭대기를 뜻하니깐 끝에 있는 도리라는 뜻이지. 그래서 종도리를 '마루도리' 또는 '마룻대'라고도 하는데, 종도리의 바로 위가 용마루야.

호 림 태권동자 마루치의 '마루'라는 이름도 제일 높다는 뜻인가요?

엄 마 응, 그렇단다. 그런데 여보, 궁금한 게 하나 있는데요, 건물을 지을 때 마지막에 상량문을 쓴다고 하는데, 상량문을 쓰는 곳이 종도리 인가요?

아 빠 맞아. 종도리가 올라가면 집은 구조적으로 거의 완성된 것이거든. 내가 도리를 한자로 '량樑'이라고 한다고 했지? 그래서 도리[樑]를 올리는[上] 의식을 상량식이라고 해. 그리고 주심도리와 종도리 사이에 있는 도리는 '가운데 중中'자를 써서 중도리中道里라고 해.

엄 마 그럼 3량집은 건물의 도리가 앞쪽에서 뒤쪽으로 가면서 주심도리 → 종도리 → 주심도리가 되고 5량집의 도리순서는 주심도리 →

중도리 → 종도리 → 중도리 → 주심도리 이런 순서가 되겠네요?

아 빠 100점! 이 나한전은 몇량집일까?

아 름 기둥 위에 주심도리가 있고, 가장 높은 곳에 종도리가 있고, 가운 데 중도리가 있으니… 5량집이에요! 그럼 대들보라는 것은 뭐죠?

보는 도리와 방향이 90도로 엇갈리는 나무부재다

아 빠 대들보는 말 그대로 '보' 중에서 가장 큰 '보'를 말해. 그럼, '보'가 뭐냐? 도리가 건물의 좌우를 연결하는 수평의 구조재라고 한다면 '보'는 건물의 앞뒤 기둥을 연결하는 수평의 구조재야.

아 름 지금까지 배운 것이 기둥, 창방, 도리, 보 이렇게 모두 네 개예요. 정리 하자면, 바로 옆의 기둥끼리 벽면을 따라서 기둥머리 부분을 연결하는 것은 '창방'이고, 창방 위에서 건물의 좌우를 수평으로 연 결하면 '도리'이고, 건물의 앞, 뒷기둥을 수평으로 연결하면 '보' 란 말이죠?

아 빠 그래, 보통 '도리'는 지붕 바로 밑에 있기 때문에 천장에 가려 우리 눈에 잘 안 띄는데 비해서, '보'는 건물의 앞뒤를 바로 연결하기 때 문에 쉽게 눈에 띄지. 그리고 도리는 가늘고 긴 통나무인데 비해서, '보'는 엄청 굵은 통나무야. 건축에서 수직구조재로 가장 중요한 것 이 '기둥'이라면, 수평구조재로 가장 중요한 것이 '보'야. 서까래와 도리를 타고 내려온 지붕의 무게가 최종적으로 이 '보'를 통해 기둥 에 전달 돼. 그런 보 중에서 가장 큰 보가 '대들보'니깐, '대들보'가 얼마나 중요한지 알겠지? 그래서 한 나라나 집안의 운명을 지고 나 갈 만큼 중요한 사람을 대들보에 비유하는 거야.

엄마 여보, 그런데 이 나한전은 익공계 건물이에요.

아름 익공계? 아까도 그 말을 들었던 것 같은데 다시 한 번 설명해 주세요.

아빠 나한전 기둥의 끝을 보면 저런 식으로 기둥 위에서 새의 날개처럼 앞쪽으로 뻗어 나온 장식처럼 생긴 부분을 전통건축 양식에서는 익공翼工이라고 해. 저것도 지붕을 떠받치는 목조구조물인 공포栱包의 일종인데, 공포의 구조형식인 주심포柱心包, 다포多包, 익공翼工의 세 가지 형식 중에서 구조적으로 가장 간결한 형식이야.

호림 공포? 다포? 주심포? 용어가 너무 어려워요.

공포栱包는 역학적인 부분도 있고, 의장적인 부분도 있다

아빠 공포栱包는 목조건축에서 지붕의 무게를 효과적으로 지지하면서 처마를 길게 뽑기 위한 장치야. 처마가 뭔지는 알지?

아름 처마는 비를 맞지 않도록 지붕이 건물 밖으로 튀어나온 것을 말하잖아요?

아빠 그래. 비는 기둥을 썩게 하는 등 건물에는 매우 나쁜 영향을 줘. 그래서 가급적 처마를 길게 빼면 뺄수록 건물은 비를 덜 맞게 되므로 좋은 거야. 하지만 무작정 처마를 길게 뺄 수는 없어. 왜냐하면 햇빛을 차단해서 건물 안이 어두워지고 게다가 튀어나간 지붕의 무게를 감당할 수가 없거든. 그래서 해결사로 나타난 것이 공포야. 공포는 전통 목조건축물에서 길게 뺀 처마 끝의 무게를 효과적으로 떠받치기 위해서 기둥의 꼭대기 부분에다가 역삼각형 모양으로 짜 맞추어 댄 까치발처럼 생긴 나무 부재야. 저쪽에 대웅전이나 명부전에서 본 것처럼 말이야.

엄 마 공포는 구조적으로 무거운 지붕의 무게를 분산시키는 효과도 있지만, 보기에 아름답기 때문에 장식적인 효과도 매우 크단다.

기둥 위에 올라간 공포는 주심포柱心包, 기둥 사이에도 있으면 다포多包

아 름 이제 공포에 대해서는 어느 정도 알겠는데, 다포와 주심포는 뭐예요?

아 빠 응, 지붕의 무게를 지탱하는 공포가 기둥 위에만 올라가 있으면 그것을 주심포柱心包라고 해. 기둥 주, 중심 심, 공포 포! 기둥의 중심에 올라가 있는 공포라는 뜻이야. 다시 한 번 설명하면 주심포 건물에는 공포가 기둥 위, 조금 어려운 말로 기둥머리라는 뜻의 주두柱頭에만 올라가 있어. 반면에 다포는 많을 다多자를 쓰는 글자에서도 알 수 있듯이 공포가 주심포 보다 많은 방식이야.

호 림 다포는 공포가 많다고 했는데 어떻게 많을 수가 있죠? 하나의 기둥 위에 두 개씩 올라가나요?

아 빠 다포多包라는 건물은 공포가 기둥 위에만 올라가는 것이 아니라 기둥과 기둥 사이에도 올라가 있어. 기둥 사이에 있는 공포를 주간포柱間包라고 해. 기둥 주, 사이 간, 공포 포!

아 름 기둥과 기둥 사이에 어떻게 올라가요? 공포가 공중에 떠 있을 수는 없잖아요?

다포多包를 위한 평방

아 빠 다포식 건물에서 주간포의 위치는 기둥머리와 기둥머리 사이를 가로지르는 '창방'이라는 나무부재 위쪽이야. 하지만 창방 하나로는 주간포에 걸리는 지붕의 무게를 감당할 수 없기 때문에 창방 위에는 주간포를 올려놓기 위해 '평방'이라는 기다란 가로방향의 나무부재를 하나 더 사용해. 따라서 주심포 건물과 다포 건물의 차이점은 '평방'이 있느냐 없느냐로도 구분할 수 있지. 저쪽 대웅전이나 명부전에도 창방 위에 평방이 올라갔어.

호 림 그렇다면, 이 나한전과 같은 익공계 건물은 다포나 주심포 건물과 어떻게 달라요?

아 빠 저쪽 대웅전과 명부전의 공포와 나한전의 공포를 비교해 보면 한눈에도 쉽게 알 수 있는 것이 건물의 기둥 밖으로 튀어나온 '출목도리'라는 건축부재와 출목도리를 떠받치기 위한 역삼각형 구조의 복잡한 장치들이야. 익공계에는 그런 복잡한 장치들이 없어. 처음에

명부전 독성전 칠성각 나한전구역

는 지붕의 무게를 지탱하기 위한 건축 기술이 주심포와 다포식 공포밖에는 없었지만, 시간이 지날수록 새로운 건축기법이 많이 나와서 기존의 주심포나 다포식 공포가 없어도 지붕의 무게를 지탱할 수 있게 되었어. 예를 들면 새의 날개모양의 형태로 만들어진 이런 나한전과 같은 단순한 형태의 익공식 공포가 나온 거지.

엄 마 간단한 익공식 공포가 건축 구조적으로 주심포나 다포와 똑같은 역할을 한다면, 굳이 복잡하게 주심포나 다포식 건물을 지을 필요가 없겠군요?

아 빠 기능만을 생각하면 그럴 수도 있겠지. 하지만 기존의 공포인 주심포와 다포는 외관상 화려함을 자랑하기 때문에 장식적인 효과가 매우 커. 또 그런 화려한 장식효과의 차이가 나는 근본적인 이유는 익공식 공포에는 대체로 출목이 없기 때문이야. 그만큼 출목은 공포의 화려함을 나타내는 대표적인 상징물인 셈이지. 그렇기 때문에 조선시대에는 법으로 궁궐이나 관청, 사찰 이외에는 공포를 사용하지 못하게 했어. 자, 고건축 공부는 이것으로 마무리하고 이제 나한전의 내부를 들여다볼까?

나한전 탱화에서 뵙게 되는 사천왕

아 름 가운데에 삼존불이 모셔져 있고, 좌우로 나한상들이 줄지어 있어요.

아 빠 가운데 모셔진 삼존상은 흙으로 만든 소조불塑造佛인데, 대웅전과 마찬가지로 중앙의 석가여래좌상을 중심으로 좌우에 미륵보살과 제화갈라보살을 모신 삼세불 구성이야. 정확한 조성연대는 알 수 없지만 전체적인 양식적 특징으로 볼 때, 16세기 후반에서 17세기 전

반 경에 조성된 것으로 추
정 돼. 그렇기 때문에 삼존
상의 규모는 그리 크지 않
지만 서울 인근지역에 있
는 조선후기 불상 중에서
비교적 조성연대가 빠르고
삼존상이 모두 갖추어져
있다는 점에서 주목을 받
아 서울시 유형문화재 제
143호로 지정되었어.

호림 진관사는 큰 전각에는 문
화재가 없고, 작은 전각에

나한전 삼존불(위)과 영산회상도(아래)

만 문화재가 있는 묘한 절이에요!

아빠 삼존상의 좌우로 있는 16나한상 역시 문화재로 지정되어 있어. 재
료는 삼존상과 마찬가지로 모두 흙으로 만든 소조상들인데 화려하
게 채색되어 있고, 나한들이 여러 가지 지물持物을 들고 각각 특징적
인 자세를 취하는 등 자유롭게 표현되었어. 게다가 각 나한들의 얼
굴 표정과 자세는 매우 사실적일 뿐만 아니라 엄격, 엄숙, 종교적인
모습을 벗어나서 개성적, 해학적으로 묘사되었기 때문에 조선후기
서울, 경기지역의 나한신앙을 보여주는 중요한 유물로 주목을 받아
서 서울시 유형문화재 제144호로 지정되었어. 독성전에 모셔진 나
반존자도 저 16나한 중의 한 사람이야.

아름 조각상의 뒤쪽에 있는 탱화도 문화재인가요?

아빠 응, 석가삼존불의 후불탱화는 영취산에서 설법하는 석가모니를 그린 영산회상도^{靈山會上圖}야.

엄 마 영산회상도를 조각상의 형태로 만들어 둔 절집을 영산전이라고 한단다.

아 빠 저 영산회상도는 본존인 석가모니 좌우에 문수보살과 보현보살을 포함하여 네 분의 보살이 협시하고 있고, 그 옆에는 사천왕이 각각 칼과 비파, 용과 여의주 및 탑을 들고 있어. 이 진관사에는 천왕문이 별도로 없어서 개인적으로 섭섭했는데 저 그림에서나마 각자 방위에 맞는 지물을 들고 있는 사천왕을 뵙게 되니 아주 반가워. 아무튼 이 탱화는 19세기 말의 불화 특징을 잘 보여주고 있어서, 서울시 유형문화재 제145호로 지정되었어. 또 여기에는 전시되어 있지 않지만 원래 16나한들의 조각상 뒤쪽에도 16나한도가 탱화로 걸려 있었는데, 그 탱화도 작품성이 뛰어나서 서울시 유형문화재 제146호로 지정되었어.

나한전 16나한상(서울시 유형문화재 제144호)

사기막골 입구

효자비

효자동공설묘지

경천군 송금물침비

내시묘역

여기소

방패교육대 앞

제10구간 내시묘역길
제11구간 효자길

여기소 터

사랑하는 사람을 기다리다 못해 물에 빠져 죽은 여자들의 전설

 여기소 경로당 옆 여기소 표지판 앞

아 빠 얘들아, 잠깐! 이곳에 있는 저 표지석을 한번 천천히 읽어 봐.

아 름 여기소 터? 조선 숙종 때 북한산성 축성에 동원된 관리를 만나러 먼 시골에서 온 기생이 뜻을 이루지 못하게 되자, 이 못에 몸을 던졌다는 전설에서 너汝의 그 사랑其이 잠긴 못沼, 곧 여기소라 하였다고 전해온다…

호 림 흔해 빠진 전설 이야기네요.

여기소경로당

여기소터 표지석

엄 마 그래도 이곳에서 우리가 뭔가 알아야 할 것이 있으니깐 아빠가 잠시 멈추자고 한 거야.

아 빠 그래, 이런 이야기는 매우 진부한 전설의 한 토막이야. 그렇지만 이런 유의 전설이 생긴 곳은 대부분 국가차원의 큰 공사가 있었던 곳 근처라는 공통점이 있어. 예를 들면 이것과 비슷한 전설이 또 뭐가 있지?

아 름 경주 불국사의 무영탑 전설이요.

아 빠 그래. 경주 불국사에 있는 석가탑을 그림자가 없는 탑이라는 뜻에서 무영탑無影塔이라고도 하지. 불국사와 같은 큰 사찰을 짓기 위해서는 당연히 국가 차원의 지원이 필요했을 거야. 그래서 수많은 사람이 노역으로 동원 되었을 것이고, 따라서 노역으로 동원된 남편을 찾으러 간 아내들 때문에 무영탑 전설이 생겨났지.

뱀의 발 무영탑(無影塔)에 얽힌 전설 – 아사달, 아사녀의 애절한 사랑이야기

무영탑이라 불리는 탑은 바로 불국사 경내에 있는 국보 제21호인 석가탑을 말한다. 이 탑을 창건할 때에 신라보다 건축기술에 있어서 앞선 백제의 '아사달'이라는 유명한 석공을 초빙하여 공사를 했다. 온 신라의 많은 석공들을 제치고 이 공사를 맡게 된 '아사달'은 전심전력을 다하여 돌을 다듬고 깎아 탑을 세우는 일에 몰두하였다.

세월은 흘러 고향에 두고 온 사랑하는 아내 '아사녀'는 남편의 일이 하루속히 성취되어 기쁘게 만날 날을 고대하다 못해 그리운 남편이 일하는 신라 땅 경주 불국사까지 찾아오게 되었다. 그러나 성스러운 공사가 진행되고 있는 불국사에는 들어 갈 수가 없었다. 그것은 부정한 여자의 몸으로 신성한 공사를 진행 중인 남편을 만난다면, 남편의 믿음을 흐트러뜨리게 될 것이라는 당시의 민간속설 때문이었다.

천릿길을 멀다 않고 찾아 온 그녀는 한꺼번에 세상이 무너지는 듯하였다. 그러나 남편을 만나려는 그 애틋한 사랑은 여기서 좌절될 수만은 없었다. '아사녀'는 매일 매일 불국사 앞을 서성거리며 먼발치에서나마 남편을 바라보려 했다. 그러나 완강한 문지기의 저지로 그 작은 바람도 이룰 수가 없었다. 매일같이 그 측은한 광경을 보아야 하는 문지기는 보다 못해 그녀를 달래기 위하여 이야기를 꾸며댔다. '여기서 얼마 떨어지지 않은 곳에 자그마한 못이 하나 있소. 그 곳은 예부터 신령스러운 곳이라, 당신이 지성으로 빈다면, 탑의 공사가 완성되는 날에 그 탑의 그림자가 못에 비춰질 것이니, 당신의 남편 모습도 볼 수가 있을 뿐 아니라, 그때에 찾아오면 만날 수도 있을 것이오.'라 했다.

'아사녀'는 뛸 듯이 기뻤다. 그리운 남편의 모습을, 그 그림자라도 볼 수 있다는 말에 그녀는 기다림에 지친 가슴을 달랬다. 다음날부터 그 곳 못에서 온종일 못을 들여다보며, 행여나 그리운 남편의 모습이 나타나려나 싶어 기다렸다. 그러나 안타깝게도 탑의 그림자나 남편의 모습은 나타나지 않고 세월만 흘러갔다. 초조한 기다림 속에 견디다 못한 그녀는 지친 몸을 이끌고 결국 못에 몸을 던지고 말았다.

그 후, '아사달'은 각고의 노력 끝에 석가탑을 완성시켰다. 그는 고향에 두고 온 아내에 대한 그리움으로 단숨에 달려가고 싶었다. 그러나 아내가 몇 달 동안을 남편을 찾아 헤매었다는 소식과 자기의 그림자가 비친다는 말을 듣고 찾아갔다는 그 못으로 달려갔다. 어디에도 아내의 모습은 보이지 않았다. 아사달은 몇날 며칠을 아내의 이름을 애타게 부르며 못가를 헤매었다. 그러던 어느 날 건너편에 보이는 바윗돌에서 홀연히 아내의 모습을 보았다. 단숨에 그 바윗가에 이른 아사달의 손에는 차가운 바윗돌만 잡혔다. 그는 미친 듯이 그 돌에서 아내의 모습을 찾으며, 아내의 모습을 새기기 시작했다. 그러나 그것은 돌일 뿐! 아내는 아니었다. 아내의 모습을 돌에 새겨놓은 채, 아사달은 힘없는 발걸음을 어디론가 옮겨갔다. 정처도 없이... 아무도 지금까지 그의 뒷일을 아는 사람이 없다.

훗날의 사람들은 그 연못을 그림자 못, 영지影池라 불렀다.

불국사 석가탑(무영탑)

일타홍과 심희수의 사랑 이야기

호 림 그런데 여기소 표지석에는 기생이 관리를 만나러 왔다고 하는데, 기생 신분에 그럴 수가 있나요?

아 빠 기생은 옛날 잔치나 술자리에서 노래, 춤, 그리고 풍류로 참석자들의 흥을 돋우는 일을 직업으로 삼았던 여자야. 신분제 사회였던 조선에서는 기생은 노비와 마찬가지로 한번 기적妓籍에 올려 지면 죽을 때까지 천민이라는 신분적 굴레에서 벗어날 수 없었어. 심지어 기생과 양반 사이에 아이가 태어나더라도 천자수모법賤者隨母法에 따라서 아들은 노비, 딸은 기생이 될 수 밖에 없었어.

아 름 그럼 춘향이도 엄마가 기생이니 기생이 될 수밖에 없는 신분이었네요?

아 빠 원칙적으로는 그렇지. 그렇지만 기생도 양민이 될 수 있는 방법이 전혀 없지는 않았어. 속신贖身이라고 해서, 양반의 첩이 되는 경우에는 천민의 신분에서 벗어날 수 있었어.

호 림 그래서 춘향이가 이몽룡과 결혼하려고 했구나!

아 빠 그런 것이 중요한 게 아니라 기생도 경우에 따라서는 양반 사대부와 특별한 인연을 맺은 기생이 역사상 실존했다는 거야. 대표적인 경우가 고양시와 파주시에 무덤과 단이 있는 '홍랑'과 '일타홍'이라는 기생이야.

엄 마 아! 일타홍! 고양시 올레길을 걷다가 그녀의 비석을 본 기억이 나요. 원당역에서 그리 멀지 않던데...

아 빠 우선 일타홍一朶紅과 심희수沈喜壽의 이야기를 해 줄게. 심희수沈喜壽, 1548~1622는 명문가에서 태어났지만 어릴 때 아버지가 돌아가셨기 때문에 약간 버릇없이 성장했어. 그러던 중 십대의 젊은 나이에 어느 양반집 연회에 놀러 갔다가 일타홍이라는 기생을 보고 완전히 반해 버린 거야. 일타홍도 심희수를 보아하니 비록 현재는 모자란 점이 있어도 장래성이 보였기에 둘은 정식으로 결혼도 하지 않은 채로 함께 살게 되었어. 하지만, 일타홍은 심희수가 자신에게 너무나 빠져서 공부를 등한시하니깐 '과거에 급제한 뒤에 나를 찾으라'는 편지를 남겨두고 집을 나와 버렸어. 그 이후 심희수는 일타홍을 만나기 위한 일념으로 공부에 더욱 정진해서 드디어 과거에 급제했어. 그리고 약속대로 일타홍과 다시 만났어.

고양시에 있는 일타홍의 단

호 림 와, 완전 드라마다!

아 빠 하지만 양반이 기생과 정식결혼을 할 수는 없었어. 그래서 심희수는 양반집 규수와 정식 결혼을 했어. 그런 상황에서도 일타홍은 자신보다는 정실부인에게 심희수가 더 잘하라고 말했다고 해. 그러던 중에 일타홍은 병이 들어서 죽고 말았어. 일설에는 심희수가 너무 자신에게만 잘해주고 정실부인에게 소홀하자 가문을 위해 자결을 했다는 말도 있어. 아무튼 일타홍 때문에 분발해서 과거에 급제를 했고, 출세가도를 달렸던 심희

일타홍의 비석 뒷면

수는 사랑하던 일타홍이 죽자, 일타홍이 기생 신분임에도 불구하고 고양시에 있는 자신의 선산에 장사를 지냈어.

아 름 십대의 문제아를 훌륭한 사람으로 만들다니, 일타홍 정말 대단해요. 그런데 일타홍이 무슨 뜻이에요?

엄 마 한 일一, 늘어질 타朶, 붉은 홍紅 인데, 나뭇가지에서 휘늘어진 '한떨기 붉은 꽃'이라고 해석할 수 있단다.

심희수 묘 안내판

홍랑과 최경창의 사랑 이야기

아 빠 자, 이번에는 홍랑과 최경창의
이야기야. 최경창[1539~1583]은 호
가 고죽孤竹인데 다방면에 능력
을 갖춘 인재였어. 그러다가 함
경도 변방으로 부임하게 되었
고, 거기서 관기였던 홍랑을 만

파주에 있는 홍랑 묘

났어. 최경창과 홍랑은 시를 주고받으면서 서로의 진가를 알아봤
고, 사랑에 빠져서 아들까지 낳았어. 그렇지만 기생과는 정식결혼
을 할 수 없었어. 임기가 끝난 최경창은 한양으로 돌아왔지만 홍랑
은 한양으로 같이 올 수가 없었어.

호 림 왜요? 같이 살았다면서요?

아 빠 당시 법으로는 함경도와 평안도는 변방의 군사요충지였기 때문에
그 지역 주민들은 도성출입을 못하게끔 되어 있었고, 게다가 홍랑
은 관청에 소속된 관기였기 때문이야. 그래서 최경창과 헤어질 때

뱀의 발 홍랑의 시조

묏버들 갈해 것거 보내노라 님의손에
자시난 창(窓) 밧긔 심거 두고 보쇼셔.
밤비에 새닙곳 나거든 날인가도 너기쇼셔.

- 풀이 -
산 버드나무 가지 꺾어 보내드리옵니다, 임에게
(임께서) 주무시는 창밖에 심어 두고 보옵소서.
밤비에 새잎 돋아나거든 나를 본 것처럼 여겨 주소서.

홍랑은 교과서에도 나오는 유명한 시조를 불렀어.

엄 마 그 시조 나도 기억나요. 참 서정적이고 낭만적인 시조였었죠.

아 빠 그러다가 최경창이 병이 났어. 아마도 홍랑을 못 봐서겠지? 아무 튼, 최경창이 몸져누웠다는 소식을 들은 홍랑은 국법을 어기고 수 천리 길을 걸어서 한양까지 왔어. 그 사실이 알려지자 최경창은 사 헌부에서 탄핵을 받아서 파직되고 두 사람은 강제로 이별해야 했 어. 그리고는 최경창은 얼마 지나지 않아 죽고 말았어. 최경창이 죽 자 홍랑은 최경창의 무덤 옆에서 3년간의 시묘살이를 했다고 해. 그런 절절한 사랑을 알고 있는 최경창의 후손들은 최경창과 정실 부인의 합장묘 밑에 홍랑의 무덤을 만들어서 지금까지 매년 제사 를 지내고 있다고 해.

호 림 홍랑은 최경창을 만났지만, 여기소에 빠져 죽은 기생은 결국 사랑 하던 관리를 못 만났군요! 불쌍해라.

홍랑 묘 앞 시비 뒤에 새겨진 시조

내시묘역

감쪽같이 사라진 내시묘역

 백화사 앞

아 빠 애들아, 여기 잠깐 멈춰봐.

아 름 아빠, 이 백화사에 들어갈 건가요?

아 빠 아니, 여기서 내시묘역을 설명해 줄게.

호 림 내시묘역을 설명하려면 내시묘역 앞에 가서 해야지, 왜 여기서 설명을 해요?

아 빠 이 둘레길의 이름이 내시묘역길이라는 이름이 붙은 것은, 바로 이 백화사의 왼편 담장 뒤쪽에 있는 군부대 훈련장에서 이사문공파 내시묘역李似文公派 內侍墓域이 발견되었기 때문이야. 한국에서 가장 오래되고, 규모도 크며, 보존상태가 양호한 45기의 봉분이 몰려있는 조선시대 내시內侍의 집단묘역이었는데 2003년 11월에 발견되었어.

아 름 그렇다면 그쪽으로 가면 되잖아요.

아 빠 그런데 말이야. 2012년에 그 내시묘역이 흔적도 없이 사라졌어.

엄 마 아니, 어떻게 그런 일이! 묘가 한두 기도 아니라 45기나 된다면서요?

아 빠 그게 말이야, 2003년에 최초로 내시묘역이 발견은 되었지만 당국의 미온적인 대처 때문에 문화재로는 지정되지 못했어. 그러는 사이에 둘레길이 뚫리고, 땅값이 오르자 서울에 살고 있던 후손이 내시묘역을 처분해 버린 거야. 유골은 모두 화장을 해 버렸다고 해. 만약 문화재로 지정이 되었더라면 그러지 못했을 거야. 왜냐하면 문화재는 아무리 개인소유라 하더라도 문화재당국의 관리를 받아야 하거든.

호 림 아마도 후손들의 입장에서는 조상이 부끄러웠을 것 같아요. 왜냐하면, 떳떳한 조상이라면 세상에 드러내놓고 자랑을 했을 텐데, 신분이 내시였기 때문에라도 숨기고 싶었을 것 같아요. 그런데… 가만히 생각해 보니 뭔가 이상하네요? 내시가 후손이 있다고요?

아 빠 내시는 결혼을 해도 자손을 낳을 수는 없었지만, 실제로는 양자를 입양하는 방식으로 대를 이어갔어. 이곳뿐만이 아니라 서울 인근에 있는 내시나 궁녀의 묘들이 하나 둘씩 소리 소문 없이 사라지고 있다고 하는데, 문화재를 아끼고 사랑해야 하는 후손들의 정신자세가 참 문제야.

백화사 앞

내시묘역길과 효자길

경천군 송금물침비

경천군은 왕족이 아니다

 경천군 송금물침비 앞

호 림 둘레길에 웬 비석일까요? 혹시 이 근처에 무덤이 있나요?

아 빠 비석은 꼭 무덤에만 쓰이는 것은 아니야. 원래 비^碑라고 하는 것은 후세에 오래오래 전하기 위해서 문장을 새겨 넣은 돌을 뜻해. 비석의 종류로는 물론 무덤 앞에 세우는 묘비^{墓碑}가 가장 많지만, 왕릉에 세우는 능비^{陵碑}, 고인의 평생사적^{平生事蹟}을 기록하여 세운 신도비^{神道碑}, 어떤 사건이나 사업에 관련된 사실이나 자취를 기록한 기적비^{紀蹟碑} 또는 사적비^{事蹟碑}, 하마비, 위령비, 기념비, 순수비, 정려비, 송덕비, 애민비, 영세불망비^{永世不忘碑} 등 수없이 많아.

아 름 친절하게 표지판이 잘 되어 있네요. 이름이 경천군 송금물침비예요.

엄 마 비석의 한자를 하나씩 읽어볼까? 慶川君 賜牌定界內 松禁勿侵碑^{경천군 사패정계내 송금물침비} 경사 경, 내 천, 임금 군, 줄 사, 패찰 패, 정할 정, 경계 계, 안 내, 소나무 송, 금할 금, 아니 물, 침범할 침, 비석 비.

아 빠 앞쪽에 있는 경천군은 사람을 뜻해.

호 림 군^君이라는 이름이 들어간 것으로 봐서 이 사람도 임금의 서자 출신이 틀림없어! 우리가 지나온 둘레길에서도 화의군 묘역이나 영산군 묘역에서도 확인했잖아? 만약, 이분이 임금의 적자였으면 경천대군^{大君}이라고 했을 거야!

아 빠 　호림아, 임금의 아들을 적자와 서자로 구분해서 대군, 군이라는 칭호를 붙이는 것은 사실이지만 그렇다고 군^君이라는 칭호가 모두 임금의 서자를 뜻하는 것은 아니야. 군^君은 조선시대 종실^{宗室}이나 외척^{外戚} 그리고 공신^{功臣}에게도 내려준 관작의 칭호로도 쓰였어. 특히 임금의 장인인 국구^{國舅}나 가장 큰 공을 세운 정1품 공신^{功臣}에게는 부원군^{府院君}이라는 작호를 내렸어.

아 름 　그럼 경천군도 공신이라는 말씀인가요?

아 빠 　그렇지. 경천군은 이름이 이해룡이라는 분인데, 본관은 경주^{慶州}이고, 조선시대의 기록에 의하면 임진왜란을 전후해서 조선통신사의 수행 역관^{譯官} 및 사자관^{寫字官}으로 활동한 인물이야. 임진왜란 때 중국에 원군을 요청했고, 일본과의 강화 회담 등 전후 막후교섭 시에 통역관으로서 주변국의 정세를 파악하고, 사신을 접대하는 등 외교 일선에서 맹활약을 했어. 그리고 문서를 정사^{精寫}하는 일을 맡아본 관직인 사자관^{寫字官}으로서 일본에 많은 글씨를 남겼고, 같은 시대 활약했던 한석봉에 버금가는 글씨라는 명성을 얻었는데 이런 공적들을 인정받아서 군^君에 봉해졌어.

사패는 임금이 하사한 토지나 노비에 관한 문서를 뜻한다

엄 마 　사패라는 말은 어디서 들어본 것 같은데… 아, 사패산! 외곽순환고속도로가 통과하는 사패산터널!

慶川君賜碑定界內松禁勿侵碑

경천군송금물침비

아 빠 사패^{賜牌}는 글자 그대로 임금이 하사한 패찰이라는 뜻인데, 임금이 왕족이나 공신에게 노비나 토지를 하사할 때 그 소유에 관^關한 문서를 주는 것을 뜻하는 말이야. 사패와 함께 하사한 토지를 사패전^{賜牌田} 또는 사전^{賜田}이라고 했고, 노비를 사패 노비라고 했어. 사패산은 산 전체를 하사했다는 것을 뜻하지.

경천군송금물침비 뒷면

엄 마 '사패정계내'라고 하면 결국 '사패지로 정해진 경계의 안쪽'이란 뜻이군요! 그 다음은 '송금물침비^{松禁勿侵碑}'인데, 소나무 송, 금할 금, 아니 물, 침 범할 침, 비석 비자를 해석하면, '소나무를 베는 것을 금지하니 더 이상 침범하지 말라'라는 뜻이군요.

아 빠 맞았어. 이런 류의 비석을 송금^{松禁}비라고 불러. 그런데 저 비석의 뒷면에는 만력42년 갑인10월^{萬曆四十二年 甲寅十月}이라는 글자가 있어서 광해군 때인 1614년에 세워진 것임을 알 수 있어. 그런데 송금비는 최근에 이것 말고 또 하나가 여기서 200m쯤 떨어진 북쪽에서 우연히 발견이 되었어. 거기도 앞쪽에는 경천군 사패정계내 금송물침비^{慶川君 賜牌定界內 禁松勿侵碑}라고 되어 있는데, 뒤면에는 '□□鄭氏 □□朴公 兩位之墓'라는 글자가 새겨져 있어.

아 름 그렇다면 하나의 비석이 송금비와 묘비 역할을 동시에 한다는 뜻이네요?

아 빠 현재로서는 기존의 묘비를 송금비로 재활용한 건지, 아니면 송금비를 묘비로 재활용한 건지 알 수가 없어. 그리고 또 한 가지 의문이 생기는 대목이 있는데 여기 비석은 '송금물침비'인데, 두 번째로 발견된 그 비석에는 '금송물침비'로 되어 있어. 옛 기록에는 '송금'과 '금송'이 모두 다 사용되기는 했지만, 만약 두 비석이 같은 시기에 만들어졌다면 왜 서로 다른 글자를 썼는지 이해가 안가. 아무튼 최

수락산에서 본 사패산

종적으로는 침범하지 말라는 물침으로 끝나는데, 이와 비슷하게 침입하지 말라고 경고하는 비석이 고양시에 또 하나 있어.

엄 마 혹시, 연산군 금표비 말인가요?

아 빠 그래, 맞았어. 정확한 명칭은 '연산군시대 금표비'야.

고양시에 있는 연산군시대 금표비

연산군 금표비는 고양시 덕양구 대자동(大慈洞)에 있는 조선시대의 비석이다.

백과사전에는 다음과 같이 설명하고 있다.

1995년 8월 7일 경기도문화재자료 제88호로 지정되었다. 금표비는 대자동 간촌(間村) 마을에 있는 금천군(錦川君)의 묘 입구에 자리 잡고 있으며 높이 147㎝, 가로 55㎝, 두께 23㎝이다. 조선 제10대 왕인 연산군(재위 1494~1506)이 자신의 유흥지에 일반인의 출입을 금하기 위해 세운 비이다. 이 석비는 금천군 이변의 묘역을 보수할 때 출토되었는데, 상단과 하단의 왼쪽 일부가 떨어져 있으며, 땅속에 오랫동안 묻혀 있어서 황토 빛이 뚜렷이 남아 있다. 금표비에 대한 정치적, 문화적인 해석은 일단 접어두기로 하고, 글자 자체에 대한 해석을 해 보기로 하겠다. 비의 내용은 〈금표내범입자논기훼제서율처참 禁標內犯入者論棄毀制書律處斬〉이다.

우선 띄어 읽기를 해 보자. 그러면 아래와 같이 세부분으로 나뉜다.

금표내범입자 논기훼제서율 처참 (禁標內犯入者 / 論棄毀制書律 / 處斬)
(1) 금표안쪽으로 침범하여 들어온 자는 / (2) '기훼제서율'로 논하여 / (3) 참형에 처한다

다른 부분은 쉬운데 두 번째 부분이 좀 어렵다. 그렇지만 '기훼제서율(棄毀制書律)'만 알면 내용파악은 간단하다. 우선 기훼제서율(棄毀制書律)이란 사전을 찾아보면 '임금이나 세자가 조서(詔書)로 내린 명령을 손괴시키는 죄를 처벌하던 법규'라고 나와 있다. 조선은 성종 때 반포한 경국대전이라는 자체의 법전을 가지고 있음에도 불구하고 중국의 법제를 더 우선시하는 사대사상이 있어서 성종이나 그 아들인 연산군 당시에도 명나라의 법전인 대명률에 많이 의존했다. (법률뿐만 아니라 예법에서도 이런 경향은 조선후기로 갈수록 심해져서 결국 예송논쟁과 같은 사건의 근거가 되기도 했다.)

대명률(大明律)의 〈이율(吏律), 기훼제서인신조(棄毀制書印信條)〉에 규정한 법규의 한 가지로 등장하는 기훼제서율(棄毀制書律)은 제서훼기율(制書毀棄律) 또는 오훼제서율(誤毀制書律)이라고도 한다. 여기서 제서(制書)는 조서, 곧 임금의 명령을 일반에게 알릴 목적으로 적은 문서를 가리킨다. 기훼제서인신조(棄毀制書印信條)에서는 "왕의 교지 및 사신에게 내리는 역마 발급에 관한 어인이 찍힌 문서와 사신에게 내리는 승선에 관한 문첩 또는 관청의 인장 및 야간순찰에 관한 동패를 고의로 내버리거나 파손한 자는 참형에 처한다(凡棄毀制書, 及起馬御寶聖旨, 起船符驗, 若各衙門印信, 及夜巡銅牌者斬)"라고 규정하였다. 또한 대명률〈이율(吏律),제서유위조(制書有違條)〉는 제서(制書)를 받들어 시행함에 있어 위배되게 한 자를 장(杖) 100대에 처하도록 규정하고 있는데, 이를 제서유위율(制書有違律)이라 한다.

조선시대에 연산군은 왕의 실정에 대하여 한글로 투서한 연루자를 처벌하고, 한글을 사용하지 못하도록 이 법규를 적용하였다. 1504년 연산군은 전교를 내려 "언문을 쓰는 자는 기훼제서율로(諺文行用者以棄毀制書律) 알고도 고하지 않는 자는 제서유위율로 논단하고(知而不告者 以制書有違論斷) 조사의 집에 소장하고 있는 언문(한글)으로 구결을 단 책은 모두 불사르되(朝士家所藏諺文口訣書册皆焚之) 한자를 언문으로 번역한 책은 금지하지 말라(如飜譯漢語諺文之類勿禁)"고 명령하였다.

효자비

마을이름까지 효자동으로 부르게 한 조선의 대표 효자 박태성

 효자동 박태성 효자비 앞

호 림 이 구간은 북한산 둘레길이라고 부르기 참 민망하네요. 도로를 따라서 걸어야 하는데도 북한산 둘레길이라고 불러야 하다니….

엄 마 그건 이 지역에 군부대도 많 고 일부 땅주인들이 둘레길 탐방객들을 위해서 자기네 땅을 통과하도록 허락하지 않았기 때문이란다.

대로를 따라 걸어야 하는 효자길 일부구간

아 빠 저기 효자비 있는 곳에서 잠 시 쉬어가자.

아 름 효자비요? 옛날, 이 근처에 이름난 효자가 있었던 모양이죠?

아 빠 있었다마다. 너무 유명해서 이 동네의 이름도 고양시 덕양구 효자 동인걸.

호 림 도대체 얼마나 이름난 효자이기에 동네이름까지 효자동일까?

아 름 여기 비석내용부터 읽어봐요.

朝鮮孝子朴公泰星旋閭之碑

박태성정려비

엄 마　조선효자 박공태성 정려지비朝鮮孝子 朴公泰星 旌閭之碑라고 쓰여 있어.

아 름　그 효자의 이름이 박태성이란 분이구나!

호 림　마지막 부분을 정려지비라고 하셨나요? 아빠는 조금 전에 효자비라고 말씀하셨는데….

아 빠　효자비는 일반적으로 이 비석을 부르는 별명이야. 원래 정식명칭은 정려비라고 하지.

아 름　아, 저는 정려문이라는 말도 들어 봤어요.

아 빠　'정려'라는 말은 깃발을 가리키는 '정旌'과 마을을 가리키는 '여閭'라는 말이 합쳐진 말이야. 원래 깃발을 단 문이라는 뜻의 정문旌門은 충신, 효자, 열녀들을 표창하기 위하여 그 집 앞에 세우던 붉은 칠을 한 문이란 뜻으로 쓰이게 되었어. 그런 정려문은 열녀문, 삼강문과 같은 구체적인 이름을 가지기도 해.

호 림　그 효자라는 분에 대해서 자세히 설명해 주세요.

아 빠　박태성은 영조 임금 때의 사람인데 3살 때 아버지를 여의었고, 대신 극진하게 홀어머니를 섬겼어. 그런데 그의 효행이 조정에까지 알려져서 과거를 거치지 않고 조상의 공덕으로 관리가 되는 음사蔭仕로 관직에 임명이 되었어.

아 름　요즘 같으면 특채군요. 참 좋았겠다.

아 빠　그런데 박태성은 '아버지의 얼굴도 알지 못하면서 어떻게 아버지의 음덕으로 의관을 갖추고 세상에 나설 수 있겠는가?'라면서 관직을 사양하였어.

호 림　굴러온 복을 차다니… 쯔쯧….

효자 박태성이 아버지가 돌아가신지 60년 후에 3년상을 치른 이유

아 빠 아버지가 돌아가신 지 60년이 지난 갑년^{甲年}이 돌아오자 그때 박태성의 나이가 63세였는데, 상복을 입고 무덤 옆에 여막을 짓고 살면서 마치 초상을 당한 것 같이 슬퍼하면서 3년간 시묘살이를 했다고 해. 일설에 따르면 눈보라가 심한 날 아버지의 묘로 가던 박태성이 쓰러졌는데 호랑이가 나타나서 그를 등에 태우고 아버지의 묘까지 갔다고 해. 아무튼, 박태성의 아버지 무덤이 있던 곳은 낮에도 호랑이가 자주 나타나서 모두가 무서워하는 곳이었지만 박태성이 시묘살이를 한 뒤로는 사람들이 밤에도 돌아다닐 수가 있었고, 가축이 호랑이에게 잡아먹히는 일도 사라지자 마을 사람들이 매우 고마워했어.

엄 마 너무 어려서 아버지의 3년상을 치르지 못한 것을 60년 후에 기어코 치르다니... 나라에서 인정할 만한 효자로군요!

호 림 왜 하필 60년 후에 3년상을 치렀어요?

아 빠 옛날 사람들이 날짜를 계산하는 방법은 육십갑자라고 해서 60진법의 방법을 썼어. '갑을병정무기경신임계'라는 천간과 '자축인묘진사오미신유술해'라는 십이지를 하나씩 섞어 쓰면 '갑자', '을축', '병인', '정묘',… 하는 식으로 마지막 '계해'까지 총 60가지의 경우가 나와. 이것을 간지^{干支}라고 부르고 연, 월, 일, 시까지 표기를 해. 그래서 시간은 60진법을 쓰는 거야.

아 름 맞아요. 1시간은 60분이고, 1분은 60초예요.

아 빠 그런 육십갑자가 한 바퀴 돌아서 다시 원래의 갑자로 돌아오는 것을 돌아올 환^還자를 써서 환갑^{還甲}이라고 해. 따라서 60년이 지나면 60년 전의 간지를 썼던 날과 완전히 똑같은 날이 다시 돌아오는 거야.

엄 마 그래서 환갑 나이는 태어난 간지干支의 해가 다시 돌아왔음을 뜻하는 61세가 되는 생일이 되는 거란다.

아 빠 주변에 있는 모든 사람이 뜻을 모아서 박태성을 경기감사와 조정에 추천했는데, 처음에는 벼슬을 주자는 의견들이 모아졌지만, 효행으로 관직을 얻는 것은 효자의 본분에서 벗어나는 일이라고 판단해서 특별히 정문旌門을 세우게 된 거야. 여기서 산 쪽으로 250m 정도 떨어진 곳에 박태성의 묘가 있는데 봉분 옆에는 박태성을 태웠다고 하는 호랑이의 묘도 남아있고, 최근에는 호랑이 조각상까지 만들었어.

박태성 묘와 옆의 호랑이 민무덤과 조각상

부모님이 돌아가시면 자식이 탈상을 할 때가지 3년 동안 묘소 근처에 움집을 짓고 산소를 돌보고 공양을 드리는 일을 일컫는다. 이는 법도와 그 이치 그리고 자식으로서 해야 할 도리가 그 단어에는 포함되어 있는 것이다

비슷한 말인 삼년상(三年喪)은 부모의 상을 당해 유교식 상례를 행하는 가운데, 3년 동안 상복을 입고 상을 치르는 일을 가리키는 단어이다. 3년상의 유래는 자식으로 태어나서 부모의 품 안에 3년 동안 있는 데에서 유래하였다.

모든 사람은 부모로 인하여 태어난다. 생명을 준 부모는 자식에게 본능적이고, 무조건적인 사랑을 베푼다. 자식도 부모를 그만큼 사랑하고 보은하는 것이 인륜이며, 인간다운 보람이다. 하지만 자식이 부모를 사랑하기란 부모가 자식을 사랑하듯 본능적이지 못하다. 공자(孔子)는 부모의 상(喪)을 삼 년 동안 모시는 까닭을 "자식은 나서 삼 년이 되어야 비로소 부모의 품에서 벗어나듯 부모의 상을 삼 년 동안 모시는 것은 천하의 공통된 상례법이다."라고 말씀하셨다. 태어나서 스스로 걸어 다니기 전까지의 삼 년이라는 최소한의 기간에 대한 보답의 의미가 담겨져 있다는 뜻이다. 부모가 베풀어주신 사랑에 대한 보답은 끝이 없기에 평소 지극정성으로 부모를 모셨던 예전의 효자들마저도 부모의 상을 당하면 묘소 옆에 여막을 짓고 부모의 마지막 가신 길을 지켜드리고자 하였다. (출처: 위키백과)

원도봉 입구

의혜공주 묘

다락원

도봉서원

무수골

제17구간 다락원길
제18구간 도봉옛길

의혜공주 묘

다락원의 지명 유래

호 림 아빠, 북한산 둘레길을 돌다 보니 북한산 쪽에는 문화재가 많았는데, 도봉산 쪽에서는 문화재가 그리 많지 않은가 봐요.

아 빠 문화재라는 것이 옛날 사람들이 남긴 흔적이다 보니깐 아무래도 옛날부터 사람이 많이 몰려 살았던 서울 가까운 쪽에 많이 몰려있는 것 같아. 이제 점점 서울 쪽에 가까워지기 때문에 하나 둘씩 보이게 될 거야.

아 름 그런데 아빠, 이곳 지명이 다락원이라고 하던데, 이름이 참 재미있어요. 다락원이라는 이름은 어떻게 생겨난 이름인가요?

아 빠 옛날 조선에는 원院이라는 제도가 있었는데 쉽게 말하자면 관리들과 같은 공용여행자들을 위해서 만든 국영숙박시설이었어. 하지만 공용여행자로 사용자를 제한하다보니 원은 점차 쇠퇴하게 되었고, 나중에는 점차 모습을 감추어서, 이제는 전국 여러 곳에 '원'자가 붙은 지명만 남게 되었어. 예를 들면 서울 동대문 밖의 보제원, 서대문 밖의 홍제원, 남대문 밖의 이태원, 그 밖의 지방에 인덕원, 조치원, 장호원 등이야. 그 대신 각 군현의 객사客舍인 관館에서 공용여행자의 숙박기능을 담당하게 되었어.

아 름 아, 고양시의 벽제관 같은 곳 말씀이군요! 그렇다면 민간인들의 숙박시설은 없었나요?

엄 마 민간인들의 숙박시설은 사극에서도 자주 등장하는 주막酒幕이었단다. 시골 길거리에서 술과 밥을 팔고 나그네에게 잠자리도 제공했지.

아 빠 주막에서는 술이나 밥을 사 먹으면 보통 음식 값 외에는 숙박료를 따로 받지는 않았다고 해. 또 숙박객에게는 이불을 따로 제공하지 않았고, 잠을 자는 가장 큰 방을 봉놋방이라고 불렀는데 하나의 온돌방에서 여러 명이 혼숙을 하였어. 아무튼, 이 근처는 조선시대에 포천에서 서울로 가는 중요한 길목이었기 때문에 이곳에도 원院을 만들었어. 그런데 원의 건물이 누각형식으로 만들어져서 이름을 한자로 누원樓院이라고 했고, 이것을 한글로 다락원이라고 부르게 된 거야.

엄 마 역참이라는 말도 있던데 원院하고는 어떻게 다르죠?

아 빠 역참은 역驛과 참站이 합쳐진 말이야. 역은 일종의 정거장과 숙박시설이 함께 운영되던 곳이고, 참은 파발을 이용한 통신 및 공용 출장자의 숙박시설이야.

호 림 기차가 없었던 시절에 무슨 정거장이 필요했어요?

아 빠 지금은 역이라고 하면 누구나 기차역만을 떠올리지만, 옛길을 다니면서 사람들을 실어 나르던 것은 기차가 아니란 말이었어. 그래서 이 땅에 기차가 처음 들어왔을 때 우리 선조들은 기차를 철마鐵馬라고 불렀던 거야. 아무튼, 말을 관리하고 있던 역참에 도착한 관리가 다음 역참까지 가기 위한 새 말을 확보하기 위해서 제시하던 것이 바로 마패야.

아 름 마패는 암행어사만 가지고 다니는 것이 아니었어요?

아 빠 마패는 상서원이라는 관청에서 발급했는데, 업무상 필요한 관리는 다 가지고 다닐 수가 있었어. 조금만 더 가면 의혜공주의 묘역이야.

차사는 조선시대 중요한 임무를 위하여 왕명으로 파견하던 임시관직인데, 한번 보내면 돌아오지 않는다는 뜻으로 쓰이는 함흥차사의 일화는 유명하다. 한편 '어사' 역시 지방에 당하관을 파견하여 왕에게 사실대로 보고하는 것을 직무로 하였는데 '일반어사'는 이조에서 임명하고 그 직무내용이 공개적인 것에 비하여, 암행어사는 왕이 측근 중에서 친히 임명할 뿐만 아니라 그 임명과 직무를 비밀에 부쳤다는 점이다.

암행어사는 임명받은 지방에 도착하여 염탐하는 과정을 마치면, 관아의 대청에 올라가 공문서와 창고를 검열하는데 이를 '출도'라고 하고, 암행어사가 출도를 할 때면 맨 앞의 역졸이 마패를 손에 들고 "암행어사 출도야"라고 크게 외쳤다.

그런데 암행어사의 활동이 비밀에 부쳐진 만큼 암행어사 자신의 신변의 위협도 많았다고 한다. 그래서 암행어사 활동 중에 죽은 사람도 많다고 하는데 그 원인을 살펴보면, 추위와 굶주림에 죽기도 하고, 산적을 만나기도 하고, 야생동물에게 죽기도 하고, 심지어는 암행어사에게 자신의 비리가 밝혀질 것을 두려워한 고관대작들이 몰래 보낸 자객들에 의해 죽임을 당하기도 했다고 한다.

암행어사의 대명사이며 필수 휴대품인 마패는 왕의 옥새를 관리하고 관리들에게 마패를 지급하던 관청인 상서원에서 발행하는데, 지름 10cm정도의 둥근모양의 구리표식이다. 그려진 말의 수효가 1마리부터 10마리까지 있어서 그 수효에 따라 말을 내 주었다. 그러나 현재 남아있는 것은 일마패에서 오마패까지 뿐이고, 기록에 의하면 십마패는 왕이, 그리고 칠마패는 영의정이 사용했다고 한다.

의혜공주묘

의빈계 품계표 읽기

호 림 무덤이 여러 개가 있는데 어느 것이 의혜공주의 묘예요?

아 빠 가장 위쪽에 있는 것이 의혜공주와 그의 남편 한경록의 묘야. 의혜
　　　공주는 중종 임금의 둘째 딸인데, 그 유명한 문정왕후가 생모야. 한
　　　경록이라는 사람에게 시집을 갔는데, 한경록은 문정왕후의 동생인
　　　윤원형의 집권을 위해서 정적인 윤임을 제거하는 데 공을 세워 공
　　　신이 된 사람이야. 게다가 남동생인 명종이 왕위에 올랐으니 한경
　　　록과 의혜공주의 권세가 어느 정도였는지는 충분히 짐작이 가지?

懿惠公主之墓
崇德大夫清原尉韓公之墓

의혜공주 묘 비석

엄 마 그래서 그런지 비석의 돌도 예사 돌이 아니에요.

아 빠 조선왕조실록에 의하면 의혜공주의 사저를 수리하는데 군인을
500명이나 동원했다고 해. 한때 문정왕후가 궁궐내 자신의 처소
가 편치 않다고 해서 창덕궁에서 의혜공주의 저택으로 이어移御하
기도 했고, 공주가 병에 걸리자 남동생인 명종이 친히 공주의 병문
안을 하고 저택을 감상하였는데, 후원 별관에 올라 오랫동안 감상
하고 나서는 "궁궐 안에도 이런 좋은 경치는 없다."라고 감탄할 정
도였다고 해.

엄 마 비석을 한번 읽어볼게요. 숭덕대부 청원위 한공지묘, 의혜공주지
묘崇德大夫淸原尉韓公之墓, 懿惠公主之墓

아 빠 비석의 재질도 참 좋고 비의머릿돌인 비두의 전면에는 구름 속에서
쌍용을 표현했고 후면 상단에는 구름 속의 달을 표현한 참 보기 좋
은 비석이야. 한경록은 임금의 사위인 부마였기 때문에 숭덕대부라
는 종1품 하계의 의빈계 품계를 받았어. 의빈儀賓은 왕과 왕세자의
사위인 부마를 관직제도 측면에서 부르는 명칭이야.

호 림 지난번에는 종친의 품계가 나오더
니 이번에는 의빈의 품계까지? 아
복잡해….

엄 마 뭘 그리 복잡하게 생각하니? 비석
을 읽을 때는 품계표 한 장만 들고
있으면 얼마든지 쉽게 참고할 수가
있는데….

위: 쌍용이 조각된 의혜공주 묘 비석의 앞면
아래: 구름속의 달을 표현한 의혜공주묘 비석의 뒷면

다락원길과 도봉옛길

맨 위가 의혜공주 묘고, 아래가 한의 묘

□ 조선품계표

구분	품계	문반계 文班階	무반계 武班階	종친계 宗親階	의빈계 儀賓階	구분
당상관	정1품	대광보국숭록대부 大匡輔國崇祿大夫	대광보국숭록대부 大匡輔國崇祿大夫	현록대부 顯祿大夫	유록대부 綏祿大夫	당상관
		보국숭록대부 輔國崇祿大夫	보국숭록대부 輔國崇祿大夫	흥록대부 興祿大夫	성록대부 成祿大夫	
	종1품	숭록대부 崇祿大夫	숭록대부 崇祿大夫	소덕대부 昭德大夫	광덕대부 光德大夫	
		숭정대부 崇政大夫	숭정대부 崇政大夫	가덕대부 嘉德大夫	숭덕대부 崇德大夫	
	정2품	정헌대부 正憲大夫	정헌대부 正憲大夫	숭헌대부 崇憲大夫	봉헌대부 奉憲大夫	
		자헌대부 資憲大夫	자헌대부 資憲大夫	승헌대부 承憲大夫	통헌대부 通憲大夫	
	종2품	가정대부 嘉靖大夫	가정대부 嘉靖大夫	중의대부 中義大夫	자의대부 資義大夫	
		가선대부 嘉善大夫	가선대부 嘉善大夫	정의대부 正義大夫	순의대부 順義大夫	
당하관 중 참상관	정3품	통정대부 通政大夫	절충장군 折衝將軍	명선대부 明善大夫	봉순대부 奉順大夫	당하관 중 참상관
		통훈대부 通訓大夫	어모장군 禦侮將軍	창선대부 彰善大夫	정순대부 正順大夫	
	종3품	중직대부 中直大夫	건공장군 建功將軍	보신대부 保信大夫	명신대부 明信大夫	
		중훈대부 中訓大夫	보공장군 保功將軍	자신대부 資信大夫	돈신대부 敦信大夫	
	정4품	봉정대부 奉正大夫	진위장군 振威將軍	선휘대부 宣徽大夫		
		봉렬대부 奉列大夫	소위장군 昭威將軍	광휘대부 廣徽大夫		
	종4품	조산대부 朝散大夫	정략장군 定略將軍	봉성대부 奉成大夫		
		조봉대부 朝奉大夫	선략장군 宣略將軍	광성대부 光成大夫		
	정5품	통덕랑 通德郎	과의교위 果毅校尉	통직랑 通直郎		
		통선랑 通善郎	충의교위 忠毅校尉	병직랑 秉直郎		
	종5품	봉직랑 奉直郎	현신교위 顯信校尉	근절랑 謹節郎		
		봉훈랑 奉訓郎	창신교위 彰信校尉	신절랑 愼節郎		
	정6품	승의랑 承議郎	돈용교위 敦勇校尉	집순랑 執順郎		
		승훈랑 承訓郎	진용교위 進勇校尉	종순랑 從順郎		
	종6품	선교랑 宣敎郎	여절교위 勵節校尉			
		선무랑 宣務郎	병절교위 秉節校尉			
참하관	정7품	무공랑 務功郎	적순부위 迪順副尉			참하관
	종7품	계공랑 啓功郎	분순부위 奮順副尉			
	정8품	통사랑 通仕郎	승의부위 承義副尉			
	종8품	승사랑 承仕郎	수의부위 修義副尉			
	정9품	종사랑 從仕郎	효력부위 效力副尉			
	종9품	장사랑 將仕郎	전력부위 展力副尉			

의혜공주와 숯장수 전설

아 빠 그런데 참 재미있는 것은 의혜공주와 숯장수에 관련된 전설이야. 그토록 권세를 누렸던 이 두 사람에 대한 전설의 내용은 역사적 사실과는 완전히 딴판이거든. 중종 임금은 어느 날 11명이나 되는 딸들과 모처럼 담소를 나누다가 딸들에게 "너희들은 누구 덕으로 궁중에서 이렇게 호의호식하고 지내느냐"하는 질문을 던졌어. 그러자 다른 공주들은 모두 "아바마마의 덕"이라고 대답했지만 의혜공주만은 "한 때의 부귀영화는 물거품과 같은 것이라고 들었사옵니다."라고 대답을 했어.

호 림 중종 임금은 무척 괘씸하게 생각했겠네요. 안 봐도 비디오다.

아 빠 당연하지. 중종은 이튿날 새벽 동대문을 열 때 제일 먼저 들어오는 자에게 의혜공주를 시집보내도록 어명을 내렸어. 그때 들어온 숯장수가 한경록이었어. 그렇지만 의혜공주는 숯장수에게 시집가서도 가난하게는 살았지만, 한 번도 부왕이나 남편을 원망해 본 일이 없었고 열심히 그리고 알뜰히 살았다고 해. 그러던 어느 날, 의혜공주는 남편이 일하는 숯터에 갔는데 숯가마의 이맛돌이 누런 황금 덩어리인 것을 보고 깜짝 놀랐어. 그 이후 두 부부는 그 황금을 팔아서 논밭을 마련하고 열심히 농사지어서 큰 부자가 됐고 한평생을 해로하면서 잘 살았다는 전설이야.

아 름 신라의 선화공주와 백제 무왕이 된 마동이의 아류작 같은 냄새가….

엄 마 아마도 의혜공주가 고분고분한 성격이 아니었기 때문에 그런 전설이 생겨난 것 같아요.

아 빠 자, 이제 아래쪽에 있는 의혜공주의 장남 한의(韓漪)의 묘로 가 보자.

관직명과 행수법

엄 마   내가 비석을 읽어볼게. 통훈대부 행상의원판관겸내승 한공지묘通訓
大夫 行尙衣院判官兼內乘 韓公之墓 숙인전주이씨지묘淑人全州李氏之墓 그리고 조선시
대 품계표를 보면 통훈대부는… 정3품 하계, 그리고 외명부는 숙
인! 제대로 되어 있네요.

아 름   아깝다. 한 단계만 더 올라갔으면 당상관이 될 수 있었는데….

아 빠   그렇지. 조선에서 당상관과 당하관이 차이는 하늘과 땅이거든. 그
런데 이 비문에서 우리가 주목할 점은 행行이라는 글자야. 이 분의
벼슬을 한번 볼까? 상의원의 판관을 지냈고 거기다 겸해서 내승이
라는 벼슬을 지냈어. 상의원은 임금의 의복과 궐내의 재화나 금 은
보화 등을 관리하고 공급하는 일을 맡았던 관청이고 거기 소속인
판관은 종5품 관직이야. 게다가 겸직을 하고 있는 내승內乘은 임금
의 말과 수레, 가마, 궁궐의 마구간 등을 관리하던 관청인 내사복시
소속의 정3품에서 종9품에 이르는 관직인데 높은 벼슬을 앞에 쓰
는 것이 원칙인 이상, 종5품인 판관보다는 높지 않은 관직일 거야.

엄 마   그것 참 이상하군요. 분명히 품계는 정3품의 하계인데, 관직은 종5
품이라니… 전혀 내용이 맞지 않네요?

아 빠   그래서 행行이라는 글자를 덧붙인 거야. 이런 것을 행수법行守法이라
고 하는데 품계가 높은 사람을 낮은 관직에 임명하거나, 품계가 낮
은 사람을 높은 관직에 임명하는 경우에 사용한 칭호야.

아 름   왜 관직에 딱 맞는 품계를 주지 않나요?

아 빠   품계는 쉽게 말해서 자격이야. 그런데 한번 준 자격을 뺏을 수는
없잖아? 그리고 나라의 벼슬자리인 관직은 이미 딱 정해진 숫자

淑

人

全

만큼 있어. 예를 들면 이조판서
라는 자리는 단 하나 뿐이거든.
그런데 관료는 계속해서 새로운
사람이 과거를 통해서나 음서를
통해서 관직에 들어오거든. 그
렇게 되면 관직의 숫자와 사람
의 숫자가 맞지 않는 거야. 이
런 불균형을 해소하는 방법 중
의 하나가 바로 행수법이야.

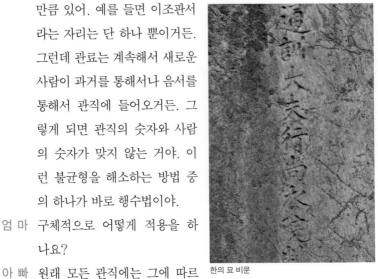
한의 묘 비문

엄 마 구체적으로 어떻게 적용을 하
나요?

아 빠 원래 모든 관직에는 그에 따르
는 품계가 일정하게 정해져 있어. 하지만 관직의 숫자와 사람의 균
형이 맞지 않는 경우에는 어떤 관직에는 그 관직 자체의 품계보다
더 높은 품계의 관원을 임명할 수도 있고, 또는 반대로 더 낮은 품
계의 관원을 임명할 수도 있어. 이 때 품계가 높은 사람을 낮은 관
직에 임용하는 것을 계고직비^{階高職卑}라고 하고 '행^行'이라는 글자를
덧붙이고, 반대로 품계가 낮은 사람을 높은 관직에 임용하는 것을
계비직고^{階卑職高}라고 하고 '수^守'라는 글자를 덧붙여.

아 름 아, 그래서 이 분은 정3품 통훈대부인데도 낮은 관직인 종5품 관직
에 임용되었기 때문에 행^行자가 붙었구나!

아 빠 반대의 경우를 한번 예를 들어볼까? 종2품의 가정대부^{嘉靖大夫} 품계
를 가진 사람이 정2품 관직인 호조판서에 임용되면 가정대부'수'
호조판서^{嘉靖大夫守戶曹判書}라고 하는 거야.

도봉사 외벽에 그려진 불화를 설명하는 필자

각석군 刻石群 하류 (도봉동문~만석대)

도봉서원으로 가는 길은
한자漢字와 한시漢詩를 접할 수 있는 수준 높은 답사 길이다

아 빠 이번에는 도봉서원으로 갈 거야. 서원은 조선시대 지방의 사립교육
기관이었는데, 쉽게 말해서 옛날의 지방사립대학이라고 할 수 있어.

호 림 옛날의 지방사립대학이요? 그렇다면 지방국립대학도 있었나요?

엄 마 그럼, 지방국립대학에 해당하는 것은 향교란다.

아 빠 지방에 교육기관으로 서원과 향교가 있었다면 한양도성에도 중앙
교육기관이 있었어. 쉽게 말해서 조선의 국립중앙대학원이라고 할
수 있지. 너희들도 많이 들어본 이름인데 혹시 아니?

아 름 우리가 많이 들어본 이름이라고요? 도대체 뭘까?

엄 마 성균관이란다.

호 림 아, 성균관대학교!

아 빠 요즘은 대학이라고 하면 순수하게 학문을 연구하는 곳이지만, 조선
시대에는 서원이나 향교, 성균관 등 모든 고등교육기관에서는 학문
을 연구하는 기능 이외에, 또 하나의 중요한 기능이 있었어. 그것
은 바로 선현(先賢)을 모시고 제사를 지내는 거야. 자세한 이야기
는 도봉서원 앞에 가서 하기로 하고, 서원까지 가는 길에 우리는 한
자 공부를 좀 해야겠다.

성균관 명륜당

성균관 존경각과 육일각

아 름 갑자기 웬 한자 공부요?

아 빠 내가 방금 서원은 지방교육기관이라고 했잖아? 서원이 공부하는
    곳이라면 서원 주변에는 공부하는 흔적이 많기 마련이지. 저 앞에
    첫 번째 한자 공부 코스가 보인다.

각석 하나. 도봉동문

  도봉동문 앞

아 빠 자, 여기 글씨가 쓰여 진 바위가 보이지? 도봉동문이라고 쓰여 있

도봉동문 각석

어. 이처럼 이곳에서 도봉서원까지 가는 약 500m 길이의 계곡에는
총 11개 바위에 14개의 글씨 또는 싯귀가 새겨진 바위가 여기저기

한국 유학의 본산인 성균관대학교 명륜당 앞뜰에는 두 그루의 은행나무가 마주서 있다. 명륜당 은행나무는 천연기념물 제59호로 지정되어 있다. 문묘 자체는 조선 태조 7년(1398)에 창건되었는데 임진왜란까지 두 차례에 걸쳐 소실되어 중건했다는 기록이 있는데, 이 은행나무는 문묘가 창건된 다음 심어진 것으로 보이며, 화재를 입은 흔적이 있다.

공자가 은행나무 아래에서 제자들을 가르쳤다는 고사에 근거해서 우리나라 성균관과 향교에는 모두 은행나무를 심었다. 그리고 그것을 행단(杏壇)이라고 부른다. 특히 아산 맹씨행단(孟氏杏壇)은 사적 제109호로 지정된 문화재로 충청남도 아산시 배방읍 중리에 위치하고 있는데, 아산맹씨행단 내에는 맹사성 정승이 심은 600여 년 된 은행나무와 고택이 있으며, 이 건물은 한국에서 제일 오래된 민가이다. 고택 뒤에는 맹 정승과 그의 부친인 희도, 조부 유의 위패를 봉안한 사당으로 세덕사가 있다. 거대한 은행나무가 있어서 행단이라 부른 것으로 추정하나, 공부하던 자리의 의미인 행단이 된 것으로도 추정된다.

충남 아산의 맹씨행단 은행나무

에 흩어져 있는데, 대부분 유명한 문인이나 학자들의 시나 문장을 바위에 새겼어. 이런 바위들은 글씨를 새긴 돌이라는 뜻에서 각석刻石이라고 하는데 이 각석들은 아름다운 계곡과 조화를 잘 이루기 때문에 전통 경관과 서예 연구에 중요한 자료가 되고 있어.

아 름 도봉동문道峯洞門이라면 도봉이라는 동네로 들어가는 문이란 뜻이네요. 표지판 치고는 꽤 커요.

아 빠 이 도봉동문道峯洞門 바위 글씨는 우암 송시열의 글씨야. 우암 송시열은 조선후기의 정치계와 사상계를 호령했던 인물이야. 조선 전기의 조광조와 더불어서 조선을 유교, 특히 성리학의 나라로 만든 장본인이기도 했어. 공자, 맹자, 노자, 장자처럼 위대한 사람들에게는 자子 자를 붙이는데 우리나라의 유학자 중에서 유일하게 자子 자를 붙인 사람이 우암 송시열이야. 즉, 송자라고 불렀어. 이 정도면 송시열에 대한 느낌이 팍팍 오지?

호 림 그런데, 몰상식하게도 도봉동문의 글씨 밑에 자기 이름을 썼다가 지운 흔적이 뚜렷하게 남아있어요. 대부분 한글로 되어 있는데, 너무해요.

엄 마 저런 것을 보고나서 우리는 절대로 저런 행동을 해서는 안 된다는 것을 깨달아야 해.

아 빠 엄마의 말과 딱 떨어지는 사자성어가 있는데 그것이 바로 반면교사反面教師야. 반대 반, 얼굴 면, 가르칠 교, 스승 사 자를 써서, 잘못된 가르침을 주는 스승을 가리키는 말인데, 다른 사람의 잘못된 일과 실패를 거울삼아 나의 가르침으로 삼는다는 뜻이야. 이 도봉동문 글자에 이어서 다음 번에 나올 다섯 개의 각석은 도봉계곡을 따라서 상류로 올라가야 하는데 그곳은 현재 북한산국립공원에서 청정계곡을 보호하고 계곡생태계 보전을 위해 출입금지구역으로 설정해 두었어.

아 름 그럼, 답사를 못한다는 말인가요?

아 빠 내가 그래서 사전에 국립공원관리공단 측에 허가를 받아 두었지.

호 림 역시, 아빠의 답사준비는 빈틈이 없어요!

각석 둘. 용주담龍珠潭

→ 가학루 정자 앞

가학루, 필자의 설명을 듣고 있는 답사참가자들

아 빠 지금부터는 각석을 잘 찾아야 해. 대부분이 나무나 수풀에 가려서 잘 보이지 않기 때문에 자칫 놓치기 쉬워. 우선 저기 작은 폭포 앞쪽 왼편에 있는 큰 바위 두 개를 잘 봐. 그 중에서도 앞쪽에 있는 바

용주담, 필동암이 새겨져 있는 계곡

위의 상단에 액자처럼 네모난 테두리를 파고 그 안에 글자를 새겼어. 당신이 한번 읽어볼래?

엄 마 봄 춘春 자에, 구슬 주珠 자, 그리고 못 담潭 자. 춘주담이군요!

아 름 봄 구슬 연못? 도대체 무슨 뜻이죠?

아 빠 그렇게 해석이 안 되는 것은 첫 번째 글자를 잘못 읽어서야. 첫 번째 글자를 자세히 봐.

엄 마 첫 번째 글자라면 봄 춘 자… 아, 봄 춘 자가 아니구나!

아 빠 첫 번째 글자는 잘 쓰이지 않는 글자야. 얼핏 보면 봄 춘春자와 비슷해 보이지만 자세히 보면 아래쪽이 날 일日자가 아니야. 저 글자는 찧을 용舂, 또는 절구질할 용舂자야. 나도 뜻을 정확히 해석하기가 쉽지 않은데, 굳이 글자대로 해석을 하자면 저기 작은 폭포에서 떨어지는 물소리와 연관 지어서 생각해 볼 때, 떨어지는 물방울은 마치 구슬이 떨어지는 것과 같고, 떨어지는 물소리는 절구를 찧을

다락원길과 도봉옛길

용주담 각석

때 나는 쿵쿵거리는 소리처럼 낮은 저음소리를 내는 연못이라는 뜻이 아닐까 해. 결국, 용주담은 시각적인 것과 청각적인 것을 함께 표현했다고나 할까?

엄 마 여보, 이렇게 해석을 해보면 어떨까요? 이곳이 도봉서원으로 가는 길이고 따라서 선비들의 글공부와도 많은 관련이 있을 것 같은데, 저 폭포에서 떨어진 물이 이 바위들을 수없이 찧어서 점점 작은 돌맹이를 만들고 궁극적으로는 작은 구슬처럼 되도록 오랫동안 열심히 글공부에 매진하라는 뜻이 아닐까요?

아 빠 와! 멋진데? 난 당신의 해석이 내 것보다 훨씬 마음에 들어.

호 림 그런데 이 글씨는 누구의 글씨인가요?

아 빠 아쉽게도 이 용주담이라는 글씨 이외에는 아무것도 없어서 전혀 알 수가 없어.

옛적, 한 자리에 모인 네 명의 사내들이 각기 자신의 뜻을 말하기로 하였다.
"나는 10만금을 갖고 싶어."
"난 신선이 되어 학을 타고 다닐 거야."
"나는 양주 자사가 되고 말겠어."라고 하였다. 그런데 남은 한 사람이 말하기를,
"하하... 나는 허리에 10만금을 차고, 학을 타고, 양주 자사가 되겠어."라고 하였다고 한다.

세 사람 것을 몽땅 가지려는 그 사람의 뜻은 대단하지만 그러나 말로만 하면 무슨 소용이 있겠는가?
10만금과 자사의 벼슬을 함께 갖겠다는 것도 어려운 일인데, 더구나 학까지 타겠다고 하니, 이는 인력
으로는 미칠 수 없는 일일게다.

양주의 도봉(道峰)은 바로 정암(靜庵) 선생이 독서했던 곳이다. 산길을 따라 정상에 오르자면 구름 깊
은 골짜기가 으슥하고, 다시 계곡의 물을 따라 20리쯤 가다보면 홀(笏)을 든 관원이 조회하는 것처
럼 천축봉(天竺峰)이 우뚝 솟아 있는데 이곳 역시 바위진 골이 깊숙하고 꽃나무들이 아름답다. 그리
고 판서 조성하(趙成夏)의 별장이 예전의 모습 그대로 보존되어 있는 유별난 동천도 자리하고 있다.

나의 친구 송석(松石) 박문규(朴文圭)는 송양(松陽:개성) 태생으로 일찍이 학업을 마쳤으나 관로에는
뜻이 없었는데, 도주(陶朱)처럼 부자가 되겠다고 굳은 의지를 품고 이곳 양주에 수십만 평의 산림과 집
터 전답 등을 점거하였는데, 얼마 지나지 않아 이처럼 번화하게 되었다.
송석은 본디 연하(煙霞)와 천석(泉石)을 사랑하는 벽(癖)이 있어 한 해에는 정자를 짓고, 그 이듬해에
는 누각을, 또 그 이듬해에는 다리를 가설하는 등 많은 돈을 들여 오랜 세월을 공사하여 훌륭하고 든
든하였다.

이해 여름, 윤낙운이라는 친구가 그곳을 찾아갔는데, 마침 송석이 있었다. 서로 심회를 푼 다음, 수각
에서 술잔을 나누었다. 쏟아지는 한줄기의 깨끗한 폭포는 빗소리인지, 물소리인지 너무도 시원하였다.
술이 얼큰 하자 송석이 말하기를 "대원군이 '가학루'라고 쓴 편액(扁額)이 유실되어 버렸으니, 나를 위
해 기문을 지어주게."라고 하였다.

이를 사양할 수 없어 "그대는 넉넉한 가산과 양주의 많은 땅을 가지고 정자 이름을 가학루라 하였으니,
저 10만금을 갖고 학을 탄다는 말이 바로 그대를 두고 한말이 아니겠는가."하니 송석이 빙그레 웃었다.
또다시 오고간 술잔에 서로 취해 옥산(玉山:신선이 사는 곳)이 무너지는 것조차 몰랐다.

가학루

각석 셋. 필동암^{必東嵒}

아 빠 　다음 각석은 용주담 바위의 바로 뒤편에 있어. 글자가 굉장히 크지?

엄 마 　반드시 필^必, 동녘 동^東, 바위 암^嵒. 필동암이군요!

호 림 　반드시 동쪽에 있어야 하는 바위? 무슨 뜻이 이래요?

아 빠 　바위에 새겨진 글귀 중에는 원래 완전한 뜻을 담고 있는 글이나 문
　　　　장에서 몇 글자만 뽑아내어 만든 글귀가 많아. 그럴 경우에는 원문
　　　　을 모르면 전혀 해석이 안 돼.

엄 마 　예를 들어, 흔히 자동판매기를 '자판기'라고 줄여서 말하는데 자판
　　　　기만 가지고는 해석이 안 되는 것과 마찬가지란다.

아 름 　자판기를 해석하면 '스스로를 파는 기계'처럼 우스운 해석이 돼요.

아 빠 　저기 필동암의 원문은 만절필동^{萬折必東}이라는 중국의 사자성어인데,

필동암 각석

중국 대륙에 있는 황하는 만 번을 굴절되고 꺾어져서 흐르지만, 반드시 동쪽으로 흐른다는 뜻이야.

엄 마 어떤 우여곡절을 거치더라도 마침내는 끝까지 목적지로 향해 간다라는 뜻이군요! '고진감래', '칠전팔기'와도 뜻이 비슷하고 참 좋은 의미를 갖고 있네요.

아 빠 개인적으로는 저 말에 참 좋은 의미를 부여할 수는 있어. 하지만 적어도 조선시대만큼은 저 말이 주는 정치적인 의미는 완전히 다른 뜻이야. 만절필동은 조선시대 선비들에게는 충신의 절개는 꺾을 수 없다는 뜻으로 받아들여졌고, 그것은 곧 청나라에 대한 반감과 이미 망해버린 명나라에 대한 맹목적인 사대주의를 뜻했어.

엄 마 맞아요. 가만 생각해 보니 우암 송시열은 골수 사대주의자였어요.

아 빠 이왕 만절필동과 우암 송시열 이야기가 나왔으니 말인데, 여보, 우

필동암 계곡

리가 충북 괴산의 화양구곡을 답사했을 때 들렀던 사당 생각나?

엄 마 화양구곡의 사당이라면... 만절필동하고 관련이 있고... 아, 만동묘萬東廟!

아 빠 그래, 바로 만동묘야. 그 만동묘도 결국 만절필동에서 따온 말이야.

호 림 만동묘는 누구의 무덤이에요?

아 빠 만동묘의 묘는 무덤 묘墓 자가 아니라, 종묘할 때처럼 사당 묘廟 자야. 임진왜란 때 조선을 도와준 데 대한 보답으로 명나라 황제를 제사지내기 위해서 숙종 30년인 1704년에 충북 괴산군 화양동華陽洞에 지은 사당인데, 청나라에 사신으로 다녀온 사람으로부터 명나라 마지막 황제의 친필인 비례부동非禮不動이라는 글씨를 전해 받은 송시열이 그 글을 화양동 석벽에다 새겨놓고 제자들에게 사당을 짓고 제사지낼 것을 유언으로 남겨서 지은 사당이야. 아무튼 도봉동문 글자를 남긴 송시열의 흔적이 이곳 필동암에서도 간접적으로 느껴지지?

필동암 암자 옆에 새겨진 박사호

아 름 이 글씨를 쓴 사람은 누군지 알 것 같아요. 마지막 글자인 암자 끝 쪽에 사람 이름이 새겨져 있어요.

아 빠 응, 박사호朴思浩라는 이름이 새겨져 있기는 하지만 정작 저 사람이 이 글을 썼는지에 대한 기록은 아무데도 없어. 자, 다음번 각석으로 가 볼까? 필동암 옆의 폭포 위쪽으로 조금 올라가서 계곡의 왼쪽 부분을 잘 살피면서 개울을 따라 올라가다보면 조그만 동굴이 하나 보일 거야.

충북 괴산의 만동묘정비

만동묘

속리산의 북쪽 화양동계곡은 효종 임금을 잃은 슬픈 마음을 간직한 채 계곡을 찾아 은거하며 세월을 보낸 조선 중기의 대학자 우암 송시열이 중국의 무이구곡을 흠모하며 이름 지었다는 아홉 곳의 절경이 이어지는 곳이다. 가평산, 낙명산, 백악산이 둘러싸듯 어우러지는 계곡은 완만하게 다듬어진 산책로를 따라 약 5㎞의 길을 걸으며 그 아름다움을 바라볼 수 있다.

이곳저곳으로 흐트러짐 없는 아홉 경관이 순서대로 사람들을 기다린다. 기암이 가파르게 솟아나 있는 경관이 하늘을 떠받치듯 한다는 경천벽, 구름의 그림자가 맑게 비친다는 운영담, 송시열이 효종의 승하를 슬퍼하며 새벽마다 통곡하였다는 흰빛의 바위인 읍궁암, 맑고 깨끗한 물결 아래로 금싸라기 같은 모래가 흐른다는 금사담을 지나 바위의 모습이 층을 쌓은 것 같은 첨성대에는 밤하늘의 별을 관찰하였다는 의종의 어필이 바위 아래 새겨져 있다.

이어지는 경관은 구름을 찌를 듯한 큰 바위의 능운대, 열 길이나 된다는 너른 바위가 꿈틀거리는 용을 닮았다는 와룡암, 낙락장송이 모여 있는 언덕 아래로 백학이 모여들었다는 학소대. 계곡의 끝을 장식하는 흰 바위는 티 없는 옥과 같다하여 파천이라 불린다. 이름의 의미를 찾아 산책하듯 아홉 경관을 둘러보는 산행은 마음을 편하게 만들어주어 마치 옛 선비가 된 듯하다. 주변으로 이어지는 선유동계곡과 함께 속리산의 북쪽을 아름답게 만드는 경관은 이른 아침 인적이 드문 한적함을 벗 삼아 살펴본다면 더욱 깊이를 느낄 수 있다.

화양구곡

각석 넷. 연단굴錬丹窟

호 림 아빠, 찾았어요. 그런데 굴 안에는 못 들어갈 것 같아요. 나뭇잎과 여러 가지 쓰레기가 쌓여있고 퀴퀴한 냄새도 나요. 굴 입구의 오른 편 상단에 글씨가 쓰여 있는데 엄마가 읽어 주세요.

엄 마 단련할 연, 붉은 단, 굴 굴, 연단굴錬丹窟이야.

아 빠 연단錬丹이라는 말을 이해하려면 연금술을 떠올리면 돼. 연금술은 기타 다른 금속으로 황금을 만들려고 했던 것에 비해서, 연단은 도교에서 나오는 단약을 만들려고 했던 방법이야. 단약은 옛날 중국에서 도사道士가 수은으로 이루어진 광물질인 진사辰沙로 만들려고 했던 불로불사의 묘약을 가리키는 말인데, 중국의 진시황제는 수은

연단굴(왼쪽)과 연단굴 각석(오른쪽)

을 불로장생의 약으로 알고 수은을 환약으로 만들어서 먹다가 수은 중독으로 죽었어. 하지만 수은은 옛날부터 불로장생의 약으로 많이 알려졌어.

아 름 왜 사람들은 수은을 불로장생의 약으로 알았나요?

아 빠 그 이유는 수은이 말 그대로 '물과 같은 액체이고 은처럼 광택이 나는 물질'이면서, 실온에서 액체 상태로 존재하는 유일한 금속이기 때문에 사람들에게 신비감을 주었지. 게다가 수은은 소량 섭취시 일시적으로 피부가 팽팽해지는데, 이것을 회춘하는 것으로 잘못 알고 젊음을 부르는 불로장생의 약으로 믿게 되었던 거야. 아무튼, 이곳에 연단굴이 있다는 것은 결국 이 도봉계곡이 단약을 먹고 사는 신선들의 세계라는 것을 암시하는 거야. 자, 이제 계곡 건너편으로 가 볼까?

뱀의 발 진시황제와 수은

진시황제는 불로초를 찾기 위해 백방으로 사람을 보내는 등 필사적인 노력을 했음에도 불구하고 결국 불로초를 찾지 못했다. 하지만 진시황제가 불로불사약을 너무나도 간절히 원하고 있었기에 각지에서 수상쩍은 방사들까지 모여들었다. 진시황제가 그들로부터 불로불사의 약인 줄 알고 받아서 먹고 자신의 생명까지 단축한 것이 있는데 그것이 바로 수은이다. 결국 시황제는 불로불사를 꿈꾸다가 마침내는 자신의 생명까지 줄어든 비참한 결과를 낳게 된 것이다.

진시황은 죽음을 그렇게 피하려 했으면서도 한편으로는 열세 살 즉위 할 때부터 자기가 죽어서 들어갈 묘자리를 파고 있었다. 시황릉(일명 여산릉)은 높이가 116m, 주위의 길이가 2.5km, 사방이 각각 600m에 달하는 엄청난 규모로 무려 70여만 명의 죄수가 동원되어 공사를 했다. 관은 동으로 주조하였으며 무덤 내부는 궁전과 누각 등의 모형과 각종 진귀한 보물들로 가득 채웠다. 그리고 수은으로 황하, 양자강 및 바다를 본 떠 만들고 수은을 계속 흐르게 하였으며 천장에는 진주로 아로새긴 해와 달과 별들이 반짝이게 하여 지상의 세계를 그대로 펼쳐 보이도록 했다.

각석 다섯. 제일동천第一洞天

아 름 아, 저기 바위글씨가 보인다. 저 글자는 참 쉽네요. 저도 읽을 수 있
         어요. 제일동천第一洞天이에요.

제일동천 옆에 새겨진 글씨(왼쪽)와 제일동천 각석(오른쪽)

호 림 그럼 어딘가에 제2동천, 제3동천도 있겠네요?

엄 마 동천洞天은 산천으로 둘러싸인 경치 좋은 곳을 뜻하는 말인데, 신선
         이 산다는 곳을 뜻하는 별유선경別有仙境 또는 선경仙境과 비슷한 말이란
         다. 따라서 제일동천은 동천 중에서도 가장 뛰어난 곳이라는 뜻이야.

아 빠 우리나라에서 동천이란 지명을 갖고 있는 곳이 여러 군데 있지만,
         가장 많이 알려진 곳이 강화도의 '함허동천'과 서울 종로구 부암동

의 백사실 계곡으로 유명한 '백석동천'이야.

아 름 서울 시내 한복판인 종로에도 동천이 있어요?

아 빠 서울 시내에 신선이 사는 곳과 비슷한 곳이 있다는 것이 뜻밖이지?
인왕산과 북악산의 서울성곽이 만나는 창의문 밖 부암동의 백사실

서울 종로구 부암동 백사실 계곡에 있는 백석동천

계곡은 지금도 도롱뇽과 개구리가 사는 청정지역이고, 그곳에는 백
석동천白石洞天이라는 글씨가 쓰인 바위가 있어. 백석동천의 백석白
石은 흰 돌이라는 뜻인데, 흰 돌이 많아서 원래 백악산이라고 불렸
던 지금의 북악산을 가리키는 말이야. 따라서 백석동천은 북악산에
있는 경치 좋은 곳이란 뜻이지.

엄 마 그런데 그 옆에 또 글자가 있어요. 오른쪽의 것은 마을 동, 가운데
중, 곧 즉, 신선 선, 지경 경, 동중즉선경洞中卽仙境이고 왼쪽의 것은 마
을 동, 입 구, 이 시, 복숭아 도, 근원 원, 동구시도원洞口是桃源이네요.

아 빠 끊어 읽기를 잘 하면 쉽게 뜻을 알 수 있어. 동중, 즉, 선경洞中卽仙境의

뜻은 동천 안쪽으로 들어가니, 즉, 여기가 바로 신선이 사는 동네이고 동구, 시, 도원洞口是桃源의 뜻은 동천으로 들어가는 입구는, 이것이 바로, 무릉도원이구나.

엄 마 시의 내용도 내용이지만 여기 새겨진 글씨는 정말 대단해요. 마치

칠언절구 각석

종이에 쓴 것처럼 자유로운 붓놀림이 그대로 살아있어요.

아 빠 이 글씨도 누가 쓴 것인지는 알려진 바가 없어. 그런데 이 바위에는 또 다른 글씨가 있어.

호 림 그러네요! 이쪽 면에도 글씨가 있어요. 그런데 글씨가 엄청 많아요.

엄 마 내가 한번 읽어 볼게요. 초서라서 읽기가 쉽지 않은데….

연기 연, 노을 하, 대바구니 롱, 곳 처, 마을 동, 烟霞籠處洞연하롱처동 문 문, 열 개, 땅 지, 향할 향, 구름 운, 門開地向雲문개지향운

뫼 산, 물건 물, 바깥 외, 후미질 벽, 일만 만, 山物外闢萬^{산물외벽만}

어른 장, 봉우리 봉, 높은 고, 붉을 단, 굴 굴, 丈峰高丹窟^{장봉고단굴}

깊을 심, 될 화, 늙은이 옹, 아낄 간, 숨길 비, 深化翁慳秘^{심화옹간비}

사랑할 자, 샘 천, 돌 석, 慈泉石^{자천석}

丁丑九月 道峰樵叟^{정축구월 도봉초수}

여보, 마지막 부분만 글을 쓴 날짜와 사람이라는 것을 알겠고, 나머지는 무슨 말인지 하나도 모르겠어요.

아 빠 당연하지. 끊어 읽기를 잘못해서 그래. 이 시는 칠언절구야. 그래서 이렇게 끊어 읽어야 해.

　　　연하농처동문개煙霞籠處洞門開

　　　안개와 노을이 농후한 곳에 마을 문이 열리니

　　　지향운산물외벽地向雲山物外僻

　　　땅은 구름 낀 산을 향하고 속세를 벗어난 외진 곳(별천지)에 있네

　　　만장봉고단굴심萬丈峰高丹屈深

　　　만장봉은 높디높고, 연단굴은 깊고 깊은데

　　　화옹간비자천석化翁慳秘慈泉石

　　　조물주는 이 좋은 샘과 돌의 경치를 아껴서 몰래 감춰 두었네

　　　정축구월 도봉초수丁丑九月 道峰樵叟

　　　정축년 9월 도봉산의 늙은 나무꾼

엄 마 어떻게 그런 뜻이 가능하죠?

아 빠 몇 가지 해석의 포인트가 있어. 우선 물외벽에서 물외^{物外}는 세상 물정을 벗어난 바깥, 즉 속세 밖의 별세계를 가리키는 말이야. 그리고 만장봉과 단굴은 이 계곡의 뒷산인 만장봉과 바로 계곡 건너편에 있는 연단굴을 가리키는 말이야. 그리고 화옹은 조화옹造化翁을 줄여

서 쓴 말인데, 조물주와 같은 말이야. 마지막으로 초수樵叟는 나무할 초, 늙은이 수 자를 써서 늙은 나무꾼을 가리키는 말이야.

엄 마 아, 알겠어요. 이 바위에 있는 글자들도 어떤 연관성을 가지고 있어요. 동천, 선경, 도원, 물외, 단굴 이 모든 것이 도교의 신선사상과 연결되어 있어요.

아 빠 그만큼 이 도봉계곡이 신선세계와 같다는 뜻이야. 자, 이번에는 다시 계곡 반대편을 잘 봐. 위쪽편의 바위 글씨가 보이니? 나뭇잎에 가려있기 때문에 잘 찾아 봐야해.

칠언절구를 설명하고 있는 필자

뱀의 발 도봉산(道峰山)

높이는 739.5m이며, 주봉(主峰)은 자운봉이다. 북한산(北漢山)과 함께 북한산국립공원에 포함되어 있으며, 서울 북단에 위치한다. 우이령(牛耳嶺)을 경계로 북한산과 나란히 솟아 있으며, 북으로 사패산이 연이어 있다. 면적이 24㎢로 북한산의 55㎢에 비해 등산로가 더 조밀하며, 산 전체가 큰 바위로 이루어져 있다. 북한산국립공원의 일부로 산 전체가 하나의 커다란 화강암으로 이루어져 있으며, 절리(節理)와 풍화작용으로 벗겨진 봉우리들이 연이어 솟아 기암절벽을 이루고 있다. 주봉인 자운봉(紫雲峰)에서 남쪽으로 만장봉(萬丈峰), 선인봉(仙人峰)이 있고, 서쪽으로 오봉(伍峰)이 있다. 도봉동계곡, 송추계곡, 망월사계곡을 비롯하여 회룡사(回龍寺), 망월사(望月寺) 등 많은 사찰이 있다. 그 밖에 조선 선조(宣祖)가 조광조(趙光祖)를 위하여 세웠다는 도봉서원(道峯書院)이 있다.

다락원길과 도봉옛길

도봉산

각석 여섯. 만석대萬石臺

만석대 각석

아 름 음… 아, 보여요. 저 글자는 쉽네요. 만석대라고 쓰여 있어요.

엄 마 일만 만萬, 돌 석石, 돈대 대臺 자를 썼으니 돌이 많은 곳에 세운 돈대
　　　라는 뜻인 듯한데….

아 빠 글쎄… 그렇게 간단한 뜻을 저렇게 높은 바위에 새겼을 리가 있었
　　　을까? 혹시 만석군이라는 말 들어봤어?

아 름 천석군, 만석군할 때의 만석군이요? 그건 곡식 만 섬 가량을 거두
　　　어들일 만한 논밭을 가진 큰 부자를 뜻하잖아요?

호 림 요즘 말로 하면 천석군은 백만장자, 만석군은 억만장자예요.

아 빠 내가 보기에 저 만석대 글자는 중국고사에 나오는 만석군萬石君의 이

야기와 관련이 있을 지도 몰라. 우선 사마천의 사기에 나오는 만석군의 이야기를 해 줄게. 옛날 중국 진나라 사람 중에 석분石奮이라는 사람이 있었어. 그런데 그가 15세 때에 유방이 항우를 공격하기 위해 진나라 땅을 지나게 되었을 때 우연한 기회에 유방 밑에 들어가 시중을 들게 되었어. 그런데 석분이 예의 바르고 성실한 태도로 일하자 유방은 석분을 귀여워하면서 좀 더 많은 일을 맡게 하였어. 그 후 유방이 천하를 통일하고 한나라를 세우자 석분은 장안에 살게 되면서 출세를 거듭했지만, 항상 매우 공손하고 성실하게 일했고 벼슬이 계속 높아져서 나중에는 태자를 가르치는 직책에 임명이 될 정도였어. 그는 자신만 처신을 잘한 것이 아니라 자식들도 공손하고 성실하게 키웠어. 후에 그가 가르친 태자가 황제에 오르자 석분은 물론 석분의 네 아들도 모두 2천 석의 녹을 받는 지위까지 오르게 되었는데, 모든 부귀와 은총을 받은 석분에게 사람들은 만석군萬石君이라고 부르게 되었어.

엄 마 결국 석분과 그 아들들은 청백리로 볼 수 있겠네요?

호 림 갑자기 왜 만석군이라고 불렀대?

아 름 오빠, 간단한 산수도 안 되냐? 석분이 2천석, 나머지 네 아들도 모두 2천석, 합이 만석이잖아!

아 빠 내가 생각하기에 만석대는 만석군인 석분의 이야기를 연상케 함으로써 도봉서원에서 공부하는 선비들도 나중에 과거에 급제해서 관직으로 나가더라도 석분처럼 항상 예의 바르고 성실하게 몸가짐을 하라는 뜻으로 써 놓은 것이 아닐까 해. 얘들아, 만석대를 끝으로 하류 쪽 골짜기에서의 글씨공부는 끝이 났으니 상류 쪽으로 올라가 보자. 도봉서원 바로 앞에 있는 계곡에도 각석이 많이 있어.

각석군^{刻石群} 상류^(무우대~복호동천)

각석 일곱 중 하나. 무우대^{舞雩臺}

 도봉서원 앞

아 빠 하류 쪽에 있는 글씨공부를 초급이라고 한다면, 이곳의 글씨공부는
      중급이라고 할 수 있어.
호 림 하류 쪽에서도 글씨 해석하기가 만만치 않았는데 그것을 초급이라

도봉서원 터

하시면, 이곳은 도대체 얼마나 어렵단 말인가요?

엄마 그래도 아빠가 최대한 쉽게 설명해주실 거야. 걱정하지 마.

아빠 그렇게 하마. 우선 도봉서원 앞의 글씨를 보기 위해서는 계곡 속으로 다시 내려 가야해. 이곳은 계곡으로 내려가는 계단이 끊어져 있어서 매우 위험해. 내가 먼저 내려가서 잡아 줄 테니 모두 조심해서 내려와!

아름 와! 이런 곳에 글씨가 쓰여 있었구나! 글씨가 엄청 커요! 그런데, 등산로에서는 절대로 안 보이겠다!

아빠 자, 저 바위를 잘 보면 글씨가 서로 다른 방향으로 쓰여 있지?

아름 그러네요. 세로로 쓰여 있는 짧은 글씨도 있고, 옆으로 두 줄로 눕혀서 쓴 긴 글씨도 있어요.

아빠 우선 짧은 것부터 보자. 춤출 무, 기우제 우, 돈대 대자를 써서, 무우대舞雩臺라고 했어. 그리고 그 옆에 작은 글씨로 찰 한, 물 수, 늙은이

무우대 바위

옹자인 한수옹^{寒水翁}이라고 썼는데, 글 쓴 사람의 별칭이야.

호 림   기우제를 지내면서 춤을 추는 곳이라고요?

아 빠   이것도 중국의 고사를 알아야만 이해를 할 수 있어. 어느 따뜻한 봄 날 공자가 제자들에게 "너희가 지금 하고 싶은 것을 말해 보아라" 라고 했더니 대부분 각자의 큰 뜻과 포부를 밝힌 반면에, 증점이라 는 제자는 이런 말을 했다고 해. "늦은 봄에 봄옷이 만들어졌으면, 어른 5, 6명과 아이들 6, 7명을 데리고 기수^{沂水}에서 목욕하고, 무 우^{舞雩}에서 바람 쐬고 노래를 읊으면서 돌아오겠습니다. ^{莫春者 春服旣成 冠} ^{者伍六人 童子六七人 浴乎沂 風乎舞雩 詠而歸}" 그랬더니 공자님도 "나도 너와 함께 하고 싶구나"라고 하셨대. 여기서 기수는 강의 이름이고, 무우는 하 늘에 기우제나 제사를 지내던 무우대를 가리킨다고 해.

엄 마   그 이야기가 뜻하는 바는 뭐죠?

아 빠   공자는 '도^道는 인간에게서 멀지 않다.'라는 것을 강조하고 싶었 던 거야. 한자로는 '도불원인^{道不遠人}'이라고 했어. 즉, 정말 의미 있 는 인생의 참 뜻은 아주 먼 곳에 있는 것이 아니라 바로 우리 주변 에 있다는 것을 강조한 것이라고 볼 수 있어. 그리고 여기서 등장 하는 증점은 공자님의 제자 중에서 유교의 네 성인으로 일컬어지 는 증자의 아버지야. 증점과 증자는 부자지간에 모두 공자님의 제 자였던 셈이야.

아 름   제가 보기에 공자님과 증점의 공통된 생각은 너무 지독하게 공부하 는 데에만 매달리지 말고 때때로 바람도 쐬고 쉬어 가면서 하는 것 이 좋다는 것으로 해석이 돼요.

엄 마   호호호, 너희 입장에서는 그렇게 해석해도 되겠구나.

호 림   그것 참! 알고 보니 너무 좋은 글귀네요. 저도 제 책상 위에 하나

무우대 각석

써 붙여 놔야겠어요.

아 름 오빠, 무우대가 뜻하는 것은 평소 공부를 많이 하는 사람에게 잠시 쉬라고 하는 것이지, 오빠처럼 항상 쉬는 사람에게는 전혀 해당사항이 없다는 것을 명심했으면 좋겠어!

아 빠 허허, 이 녀석들 보게 나! 아무튼, 이 무우대의 글씨를 쓴 한수옹(寒水翁)은 조선 후기의 유학자인 권상하(權尙夏, 1641~1721) 선생을 가리키는데, 우암 송시열의 수제자였고 평소 수암(遂菴) 또는 한수재(寒水齋)라는 호를 썼다고 해.

엄 마 '무우'라는 글자를 새겼으면, 혹시 '기수'라는 글자를 새긴 바위는 없을까요? 그래야 짝이 맞을 것 같은데…

아 빠 당신의 짐작이 맞아. 옛날 기록에 의하면 무우대 아래쪽에 두어 길쯤 되는 폭포가 있었고, 그 폭포 밑에는 떨어지는 물이 돌아드는 못이 만들어졌는데, 그 못의 북쪽에 기수(沂水)라는 글씨가 새겨져 있었다고 해. 하지만 숙종 39년에 큰 바위까지도 떠내려갈 정도의 엄청난 비가 와서 계곡을 몽땅 쓸어가는 바람에 이곳의 지형이 많이 바뀌었다고 해.

뱀의 발   풍영정(風詠亭)

풍영정(風詠亭)은 광주광역시 광산구 신창동에 있는 정자다. 정자의 이름인 풍영은 '논어'에서 따 왔는데, 언젠가 공자가 제자들에게 소원을 묻자 증점(曾點)이 이렇게 대답했다. "기수(沂水)에서 목욕을 하고 무우(舞雩)에서 바람을 쐬고 나서 노래를 부르며 돌아오고 싶습니다(浴乎沂 風乎舞雩 詠而歸)." 라는 말을 줄인 것이 풍영이다.

제월광풍갱별전 각석

각석 일곱 중 둘. 제월광풍갱별전霽月光風更別傳

아 빠 자, 이번에는 옆으로 눕혀서 쓴 글씨를 읽어 볼게. 이 글씨는 7언 절구의 싯구야.

제월광풍갱별전霽月光風更別傳,

비갤 제, 달 월, 빛 광, 바람 풍, 다시 갱, 다를 별, 전할 전

요장현송답잔원聊將絃誦答潺湲,

애오라지(오로지) 요, 장차 장, 줄 현, 읊을 송, 답할 답,

졸졸흐를 잔, 물 흐를 원,

그리고 그 아래쪽에 작은 글씨로 화양노부서華陽老夫書라고 써서 글쓴 이를 알려주고 있어.

엄 마 제월광풍이라면 어디서 많이 들어본 글귀인데….

아 빠 제월광풍은 다른 바위에서도 또 나오는 글자이기 때문에 자세한 이야기는 그 때 해 줄게. 제월광풍의 뜻을 글자 그대로 해석하면 비

가 개고 난 다음의 맑은 달빛과 밝은 날의 바람이라는 뜻이야. 뒤에 나오는 갱별전까지 붙여서 해석을 한다면, '제월광풍이 다시 따로 전해주네'야.

아 름 뭘 전해준다는 거죠?

아 빠 원래 이 시는 주자학을 완성시킨 주희(주자)의 시 백록강회차복장운白鹿講會次卜丈韻에서 한 부분만을 뽑아낸 거야. 원문 중에서 앞부분의 칠언절구를 하나 더 붙이면 청운백석료동취靑雲白石聊同趣 제월광풍갱별전霽月光風更別傳이야. 그 뜻은 '푸른 구름과 흰 돌은 오로지 그 정취를 함께 하고, 제월광풍은 다시 따로 전해주네'야.

엄 마 아, 앞부분을 들어보니 이제야 이해가 되었어요. 속세를 벗어난 신선세계인 도봉동천의 정취를 제월광풍이 다시 한 번 더 전해준다는 뜻이군요.

각석 일곱 중 셋. 요장현송답잔원聊將絃誦答潺湲

아 빠 자, 이번에는 뒤쪽의 싯구 요장현송답잔원聊將絃誦答潺湲인데 이것도 백록동서원강회에서 지은 차운사십숙부백록지작次韻四十叔父白鹿之作에서 한 부분만을 뽑아낸 거야. 해석을 해 보면 '오로지 거문고를 치며 부르는 노래가 졸졸 흐르는 물소리에 화답하네'야.

아 름 전체적으로 들어보면 좋은 경치 속에서 풍류를 즐기라는 뜻인 것 같은데….

호 림 아니, 서원 바로 앞에 이런 시를 써 놓으면 공부를 하라는 건지, 아니면 하지 말라는 건지 헷갈려요.

아 빠 주자가 이 시를 통해 가르치고자 했던 것은 '오로지 유학에 전념해서 도덕적 품성을 길러야 하며, 절대로 출세를 위한 과거공부나 현실을 도피하는 망상을 하지 말라는 것'이었어. 이런 결론은 이 시들의 가장 뒷부분을 보면 확실히 알 수 있어. 제월광풍갱별전 싯구의 결론부분은 '진귀하고 소중한 벗이 많이 있는 가운데 무한한 즐거움이 있나니 / 모든 학생들은 출세를 부러워하거나, 추락을 고민하지 말라'이고, 요장현송 싯구의 결론부분은 '많은 벗이 모여 있는 가운데 다소간 뛰어난 가르침이 즐겁나니 / 공허한 논리를 말하지 말고, 신선도 추구하지 마라'야.

아 름   화양노부서華陽老夫書는 화양노부가 썼다는 뜻인데, 화양노부가 누구죠?

아 빠   충북 괴산에 화양서원이라고 있어. 이 화양서원은 노론의 영수였던 송시열을 모신 서원이야. 또, 괴산에 있는 화양동계곡을 화양구곡이라고도 부르는데, 그것은 송시열이 중국의 주자가 자신의 고향이면서 경치가 뛰어난 무이구곡에서 시를 짓고 생활한 것을 본 따서 지은 이름이야. 따라서 화양노부는 송시열을 가리키는 말이지.

엄 마   여보, 다음 달에는 우리 오랜만에 화양구곡으로 답사를 갑시다.

충북 괴산의 화양서원

주희가 백록동서원강회(白鹿洞書院講會)에서 유학에 전념하고 출세를 위해 공부하지 말라는 뜻으로 지은 시 두 편 중 한 구절씩 발췌한 것이다. 그 시 두 편은 아래와 같다.

白鹿講會次卜丈韻(백록강회차복장운)

宮牆蕪沒幾經年(궁장무몰기경년) 서원담장에 잡초가 우거진 지 그 몇 해인가?
秖有寒烟鎖澗泉(지유한연쇄간천) 오직 찬 안개만이 산골짜기 샘물을 지켰다네
結屋幸容追舊觀(결옥행용추구관) 집을 세우니 다행히 옛 경관을 따를 수 있네
題名未許續遺編(제명미허속유편) 서원의 명칭은 아직 유서 깊은 전통을 이을 허락을 받지 못했노라
青雲白石聊同趣(청운백석료동취) 푸른 구름, 하얀 돌은 애오라지 예전과 같은 분위기지만
霽月光風更別傳(제월광풍갱별전) 비가 개고 달이 올라 시원한 바람을 다시금 특별히 이어 받았도다
珍重箇中無限樂(진중개중무한락) 진귀하고 소중한 벗이 많이 있는 가운데 무한한 즐거움이 있나니
諸郎莫苦羨騰騫(제랑막고선등건) 모든 학생들은 출세를 부러워하거나, 추락을 고민하지 말라

次韻四十叔父白鹿之作(차운사십숙부백록지작)

誅茅結屋想前賢(주모결옥상전현) 띠풀을 베어 집을 짓고 옛날 어진 이를 생각하니
千載遺蹤尚宛然(천재유종상원연) 천 년 전에 남긴 자취 아직도 완연 하구나
故作軒窓挹蒼翠(고작헌창읍창취) 짐짓 추녀 끝에 낸 창문으로 푸른빛이 뜨니
聊將絃誦答潺湲(요장현송답잔원) 애오라지 거문고를 치며 노래하여 졸졸 흐르는 물소리에 화답하네
諸郎有志須精學(제랑유지수정학) 모든 학생들이 뜻을 두고 모름지기 학문에 정진하면
老子無能但欲眠(노자무능단욕면) 늙은 선생은 가르칠 능력이 없어 단지 졸기만 하리로다
多少箇中名教樂(다소개중명교락) 가중에 다소간 뛰어난 가르침이 즐겁나니
莫談空諦莫求仙(막담공체막구선) 공허한 논리를 말하지 말고, 신선도 추구하지 말아라

호 림 어라? 이런 곳에도 글자가 있었네요! 무우대 글씨 보러 내려가느라 바로 옆에 있는 글자를 놓쳤어요!

아 빠 이번 글씨는 여덟 글자야. 염락정파 수사진원濂洛正派 洙泗眞源라고 쓰여 있고, 그 옆에 조그맣게 춘옹서春翁書라고 글쓴이를 밝히고 있어. 우선 한자의 뜻을 하나씩 알아볼까? 염락정파濂洛正派는 물이름 염, 물이름 락, 바를 정, 갈래 파자고, 수사진원洙泗眞源는 물가 수, 물이름 사, 참 진, 근원 원자야.

엄 마 염락과 수사라는 말이 모두 물이름이라는 뜻과 관련이 있으니 마치 고유명사처럼 들리네요?

아 빠 맞았어, 지명이야. 여기서 염락은 염계濂溪와 낙양洛陽을 가리키는 말이고, 송나라의 유학을 일으킨 주돈이와 그의 제자인 정호, 정이 형제를 배출한 곳이야. 또한 수사洙泗는 공자가 예전에 살면서 제자들을 가르쳤던 곳의 이름이야.

엄 마 결국 이 도봉서원이 송나라 유학인 '성리학의 정통 계파'라는 뜻과 조선 땅 안에서 '공자의 가르침을 전하는 진짜 근원지'라는 뜻이군요!

아 빠 그렇지, 이 글을 쓴 사람은 춘옹서春翁書라고 자신을 표시했는데 춘옹이란 동춘당同春堂 송준길宋浚吉, 1606~1672이라는 조선후기 유학자의 호에서 따온 것이야. 송준길은 우암 송시열과는 아저씨뻘 되는 친척인데 송시열보다 한살 위였어. 그렇지만 송시열을 형이라고 부르면서 함께 스승 김집 밑에서 동문수학 했다고 해. 그래서인지 두사람은 학문적이나 정치적이나 같은 사상으로 의기투합했고, 양

염라정파 수사진왕 각석

송兩宋이라고 불려 질만큼 친형제 이상의 관계를 가졌음을 알 수 있
지. 우리나라에서 가장 뛰어난 18분의 유학자인 해동 18현海東十八
賢의 한 분이야.

엄 마 우암 송시열과 어깨를 나란히 할 정도라면 정말 대단하신 분이었
을 것 같아요.

아 빠 송시열이 워낙 거물이어서 그 그늘에 가려진 듯한 느낌이 있지만,
아무튼 이 분도 대단하신 분인데, 숙종의 왕비였으면서 장희빈과
왕비자리를 주고받았던 인현왕후의 외할아버지이기도 하고, 명성
황후에게는 7대 외조부가 되기도 하지.

뱀의 발 해동 18현(海東十八賢), 동방 18현(東方十八賢) 또는 동국 18현(東國十八賢)

성균관 문묘(공자묘(孔子廟), 공자의 위패를 모신 사당)에 배향하는 우리나라의 유학자들을 말한다.
본래 동서재(東西齋)에 모셔져 있었으나 1975년 9월에 대성전(大成殿)으로 옮겨졌다.

문창후(文昌侯) 최치원	홍유후(弘儒侯) 설총
문성공(文成公) 안유	문충공(文忠公) 정몽주
문헌공(文憲公) 정여창	문경공(文敬公) 김굉필
문원공(文元公) 이언적	문정공(文正公) 조광조
문정공(文正公) 김인후	문순공(文純公) 이황
문간공(文簡公) 성혼	문성공(文成公) 이이
문열공(文烈公) 조헌	문원공(文元公) 김장생
문정공(文正公) 송시열	문경공(文敬公) 김집
문순공(文純公) 박세채	문정공(文正公) 송준길

각석 아홉. 광풍제월光風霽月

엄 마 이 글씨는 광풍제월이군요. 무우대 바위에서 봤던 제월광풍을 거꾸로 썼어요! 그런데 계곡에서 이 글씨를 보려면 아주 위험해요. 자칫 물에 빠질 수도 있을 것 같아요.

아 빠 안전하게 이 글씨를 보려면 계곡 맞은편의 등산로에서 보면 돼. '광풍제월'이나 '제월광풍'이나 직역하면 비가 개고 난 다음의 맑은 달빛과 밝은 날의 바람이라는 같은 뜻이야. 그런데 광풍, 제월 두 글자를 따로 따로 생각해 봐. 어디서 많이 본 듯한 기억이 나지 않아?

엄 마 음... 아, 생각났다. 담양 소쇄원의 제월당霽月堂과 광풍각光風閣!

아 빠 맞았어. 소쇄원의 그 건물들뿐만 아니라 창덕궁 후원 주합루의 바로 오른쪽 뒤편에는 제월광풍관霽月光風觀이라는 건물도 있어. 이 광풍제월을 직역이 아닌 의역을 하면, 마음결이 명쾌하고 집착이 없으며 시원하고 깨끗한 인품을 가리키는 데, 원래 '송서宋書' 주돈이 전편周敦頤傳篇에서 북송北宋의 시인이자 서예가인 황정견이 주돈이를 존경하여 쓴 글 '정견칭 기인품심고 흉회쇄락 여광풍제월庭堅稱 其人品甚高 胸懷灑落 如光風霽月'에서 따온 거야. 해석하자면, '정견이 일컫기를, 그의 인품이 심히 고명하며, 마음결이 시원하고 깨끗함이, 마치 맑은 날의 바람과 비갠 날의 달과 같도다.' 이런 뜻이야.

호 림 도대체 주돈이가 어떤 사람이었기에 그렇게 칭찬이 자자해요?

아 빠 중국 송나라 때의 유학자인데 도가사상의 영향을 받고 세계는 태극 → 음양 → 오행 → 남녀 → 만물의 순서로 구성된다는 새로운 유교 이론을 창시했어. 그리고 도덕과 윤리를 강조하고 우주생성 원리와 인간의 도덕원리는 같다고 하였고, 그 이론을 태극도설이라는 저서

光風霽月 각석

에 남겼어. 쉽게 말해서 성리학의 토대를 닦은 사람이야.

아 름   아빠가 항상 중요하다고 강조하시는 음양오행을 정리하신 분이군요!

아 빠   그렇지. 이 분은 호가 염계濂溪여서 염계 선생으로 불렸고, 정호程顥, 정이程頤 형제를 가르쳤기 때문에 남송의 주자朱子는 염계를 도학道 學의 개조라고 불렀어.

다락원길과 도봉옛길

아 름 아, 바로 조금 전 염락정파의 염자가 바로 주돈이 선생을 가리키
　　　는 구나!

호 림 여기서 제대로 복습을 하네요!

아 빠 나는 이 주돈이 선생의 애련설_{愛蓮說}이라는 작품을 아주 좋아해. 창
　　　덕궁 후원의 애련지와 애련정의 이름은 바로 주돈이의 애련설 작

전남 담양 소쇄원의 제월당과 광풍각

周敦頤(주돈이)

水陸草木之 花可愛者甚蕃 (수륙초목지 화가애자심번)
물이나 뭍에서 자라는 풀과 나무의 꽃 가운데 정말 사랑할 만한 것이 대단히 많다.

晉陶淵明 獨愛菊 自李唐來 世人甚愛牡丹 (진도연명 독애국 자이당래 세인심애모란)
진의 도연명(시인)은 그 중 국화를 가장 사랑했고,
이씨의 당나라 이래로 부터는 세상 사람들은 모란을 몹시 사랑했다.

予獨愛蓮之出於 泥而不染 濯淸漣而不妖 (여독애련지출어 니이불염 탁청련이불요)
그런데 나는 유독 연꽃이 진흙탕 속에서 나왔지만
그에 물들지 않고 맑고 잔잔한 물에 씻겨도 요염하지 않은 것을 사랑한다.

中通外直 不蔓不枝 香遠盆淸 (중통외직 불만부지 향원익청)
연꽃은 가운데가 비었어도 외모는 꼿꼿하며 넝쿨도 없고 가지도 없다.
게다가 향기는 멀리 있을수록 더욱 맑으며

亭亭淸植 可遠觀而不可褻玩焉 (정정청식 가원관이불가설완언)
우뚝하고 맑게 심어져 있어 멀리서 보기에 적당하지 가까이 감상하기에는 적당하지 않다.

予謂 菊 花之隱逸者也 牡丹 花之富貴者也 蓮 花之君子者也 (여위 국화지은일자야 모란화지부귀지야
연 화지군자자야)
내 평하건대, 국화는 꽃 중에 속세를 피하는 꽃이요, 모란은 꽃 중에 부귀한 꽃이요,
연꽃은 꽃 중의 군자일 것이다.

噫 菊之愛 陶後鮮有聞 蓮之愛 同予者何人 (희 국지애 도후선유문 연지애 동여자하인)
오호라! 국화를 사랑하는 사람은 도연명 이후로 들어보지 못했고,
연꽃을 사랑하는 사람은 나와 함께 할 이 몇이나 되겠는가?

牡丹之愛 宜乎衆矣 (모란지애 의호중의)
모란을 사랑하는 사람이 많은 것은 어쩌면 당연하다고 할 것이다.

창덕궁 후원의 애련정

품의 제목에서 따온 거야. 게다가 애련설 작품 속에 나오는 "향기
는 멀리 있을수록 더욱 맑다"라는 구절은 정말 멋있는 부분이야.
그 부분에서 일부분을 뽑아내어 이름을 지은 곳이 경복궁 안에 있
어. 어딘지 알겠니?

아 름 향기는 멀리 있을수록 더욱 맑다?

창덕궁 후원의 애련지

엄 마 향원지香遠池와 향원정香遠亭이란다. 향원익청香遠益淸이란 대목에서 뽑
아낸 말이지.

호 림 아빠, 그런데 바람 풍자 바로 옆에 '정ㅇ'이라는 낙서를 새겨놓은
사람이 있어요.

아 빠 이런 사람들 때문에 글을 쓰신 한천寒泉 선생은 지하에서 얼마가 가
슴이 아프실까? 광풍제월 왼쪽 아래에 조그만 글씨로 쓴 천옹서泉
翁書는 호를 도암陶菴, 또는 한천寒泉이라고 하셨던 조선후기의 문신
이재李縡, 1680~1746 선생을 가리켜. 노론의 대표적 인물의 한사람으

다락원길과 도봉옛길

로 중앙정계와 학계를 배후에서 움직였는데, 이재 선생의 어머니는 인현왕후의 친언니야. 자, 이번에는 저기 물에 아랫부분이 잠긴 바위를 한번 볼래?

경복궁 향원지와 향원정

각석 열. 고산앙지 高山仰止

엄 마 세 글자 밖에 안보이네… 높을 고, 뫼 산, 우러를 앙….

아 빠 원래 아래쪽에 그칠 지止자가 더 있어서 고산앙지 高山仰止야.

아 름 높은 산을 우러러 보는 것을 그쳐라? 이런 뜻이 맞나요?

아 빠 고산앙지는 '시경 詩經'에 있는 '고산앙지 경행행지 高山仰止 景行行止'라는
　　　　문구에서 발췌한 것인데, 원래 뜻은 '산이 높으면 우러러 보지 않
　　　　을 수 없고, 큰 행실은 그칠 수 없다'라는 뜻이라고 해. 충청북도 옥
　　　　천에 있는 이지당 二止堂이라는 서당의 이름도 우암 송시열이 '고산앙
　　　　지 경행지지'의 끝 글자 '지止'자 두개를 따서 이지당 二止堂이라고 이
　　　　름 지었어.

고산앙지

조선시대 중엽 옥천읍 옥각리에 사는 김(金), 이(李), 조(趙), 안(安)의 4문중이 합작해서 세운 서당이다. 당초에는 각신동(覺新洞)이라는 마을 앞에 있었으므로 각신서당(覺新書堂)이라고 하였다. 여기서 후학을 가르쳤던 조선 중기의 성리학자 조헌(趙憲, 1544~1592)의 친필로 된 '각신서당'이라는 현판이 걸려 있다.

조헌은 이이의 문인 가운데서도 뛰어난 학자로, 〈기발이승일도설(氣發理乘一途說)〉을 지지하여 이이의 학문을 계승 발전시켰으며, 시호는 문열(文烈)이다. 1592년(선조 25) 임진왜란이 일어나자 의병(義兵)을 일으켜 1,700여 명을 규합하여 영규대사(靈圭大師)의 승병(僧兵)과 함께 청주(淸州)를 수복하는 공을 세웠다. 그러나 그 후 금산싸움에서 700명의 의병과 함께 순국하였다.

각신서당은 후에 송시열(宋時烈)이 《시전(詩傳)》에 있는 '고산앙지 경행행지(高山仰止 景行行止)', 즉 '산이 높으면 우러러 보지 않을 수 없고 큰 행실은 그칠 수 없다'라는 뜻의 문구에서 끝의 '지(止)'자를 따서 이지당(二止堂)이라고 고쳐 불렀다. 그 후 퇴락된 것을 1901년(광무 5) 이 서당을 세웠던 4문중에서 재건하여 오늘에 이른다. 현재 서당 건물은 목조 6칸의 강당과 누각으로 되어 있다.

이지당

엄 마   당신의 해석이 거꾸로 아닌가요? 고산앙지高山仰止에서 앙지는 우러
       러보는 것을 그친다는 뜻인데….

아 빠   그칠 지止를 단독으로 쓰면 '그치다'라는 말이 되지만, 다른 동사
       와 함께 쓰면 '~에 이르다' 또는 '반드시 ~하게 하다'라는 뜻도 있
       어. 예를 들면 폐지廢止는 '없애는 것을 그친다'는 것이 아니라 '없애
       는 상태에 이르다. 반드시 없애게 하다.'라는 뜻이야. 똑같은 원리
       로 정지停止는 '멈추는 것을 그친다.'가 아니라, '멈추는 상태에 이르
       다. 반드시 멈추게 하다.'라는 뜻이야. 따라서 앙지仰止는 '우러러 보
       는 지경에 이르다. 반드시 우러러 보게 하다. 또는 우러러 보지 않
       을 수 없다.'로 해석해야 해.

엄 마   글쓴이는 '경진庚辰 7월 김수'까지만 보이고 마지막 글자가 안 보여요.

아 빠   조선 후기의 문신이자 성리학자인 곡운谷雲 김수증金壽增 선생이야. 이
       분은 정작 자신보다도 동생이 더 유명해. 왜냐하면, 김수증은 벼슬
       이 공조판서까지만 올랐지만, 동생인 문곡文谷 김수항金壽恒은 영의정
       까지 올랐고, 아들인 김창집까지 영의정에 올랐기 때문이지. 물론
       김수항은 노론의 영수 역할을 하다가 기사환국으로 남인이 집권하
       자 유배지에서 사사되는 비극을 맞기도 했지. 김수증은 동생이 죽
       자 벼슬을 그만두고 낙향했다가 잠시 관직에 있기도 했지만 결국
       모두 사퇴한 뒤 세상을 피해 강원도 화천 화악산 골짜기에 은둔하
       면서 지냈어.

호 림   김수증 선생은 짧고 굵게 사는 것보다 길고 가늘게 사는 것이 좋다
       는 것을 가르쳐주네요?

아 름   오빠! 고산앙지高山仰止에서 배울 점을 찾아야지, 엉뚱한 데서 배울
       점을 찾으면 어떡해?

아 빠 자, 바로 옆에 있는 도봉서원은 잠시 후에 내려올 때 다시 들르기로 하고, 여기서 계곡을 따라 조금만 더 올라가면 마지막 각석이 있어. 이제 출발 해 볼까?

각석 열하나. 복호동천伏虎洞天

아 빠 자, 여기가 마지막 각석인 복호동천伏虎洞天이야. 동천은 이미 제일동천에서 설명했으니 알 것이고, 복호라고 하는 것은 엎드릴 복伏자, 범 호虒자야.

복호동천 각석

엄 마 여보, 여기 쓰인 범 호虒자는 내가 알고 있는 범 호虎자가 아니에요.
아 빠 한자사전을 찾아보면 범 호자가 여러 개가 있어. 여기 쓰인 범 호虒자는 삐침별 부수의 범 호자이고, 수건 건자를 부수로 하는 범 호帍자도 있어.
호 림 자꾸 범 호, 범 호 하시는데, 왜 간단히 호랑이 호라고 하지 않나요?
아 빠 호림아, 호랑이라는 단어에는 두 가지 동물의 뜻이 들어 있다는 말 들어 봤니?

호 림 호랑이가 두 가지 동물이라뇨? 처음 듣는 말이에요.

아 빠 영어로 이야기하자면 호랑이는 타이거^{tiger}와 울프^{wolf}를 동시에 부르는 말이야.

아 름 울프^{wolf}? 늑대 말씀인가요? 호랑이라는 말에 늑대라는 뜻이 왜 들어가 있어요?

아 빠 호랑이는 '호랑虎狼'이라고 하는 한자말에 '이'라는 우리말 접미사가 붙어서 생긴 말이야. 여기서 호虎 자는 범 호虎 자이고, 랑狼 자는 이리 랑狼 자이기 때문에, 원래 호랑이라는 말은 순 우리말로 하자면 가장 무서운 것을 지칭할 때 쓰던 말로 범과 이리를 동시에 나타내는 말이었어. 그러던 것이 세월이 흐르면서 '범'만을 가리키는 말로 변화한 것이지.

엄 마 '범'이라는 말을 잘 안 쓰다 보니 이제는 '자신의 띠가 범띠'라고 하거나 '하룻강아지 범 무서운 줄 모른다.'라는 속담에서만 만날 수 있단다.

아 빠 그 속담에서도 '하룻강아지'는 원래 '하릅강아지'였어. 하릅강아지는 나이가 한 살 된 강아지를 가리키는 말이야.

아 름 어쩐지… 태어난 지 하루도 안 된 강아지는 눈도 제대로 못 뜨는데, 그런 강아지가 범 무서운 줄 모른다는 속담은 왠지 말이 안 되는 것 같아서 이상했어요.

아 빠 복호동천은 글자 그대로 해석하면 '엎드린 호랑이 모양을 한 경치 좋은 곳'이란 뜻이지만, 전반적인 상황을 고려해서 해석하면 아직 출세를 못한 선비들이 숨어서 먹이를 노리는 호랑이처럼 적당한 때를 기다리며 학문을 열심히 갈고 닦는 자신들을 비유한 글이 아닌가 하는 해석이 가능해. 자, 이제 도봉서원으로 가 보자.

도봉서원 각석군을 답하하기전 개괄적인 설명을 하고 있는 필자

도봉서원

2014년까지 복원공사 중인 도봉서원

아 빠 애들아, 여기가 도봉서원인데, 현재 복원공사 중이야. 계획으로는 2014년까지 복원공사를 하는 것으로 되어 있어. 비록 공사 중이어서 내부를 들여다 볼 수는 없지만 이 앞에 걸려있는 '도봉서원복원 조감도'로 설명해 줄게.

엄 마 2014년 이후에 복원공사가 완료되면, 그 때 다시 한 번 와서 실물 답사를 하자꾸나.

아 빠 이 도봉서원은 조선 중종 임금 때 신진 사림士林 세력을 배경으로 도

도봉서원 터

학정치를 실현하고자 했던 정암 조광조趙光祖, 1482~1519를 기리기 위해서 1574년을 전후로 세운 서원이야. 보통 서원은 한 분을 모시는 것이 일반적이지만 이 서원은 조광조 이외에 우암 송시열宋時烈, 1607~1689까지 함께 모시고 있어. 조선 전기와 후기를 대표하는 성리학자를 모두 모신 서원이기 때문에 조정에서도 각별히 신경을 쓴 서원이었

복원 중인 도봉서원 조감도

고, 그런 이유 때문에 영조 임금은 '도봉서원'이라는 현판을 직접 써
서 내려주시기도 하셨어.

아 름   복원공사를 하는 것은 왜인가요? 혹시, 산사태 등으로 서원이 피
해를 봤나요?

아 빠   흥선대원군이 서원을 없애버렸기 때문이야. 초기의 서원들은 내부
적으로는 인재를 양성하고 선현을 배향하면서 기본적인 서원 역할
에 충실했고, 외부적으로는 유교적 향촌 질서 유지 등 긍정적인 기
능을 발휘했지만, 조선 후기로 갈수록 차츰 혈연이나 지연, 학벌,
사제, 당파 관계 등과 연결되면서 병폐도 많아지기 시작했어. 특히,
일종의 특권으로 부여되었던 전지田地와 노비를 과도하게 점유하고,
면세, 면역의 특전을 누리면서 당파의 소굴이 되었고 심지어는 서
원을 근거로 양민들에게 사사로운 형벌을 가하고 착취하는 등 폐단

이 극심해지자, 흥선대원군은 국가 재정과 군역, 당쟁의 폐단이 모두 서원에서 비롯되었다고 판단하고, 전국의 서원을 47개소만 남기고 모두 통폐합 해 버렸어. 도봉서원도 그때 없어졌지.

호 림 없어진 서원을 어떻게 복원을 하죠? 아무렇게나 만들 수는 없잖아요?

아 빠 그건 걱정 안 해도 돼. 도봉서원에 관련된 옛 기록도 아주 많을 뿐더러 그림까지도 몇 점이 남아있어. 그것을 근거로 복원하는 거야. 도봉서원에 관련된 대표적인 기록은 율곡 이이^{李珥}와 이정구^{李廷龜}가 각각 남긴 도봉서원기^{道峰書院記}, 택당 이식^{李植}이 남긴 제도봉서원^{題道峰書院}, 한수재 권상하^{權尚夏}의 소광정기^{昭曠亭記}, 이엽^{李燁}의 북한도봉산유기, 류군필^{柳君弼}의 유삼각산기^{遊三角山記}, 월사 이정구^{李廷龜}의 유도봉서원기^{遊道峯書院記}, 김노겸^{金魯謙}의 유도봉기^{遊道峯記} 등이 있고, 뿐만 아니라 도봉서원 각 건물의 상량문도 복원에 많은 도움을 주고 있어.

아 름 백문이 불여일견이라고 했는데 복원에는 글보다도 그림이 더욱 효과적일 것 같아요.

아 빠 도봉서원의 옛 그림도 몇 개가 남아있는데, 대표적인 것이 건국대학교 박물관에 소장된 필자 미상의 '도봉서원도'와 겸재 정선^{鄭敾}이 그린 '도봉서원도'야.

필자 미상의 도봉서원도

도봉서원 배치의 특징은
강당 뒤편에 동재와 서재가 있다는 것이다

엄 마 　도봉서원의 복원조감도를 보면 예전에 우리가 가봤던 도산서원이
　　　나 병산서원과는 약간 차이점이 있는 것 같아요.

아 빠 　당신의 말이 맞아. 도산서원이나 병산서원을 비롯한 대다수의 서원
　　　은 동재와 서재가 강당의 앞쪽에 있는 구조인 반면에, 이곳 도봉서
　　　원은 동재와 서재가 강당의 뒤에 있는 보기 드문 구조야.

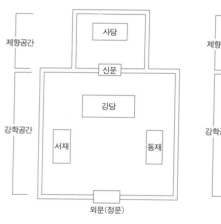

강당 앞에 동재와 서재가 있는 건물 배치

강당 뒤에 동재와 서재가 있는 건물 배치

호 림 　동재와 서재가 뭐예요?

엄 마 　요즘 말로 하면 기숙사야.

아 빠 　서원은 크게 두 개의 구역으로 나눌 수가 있어. 먼저 선현에 제사
　　　를 지내는 공간은 제향공간이라고 하는데, 보통 서원의 가장 안쪽

다락원길과 도봉옛길

도산서원의 동재와 서재

에 자리를 잡고 있어. 그리고 학생들이 공부하는 공간은 강학공간이라고 하는데, 교실에 해당하는 강당과 기숙사에 해당하는 동재와 서재로 구성되어 있어. 동재와 서재는 구조적으로는 차이점이 없지만 동재에는 상급생들이 생활을 하고, 서재에는 하급생들이 생활을 해.

아 름 아, 알겠다. 동재, 서재의 학생배치는 음양오행에 따라서 서열이 높

병산서원

다락원길과 도봉옛길

은 동쪽에 상급생, 서열이 낮은 서쪽에 하급생이 배치되는 거죠?

엄 마 아름이는 응용력도 참 좋구나!

아 빠 서원의 구조에서 이곳 도봉서원처럼 동재와 서재가 강당의 뒤쪽에 있는 드문 경우로는, 전남 장성의 필암서원 정도야.

호 림 서원이 사립교육기관이라면 향교는 국공립교육기관이라고 하셨는데, 향교의 구조는 서원과 많이 다른가요?

필암서원

서원과 향교의 차이점

아빠   향교도 크게 제향공간과 강학공간으로 나누어지는 점은 서원과 마
       찬가지야. 하지만 뚜렷한 차이점이 있어. 서원은 원칙적으로 한 분
       의 선현을 모시는 데 반해서, 향교는 문선왕文宣王이라고 불리는 공자
       님을 정점으로 해서 안자, 자사, 증자, 맹자의 4성四聖, 공문10철孔門
       十哲, 송조6현宋朝六賢, 우리나라의 유학자들인 동국18현東國十八賢, 공자
       의 72제자 등을 모셔. 향교의 가장 상급기관이라고 할 수 있는 서울
       문묘와 성균관도 기본적으로는 구조가 같다고 할 수 있지.

아름   그렇게나 많은 분을 모시려면 사당 하나로는 부족하겠어요!

아빠   당연하지. 그래서 향교는 제향공간의 가장 중심위치인 사당에는 공
       자와 4성, 공문10철, 송조6현까지만 모시고, 나머지 선현들은 서

향교를 설명하고 있는 필자

원의 기숙사처럼 사당인 대성전 앞마당에 동쪽과 서쪽에 각각 건물을 짓고 거기다가 모셔. 그리고 대성전 앞의 두 건물은 각각 동무, 서무라고 불러. 또 한 가지! 서원의 사당은 각각 고유한 이름이 있지만 향교는 거의 대성전이야.

엄 마 서원의 사당은 모시는 분이 모두 다르지만, 향교의 사당은 다 똑같아서 그렇군요!

아 빠 응, 그리고 향교의 강학공간은 서원과 거의 비슷해. 가운데 강당을 중심으로 동재와 서재가 있어. 그리고 강당 이름도 서원은 각각 고유한 이름이 있지만, 향교는 거의 명륜당이야.

아 름 향교는 사당과 강당에서도 서열이 확인 돼요! 건물의 서열인 전, 당, 합, 각, 재, 헌, 루, 정에서 알 수 있듯이 사당은 이름이 '전'으로 끝나고, 강당은 이름이 '당'으로 끝나니깐 사당의 서열이 더 높아요!

엄 마 성균관대학교가 있는 동네가 명륜동인 것도 성균관대학교 내에 공자님을 모신 문묘가 있어서 그렇군요!

아 빠 당연하지, 서울뿐만 아니라 안성, 원주, 안동, 목포, 부산에도 명륜동이 있는데 그 지역에 향교가 있었기 때문에 붙여진 이름이야. 또한, 향교가 있었던 지역에 붙여지는 또 다른 이름이 있는데 바로 '교동'이야.

아 름 아빠, 그런데 향교의 대성전에는 공자와 4성, 공문10철, 송조6현까지만 모시고, 정작 우리나라의 동국18현은 그 앞에 있는 동무와 서무에 모신다는 점이 너무 불공평한 생각이 들어요.

아 빠 그래서 광복 후에 전국유림대회의 결의를 통해서 성균관대학교 내 서울 문묘 대성전에는 원래 모셔져 있던 공자와 4성, 공문10철, 송조6현에다가 우리나라의 동국 18현까지만 추가로 모시고, 동무와 서무는 모두 비워둔 채로 나머지 72제자 등의 위패를 땅에 묻어 버렸어.

호 림 그건 참 잘한 일 같아요.

도봉서원의 핵심건물 세부구조

아 빠 도봉서원 복원조감도를 다시 한 번 살펴볼까? 담장으로 구획된 부분이 크게 2개인 것 보이지? 뒤쪽에 있는 작은 구획이 제향공간이고, 앞쪽에 있는 큰 구획이 강학공간이야. 마치 궁궐이 행각으로 구분된 것과 비슷하게 생겼지? 제향공간의 중심에는 사당인 정로사靜老祠가 있어. 저곳에 조광조와 송시열의 위패를 모셨어. 그런데 정로사라는 이름에서 우리는 이 사당이 처음에는 조광조만을 모신 것을 알 수 있어. 왜냐하면, 조광조의 호가 정암靜庵이었거든. 정암이라는 어른을 모신 사당이라는 뜻이야.

아 름 그럼 송시열을 모신 사당에는 어떤 이름이 붙었어요?

아 빠 송시열을 모신 사당은 전국에 무려 30곳이 넘었어. 그만큼 조선후기에 우암이 유학자로서 차지하는 비중은 대단했고 나라에서 가장 큰 유학자라는 뜻으로 대유大儒라고 불렸어. 여주에도 우암 송시열을 모신 사당이 있었는데 그런 뜻에서 대로사大老祠라고 불렸어. 이 도봉서원 역시 초기에는 정암 선생만을 모시다가 후기에 우암 선생까지 함께 모신 것 같아. 한편, 정로사 앞쪽에는 사당의 주출입문(내삼문)이 있는데, 이름이 유도문由道門이야. 도학道學 즉, 성리학이 이곳에서 유래했다는 것을 뜻해. 도학정치를 내세운 조광조와 딱 맞아떨어지는 이름이지.

엄 마 그 앞에 동재와 서재가 마치 대칭적인 모양으로 서로 마주 보고 있어요. 동재의 이름이 의인재, 서재의 이름이 습시재네요.

아 빠 한자로는 동재는 의지할 의, 어질 인, 집 재를 써서 의인재依仁齋이고, 서재는 익힐 습, 때 시, 집 재를 써서, 습시재習時齋야.

아 름 아, 이것도 음양오행이 숨어 있구나! 동재의 이름인 의인재에서 어질 인자가 들어간 것은 동쪽을 가리키기 때문이에요. 마치 동대문이 흥인지문인 것처럼요! 그런데 서재의 이름은 음양오행으로 안 풀리네요….

아 빠 아름이가 그 정도 알아낸 것도 훌륭한 거야. 서재의 이름인 습시재는 논어의 첫 구절에서 따 왔어. 논어의 첫 구절은 너무나도 유명한 데 "자왈 학이시습지 불역열호子曰 學而時習之 不亦說乎"야. 우리말로 해석하면, "공자가 말씀하시길, 배우고 때때로 익히면 기쁘지 아니한가!"라는 뜻이야. 여기서 때때로 익힌다는 뜻의 시時와 습習를 따온 거지. 너희가 알고 있는 학습學習이란 말도 다 여기서 나온 말이야.

호 림 학습지는 지긋지긋해요!

아 름 그런데 동재와 서재에 왜 배운다는 학學자는 쓰지 않았을까요?

엄 마 배우는 곳은 강당이야. 동재와 서재는 강당에서 배운 것을 익히는 곳이란다.

아 빠 가운데 가장 큰 건물이 강당인 계개당繼開堂이야. 향교 같았으면 명륜당이라고 했겠지? 계개당이라는 이름은 '대학장구서大學章句序'에서 '가신 성인을 이어서, 오는 후학을 열어준다'는 뜻의 계왕성개래학繼往聖開來學과 '근사록近思錄'에서 '가신 성인을 위하여 끊어진 학문을 잇고, 만세를 위하여 태평성대를 연다'는 뜻의 위거성계절학 위만세개태평爲去聖繼絶學, 爲萬世開太平의 구절에서 따온 것이라고 해. 지금까지 살펴본 건물들이 서원의 가장 핵심적인 건물들이고 나머지 건물들은 부수적인 역할을 하는 건물들이야.

도봉서원의 부속건물 세부구조

아 빠 강당의 앞쪽으로 좌우편에 두 개의 건물이 있어. 동쪽에 있는 건물은 보통 집모양의 건물인데 이름이 광풍당光風堂이고, 서쪽에 있는 건물은 누각형식인데 이름이 제월루霽月樓야.

아 름 아, 광풍제월!

아 빠 그렇지. 보다시피 광풍당은 보통 집의 구조이고 제월루는 누각의 구조야. 따라서 광풍당의 주 용도는 밤에 사람이 잠을 자는 용도로 쓰였고 제월루는 낮에 주변 풍광을 즐기면서 공부를 하던 곳이야. 그런데 옛날 기록을 보면 제월루는 베게 침, 흐를 류자를 써서 침류당枕流堂이라도 불렸던 모양이야.

엄 마 흐르는 시냇물을 베게 삼은 집이라… 참 시적인 이름이에요!

아 빠 유도봉기遊道峯記라는 기록에는 광풍당에 대한 이런 구절이 있어. '날이 저물어 너럭바위에서 각기 술을 한 잔씩 마시고 서원으로 돌아와 글을 읽으려고 하는데 선비들이 몰려들어 수용하지도 못할 지경이었다. 그런데 남쪽 모퉁이에 있는 침류당은 적적하고 사람소리가 없었다. 이에 이상히 여겨 물어보니 서원의 건물 가운데 광풍당은 고직사(서원관리사무소)와 거리가 아주 가깝고, 거처와 음식이 편리한 까닭에 선비들이 다투어 거처하려고 합니다. 그런데 침류당(제월루)의 경우에는 가장 구석지고 여러 재실들과 멀리 떨어져 있어 음식도 싸늘해서 먹기 곤란하고 더구나 건물도 높아서 찬

기운이 사람을 힘들게 하니 글을 읽는 선비들이 거처하려고 하지 않습니다.'

호 림 당연하죠. 밤에 따뜻한 방을 놔두고 누가 난방도 안 되는 누각에서 잠을 자겠어요?

아 빠 서원 출입문 바로 옆에 있는 큰 건물은 서원에서 서책과 목판을 보관하는 곳인 존경각尊經閣이야. 책과 목판은 습기로부터 보호받아야 하기 때문에 누각형태로 만들었어. 조선왕조실록을 보관하던 사고를 모두 누각형태로 지은 것도 마찬가지 이유야. 그리고 서원의 주출입문은 영귀문詠歸門인데, 읊을 영, 돌아올 귀자를 썼어. 다른 사적지에 있는 문의 이름 중에도 영귀문이라는 이름이 자주 보이는데, 무슨 뜻인지 알겠어?

아 름 읊으면서 돌아오는 문? 도대체 무슨 뜻일까?

호 림 아빠, 너무 어려운 문제인데, 힌트를 좀 주셔야죠.

아 빠 내가 이 도봉서원으로 오면서 이미 설명한 내용 속에 들어있어. 특히 무우대舞雩臺 와도 관련이 깊어. 그래도 모르겠어?

아 름 무우대라면….

엄 마 기수沂水에서 목욕하고, 무우舞雩에서 바람 쐬고 노래를 읊으며 돌아오겠다던 것 생각 안나니?

아 름 아하! 노래를 읊으며 돌아온다를 한자로 하면 영귀문詠歸門이구나!

1984년 12월 24일 중요민속자료 제208호로 지정되었다. 원형을 비교적 잘 간직하고 있는 조선 후기 연못이다.

1728년(영조 4) 이인좌의 난 때 의병을 일으켜 큰 공을 세움으로써 양무원종훈일등공신에 오른 주재성(周宰成)의 덕을 칭송하고 높은 뜻을 기리기 위하여 난이 평정된 뒤 도내 사림의 공의로 그의 생가 한쪽 편에 만든 것이다. 이 연당을 이름하여 '국담'이라 하였는데 주재성의 호는 이에 연유한다.

연당은 직사각형으로 그 한가운데 당주(當洲)가 있는데 봉래산(蓬萊山)을 연상시키는 가산(假山)이다. 주위에는 호안(護岸)을 쌓고 북쪽에 하환정(何換亭), 풍욕루(風浴樓)를 지었다. 하환정은 정면 2칸, 측면 2칸 규모이고 연당 쪽으로 난간을 설치하였다. 마루는 고설(高設)하지 않고 그저 사기(四起)한 정도이다. 홑처마의 기와로 된 팔작지붕이다. 풍욕루는 댓돌을 높이 쌓고 앞뒤 퇴가 있는 3칸 규모이며 역시 홑처마의 기와로 된 팔작지붕이다. 이들은 1984년에 정화 보수하였다.

무기연당의 무기(舞沂)는 공자와 증점과의 고사에서 나오는 무우대와 기수를 각각 의미하며, 풍욕루역시 같은 고사에서 나온 말이다.

한편, 연당 서쪽에는 영귀문(詠歸門)이라는 일각문이 있고 서쪽에는 1745년에 건립된 충효사(忠孝祠)가 자리 잡고 있다.

함안 무기연당

제19구간 방학동길
제20구간 왕실묘역길

무수골

우이우이령길 입구

연산군 묘

정의공주 묘

정의공주 묘

tip 정의공주의 묘는 개인사유지이므로 근접답사가 어렵다.
하지만 담장이 낮아서 주변에서 내부를 쉽게 들여다 볼 수는 있다.

고려 및 조선시대 조혼의 풍습

→ 정의공주 묘소 입구

정의공주 묘

아 빠 이곳은 세종 임금의 둘째 딸인 정의공주와 그녀의 남편인 양효공 안맹담의 묘야. 두 사람 모두 1415년에 태어났고, 1428년에 결혼을 했어.

아 름　예? 그렇다면 제 나이인 겨우 만 13살에 결혼을 했다고요? 난 겨
　　　우 중학교 1학년인데...

엄 마　옛날에는 어린나이에 일찍 결혼하던 조혼(早婚) 풍습이 있었단다.

아 빠　우리나라에서 조혼 풍습이 시작된 것은 고려후기에 원나라에서 공
　　　녀貢女를 바치도록 요구했기 때문이야.

호 림　공녀가 뭐예요?

아 빠　공녀는 공물貢物로 바쳐진 여자야. 처음에는 공녀들을 원나라가 정
　　　벌한 중국변방지역 귀순 병사들의 아내로 삼기도 했지만, 차차 공
　　　녀들의 대부분은 궁녀가 되었거나 귀족집안의 첩, 일꾼으로 배치되
　　　었어. 그런데 궁녀가 된 공녀 중에는 황제의 사랑을 받아서 황후皇
　　　后의 자리까지 차지한 경우도 있었어.

엄 마　아, 기황후奇皇后 말이군요!

아 빠　그렇지. 기황후는 행주기씨 기자오奇子敖의 딸이었는데, 공녀로 차출
　　　되어서 원나라 궁중에서 시중을 드는 궁녀로 있다가, 원나라 황제
　　　인 순제의 눈에 들어 제2황후가 된 인물이야. 게다가 황태자까지
　　　낳고, 한 때는 원나라 조정의 실권을 장악하기도 했어. 아무튼 빈
　　　번한 공녀 징발로 인해서 고려의 민간에서는 조혼早婚하는 풍속이
　　　생겨났는데, 그 이유는 공녀를 처녀 중에서 선발하였기 때문이야.

아 름　공녀제도는 언제까지 지속이 되었나요?

아 빠　중국에서는 원나라의 뒤를 이어 명나라가 들어섰어. 하지만, 명나
　　　라조차 비록 규모를 많이 줄이기는 했어도 공녀를 계속 요구해 왔
　　　고, 이 공녀제도는 중종 16년인 1521년이 되어서야 끝이 났어. 그런
　　　와중에 기황후의 경우와는 정반대로 비극적인 최후를 맞은 공녀도
　　　있었는데, 조선에서 공출되어 영락제의 후궁이 된 공헌현비 한씨韓

^氏가 그 주인공이야.

호 림 영락제라는 황제의 후궁까지 되었으면 잘 된 경우가 아닌가요?

아 빠 중국은 명나라 때까지도 왕이나 귀족들이 죽으면 살아 있는 그의 아내나 신하들 또는 노비들을 죽여서 함께 묻었던 순장제도라는 비인간적인 제도가 있었어. 그런데 1424년 명나라의 제3대 황제인 영락제가 죽자, 후궁 등 30여 명이 순장되었는데, 그때 공헌현비 한씨도 포함되었어. 공헌현비가 누구냐 하면 영의정으로 추증 받은 한영정의 딸이자, 인수대비의 아버지이며 좌의정까지 오른 한확의 누이였어. 그런데 바로 그 한씨 집안에 비극이 또 발생했어. 공헌현비의 순장 이후에, 맏언니에 이어서 한확의 막내 여동생마저도 명나라에 공출녀로 차출되어 나간거야.

엄 마 좌의정을 지낸 사람의 누이와 누이동생을 공녀로 차출할 정도라면 당시 조선의 지배계층은 스스로 타의모범을 보인 셈이네요. 요즘 사회지도층은 자식을 군대에 안 보내려고 별 짓을 다하는데….

뱀의 발 세종실록 36권, 9년(1427 정미 / 명 선덕(宣德) 2년) 5월 1일(무자) 4번째 기사

진헌할 처녀로 간택된 한영정의 막내딸이 혼수로 준비했던 재물을 나눠 주다

처녀 한씨(韓氏)는 한영정(韓永矴)의 막내딸이다. 맏딸은 명나라 태종 황제의 궁에 뽑혀 들어갔다가, 황제가 죽을 때에 따라 죽었으므로, 창성(昌盛)이 또 막내딸이 얼굴이 아름답다고 아뢰었으므로, 와서 뽑아 가게 되었는데, 병이 나게 되어 그 오라비 한확(韓確)이 약을 주니, 한씨가 먹지 않고 말하기를, "누이 하나를 팔아서 부귀가 이미 극진한데 무엇을 위하여 약을 쓰려 하오."하고, 칼로 제 침구(寢具)를 찢고 갈마두었던 재물을 모두 친척들에게 흩어 주니, 침구는 장래 시집갈 때를 위하여 준비했던 것이었다.

處女韓氏, 永矴之季女也。 長女選入太宗皇帝宮, 及帝崩殉焉。 昌盛、尹鳳又奏季女貌美, 故來採之。 及有疾, 兄確饋藥, 韓氏不服曰: "賣一妹, 富貴已極, 何用藥爲?" 以刀裂其寢席, 盡散臧獲家財於親戚。 寢席, 將嫁時所備也

공녀제도가 끝난 이후에도 조혼 풍습은 계속되었다

아 름 그렇다면 공녀제도가 끝난 다음에는 조혼 풍습이 완전히 없어졌나요?

아 빠 아니야. 그 이후로도 조혼 풍습은 계속 이어졌어. 조선사회는 가부장제 농경사회였기 때문에 자녀를 빨리 결혼시켜서 자손을 많이 얻고 가족을 안정시키려는 경향이 강했어. 옛날에는 사람이 곧 경제력, 즉 노동력이었거든.

엄 마 영화나 드라마를 보면 꼬마신랑이 누나뻘인 신부와 혼례를 치르던 장면이 간혹 있던데, 조혼에서 그런 경우가 흔했나요?

아 빠 응, 그 경우를 조혼의 특징인 부장부유婦長夫幼라고 부르는데 부인이 나이가 많고 남편이 어리다는 뜻이야. 조혼은 신랑이 10세 전후이기 때문에 아직 사춘기가 되지 않아서 여자를 모를 때고, 신부는 15세 전후로 사춘기를 지났기 때문에 이미 이성을 알 때야. 그래서 그런 사례를 에피소드로 해서 영화나 드라마를 만든 것이지.

아 름 신부가 신랑보다 나이가 많은 것은 왜일까요?

아 빠 그 이유는 조선과 같은 농경 사회에서는 며느리를 중요한 노동력으로 생각했기 때문이야. 어차피 할 결혼이라면 한 사람의 노동력이라도 가능한 한 빨리 추가함으로써 그 가족의 경제적인 이익을 도모하고자 하였던 것이지. 특히, 시어머니 입장에서는 며느리에게 집안일을 시킴으로써 자기 자신은 여유를 가지고 편안한 생활을 할 수 있다는 이점이 있어.

엄 마 그래서 고부간의 갈등이 생기는 거예요!

한글창제와 관련된 정의공주의 에피소드

아 빠 또 한 가지 재미있는 것은, 정의공주가 한글창제와도 관련된 일화가 있다는 거야. 정의공주가 시집간 죽산안씨 집안의 족보인 '죽산안씨대동보竹山安氏大同譜'에는 다음과 같은 기록이 있어.

世宗憫方言不能以文字相通 始製訓民正音

세종이 우리말과 한자가 서로 통하지 못함을 딱하게 여겨 훈민정음을 만들었으나,

而變音吐着 猶未畢究 使諸大君解之 皆未能

변음과 토착을 다 끝내지 못하여서 여러 대군에게 풀게 하였으나 모두 풀지 못하였다.

遂下于公主 公主卽解究以進

드디어 공주에게 내려 보내자 공주는 곧 풀어 바쳤다.

世宗大加稱賞 特賜奴婢數百口

뱀의 발 훈민정음 서문

國之語音 異乎中國 與文字 不相流通

　나랏말싸미 듕귁에 달아 문자와로 서르 사맛디 아니할쎄

　나라 말이 중국과 달라서 문자로는 서로 통하지 아니하므로

故愚民 有所欲言 而終不得伸其情者 多矣

　이런 전차로 어린 백성이 니르고져 홀베이서도 마침내 제 뜨들 시러펴디 몯핧 노미 하니라

　이런 이유로 어리석은 백성이 말하고자 하는 바가 있어도 마침내 제 뜻을 나타내지 못할 사람이 많다.

予 爲此憫然 新制二十八字

　내 이랄 위하야 어엿비 너겨 새로 스믈 여듧 짜랄 맹가노니

　내 이를 위하여 딱하게 여겨 새로 스물 여덟 글자를 만드니

欲使人人易習 便於日用耳

　사람마다 해여 수비니겨 날로 쑤메 뻔한킈 하고져 할 따라미니라

　사람마다 하여금 쉽게 익혀서 날마다 쓰기에 편하게 하고자 할 따름이니라.

세종이 크게 칭찬하고 상으로 특별히 노비 수백을 하사하였다.

엄 마 첫 부분이 '나랏말싸미 듕귁에 달아 문자와로 서르 사맛디 아니할
쎄'라고 하는 훈민정음 서문과 비슷하네요?

아 빠 이뿐만 아니라 정의공주는 남편인 안맹담이 먼저 죽자, 남편의 명
복을 빌기 위해서 지장보살본원경地藏菩薩本願經을 간행했는데 이 책은
현재 보물 966호로 지정 되었어.

아 름 정의공주는 문화적 소양이 풍부하신 분이었군요!

정의공주 묘와 의혜공주 묘의 차이점

아 빠 정의공주와 양효공의 묘는 쌍분이 나란히 있고, 그 앞에 대리석으로
된 묘갈이 각각의 봉분 앞에 서 있어. 양효공 안맹담의 묘갈에는 유
록대부 연창위 시양효공 안맹담지묘綏祿大夫 延昌尉 謚良孝公安孟聃之墓라고 쓰
여 있고, 정의공주의 묘갈에는 정의공주지묘貞懿公主之墓라고 쓰여 있어.

정의공주와 양효공의 쌍분

엄 마 보통은 하나의 비석에 부부를 함께 표기하는데, 이곳은 좀 다르군요.

아 름 우리가 얼마 전에 보았던 의혜공주의 묘에는 하나의 비석에 부부를 함께 표기했던 것 같아요.

아 빠 정의공주[1415~1477]와 의혜공주[1521~1563]는 약 100년 정도의 차이가 있어. 따라서 두 무덤을 비교해 본다면 100년 사이에 공주 묘가 어떻게 변화되었는지를 알 수 있지. 우선 비석의 숫자를 보면 정의공주는 부부가 각각 비석을 쓰는 데 비해서 의혜공주는 하나의 비석을 쓰고 있어. 이것은 비석뿐만 아니라 비석 앞에 있는 상석의 숫자도 마찬가지야. 게다가 봉분 앞에 있는 문석인의 경우도 정의공주는 2쌍인데, 의혜공주는 1쌍이고, 문석인의 복식도 정의공주는 복두공복인데 반해서, 의혜공주는 금관조복이야.

양효공 안맹담묘의 비석(왼쪽)과 정의공주 묘의 비석(오른쪽)

정의공주 쌍분, 비석과 상석을 각각 썼다. 문석인은 2쌍이다(위)
의혜공주 쌍분, 비석과 상석을 하나만 썼다. 문석인은 1쌍이다(아래)

정의공주묘의 복두공복인 2쌍의 문석인

엄 마 남편의 비석내용에 시諡라는 글자는 무슨 뜻이에요?

아 빠 그것은 시호를 받았다는 것을 뜻해. 비문의 유록대부 연창위 시양

효공 안맹담지묘綏祿大夫 延昌尉 諡良孝公

安孟聃之墓에서 유록대부는 의빈계

의 정1품 상계에 해당하는 품계

이고, 연창위는 귀족에게 내려주

던 작위의 이름이야. 그리고 '양

호공이란 시호를 받은 안맹담'이

란 사람의 묘란 뜻이지.

엄 마 맨 처음 나오는 글자는 유록대부

가 아닌 수록대부 아닌가요? 한

자사전에도 '편안할 수'라고 되

어 있어요.

의혜공주묘의 금관조복인 1쌍의 문석인

양효안공 신도비의 두전頭篆 읽어보기

아 빠 보통 때는 편안할 수綏자로 쓰
이지만 벼슬 이름을 말할 때
는 '유'자로 읽어야 돼. 이런
식으로 다르게 발음되는 한자
가 여럿 있어. 예를 들어 절
사寺자는 관청을 뜻할 때는 예
빈시禮賓寺 봉상시奉常寺 사복시司
僕寺 할 때처럼 '시'로 읽어. 출
입문의 옆에 있는 양효안공 신
도비는 1466년인 세조 12년
7월에 세운 것인데 화강석 귀

양효안공 신도비 두전

부龜趺 위에 대리석 비석을 세웠고, 그 위에는 한가운데에 여의주
를 놓고 쌍룡雙龍을 틀어 조각한 이수螭首가 올라가 있어. 두전을 읽
어 볼래?

호 림 두전이 뭐예요?

엄 마 두전頭篆은 비석 몸체의 머리 부분에 돌려가며 쓴 전자체篆字體의 제목
을 말하는데 전액이라고도 해. 그런데, 맨 뒷 글자는 묘비인데… 앞
의 네 글자는… 잘 모르겠어요.

아 빠 양효안공良孝安公이야.

엄 마 전서체는 참 읽기가 어려워요. 그래도 막상 결과를 알고 나면 글자
가 만들어지는 원리를 조금 알 수 있어서 재미있기는 해요. 그런데
아래쪽에 있는 무덤은 누구의 무덤이죠?

양효안공 신도비

방학동길과 왕실묘역길

조선의 지방행정 조직은
조선8도 아래에 '부, 목, 군, 현'이 있었다

아 빠 후손인 안종해의 무덤인데, 청주목사를 지냈다고 해.

호 림 조선시대에도 교회와 목사가 있었어요?

아 빠 그런 목사가 아니라 조선의 지방행정 구역인 부, 목, 군, 현에서 목
의 최고 책임자인 정3품 관직을 말하는 거야. 조선은 지방을 크게
8도로 나눈 뒤에 그 아래에 지방행정 구역을 각 고을의 크기와 중요
도에 따라서 부^府 – 대도호부^{大都護府} – 목^牧 – 도호부^{都護府} – 군^郡 – 현^縣으
로 나누고, 그 고을의 최고 책임자를 각각 부윤^{府尹} – 대도호부사 –
목사 – 도호부사 – 군수 – 현감으로 불렀어.

아 름 가장 큰 것이 부예요? 그럼 서울도 옛날에는 부였겠네요?

엄 마 그럼. 서울의 옛 이름은 한성부였단다. 그래서 조선시대에는 서울
시장을 한성부윤이라고 불렀지.

안종해의 묘

아 빠 안종해의 비석에는 통훈대부 청
주목사 죽산안공종해지묘, 숙인
파평윤씨부 通訓大夫 淸州牧使竹山安公宗海之
墓 淑人坡平尹氏祔 라고 쓰여 있어.

엄 마 목사는 정3품이라고 했는데 당
상관이 아니군요?

아 빠 내가 자료를 살펴보니 같은 목사
라 하더라도 지방에 따라서 정3
품 당상관인 목사도 있는 반면
에, 당하관인 목사도 있었나봐.
아마도 지방에 따라 각각의 특수
성을 반영한 것으로 보여.

안종해묘의 비석

뱀의 발 조선시대 서울시장은 한성부 판윤(判尹)? 부윤(府尹)?

1394년 개성에서 한양으로 수도를 옮기고 수도의 명칭을 한양부(漢陽府)라 하였으며, 한양부를 관할
하는 총책임자를 판한양부사(判漢陽府事)라 하였다. 그리고 1395년 한양부를 한성부라 개칭하고 판
한양부사를 판한성부사로 개칭하였다. 1469년 한성부의 관제를 개혁하여 판한성부사를 판윤(判尹)으
로 개칭하였다. 판윤 밑에 좌윤(左尹)과 우윤(右尹)을 두었다.

1894년 관제개혁에 따라서, 판윤을 부윤(府尹)이라 하였고, 1895년 한성부를 한성군(漢城郡)으로
격하하여 이의 책임관은 참사관(參事官)이라 하였다. 1896년 다시 전국의 지방제도를 개정할 때 한성
군을 한성부로 격상하였고 총책임자를 다시 판윤으로 하였다.

1905년 일제의 침략으로 통감부(統監府)가 설치되고 모든 관제가 개정됨에 따라서 한성부의 책임자
를 윤(尹)이라 하였다가 1907년에는 윤(尹)을 다시 부윤(府尹)이라 하였고, 1910년 일제의 조선침
략으로 조선왕조가 멸망함에 따라서 수도 한성부의 명칭도 없어졌고 한성부의 총책임관이었던 한성부
부윤(府尹)의 명칭도 없어졌다.

연산군 묘

 연산군 묘 입구

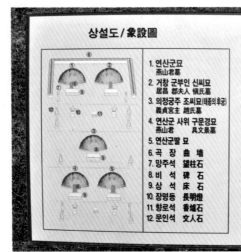

연산군 묘 안내판

뱀의 발 연산군 묘 관람시간 및 관람요금 (연산군 묘는 정릉관리소에서 관리하고 있다)

o 관람시간: 하절기(3월~10월) 09:00~18:30 / 동절기(11월~2월) 09:00~17:30
o 관람요금: 무료
o 연산군 묘 오시는 길
  - 연산군 묘 위치: 서울 도봉구 방학동 산77번지
  - 1호선, 4호선 창동역(1번 출구): 1161번, 1144번 버스 승차, 연산군 묘, 정의공주 묘 하차
  - 4호선 쌍문역(2번 출구): 130번 버스 승차, 연산군 묘, 정의공주 묘 하차

연산군 묘는 강화도에서 이장해 왔다

아 빠 이곳이 그 유명한 폭군의 대명사, 연산군의 묘야. 조선 제10대 국왕인 연산군^{1476~1506}은 즉위 초기에는 비록 짧은 기간이라도 꽤 정치를 잘 했는데 무오사화와 갑자사화를 일으키면서 수많은 사람을 죽이고 폭정을 일삼는 등 악행을 저질러서 결국 중종반정으로 쫓겨나게 되었어.

엄 마 쫓겨난 왕이라도 비록 규모는 작지만, 무덤만큼은 제대로 만들어 줬나 보네요.

아 빠 연산군의 묘가 처음부터 이렇지는 않았어. 연산군은 중종반정으로 쫓겨난 뒤, 1506년에 강화도에 유배를 가서 겨우 두 달 만에 그곳에서 병사했고 당연히 그 곳에 무덤을 만들었어. 이곳으로 연산군 묘가 옮겨온 것은 한 때 연산군의 왕비였던 폐비(거창군부인) 신씨가 강화도에 있던 연산군 묘를 한양으로 이장해 줄 것을 조정에 요청해서 1513년에 원래 이곳에 있었던 의정궁주^{義貞宮主} 조씨^{趙氏} 무덤 위쪽에 묘를 쓰게 된 거야.

아 름 의정궁주요? 궁주^{宮主}는 또 뭐죠?

호 림 공주를 잘못 쓴 것이 아닌가요?

아 빠 궁주는 고려시대 후궁이나 공주를 일컫던 칭호의 하나였어. 조선 초기에도 이런 관행이 잠시 남아 있다가 왕의 딸은 공주나 옹주로 명칭이 바뀌었는데, 아직 왕의 후궁은 궁주로도 불렸어. 의정궁주 조씨는 태종의 후궁으로 간택되자마자 곧 태종이 사망하는 바람에 '숙원'이니 '숙용'과 같은 내명부 첩지를 정식으로 받지 못하고 단지 궁주의 작호만 받았어. 따라서 승은도 입지 못하고 후사도 없었

지. 원래 이 땅은 세종의 넷째 아들인 임영대군의 땅이었는데 후
사가 없는 의정궁주의 제사를 임영대군이 맡으라는 왕명이 있어서
1454년에 이 자리에 의정궁주의 묘를 쓰게 된 거야.

엄 마 그럼 이 묘역이 만들어진 순서는 의정궁주가 가장 먼저이고, 그 다
음이 연산군 묘가 이장을 해 왔군요? 그런데 연산군 묘를 하필이면
왜 이곳으로 이장해 왔나요?

아 빠 거창군부인 신씨의 오빠는 신수근이고, 아버지는 신승선이었는데,
신승선은 임영대군의 딸과 결혼했어.

아 름 그렇다면 거창군부인 신씨는 임영대군의 외손녀로군요!

맨 위로부터 연산군과 거창군부인신씨, 의정궁주, 연산군의 사위와 딸의 묘 순이다.

아 빠 　그렇지. 연산군 묘가 이곳으로 이장된 뒤, 1524년에는 연산군의 딸 과 사위의 묘도 이곳에 조성되었고, 1537년에는 거창군부인신씨의 묘가 마지막으로 이곳에 들어섰어.

뱀의 발 　누이가 중요한가? 딸이 중요한가?

중종반정 전날 밤, 전 중추부사 박원종이 신수근의 집에 당도했다. 그는 신수근에게 반정의 당위성을 알리고 협조를 구하려고 했다. 도대체 신수근이 누구길래, 반정군이 그에게 도움을 요청한 것인가? 신수근의 여동생은 연산군의 왕비였고, 동시에 신수근의 딸은 당시 진성대군(훗날 중종)의 부인이었 다. 따라서 연산군의 처남이자 중종의 장인이 된다. 연산군의 폭정에 동조하여 권세를 누린 임사홍에 비해, 신수근은 높은 벼슬을 거부해서 조야에서는 명망 있던 인물 중에 한 명이었다. 더구나 신수근은 연산군의 깊은 총애를 받고 있었던 인물이었기 때문에, 그가 협조할 시, 반정군이 궁궐에 무혈 입성하 는 건 기정사실화되어 있었다.

하지만, 박원종은 신수근이 누구 편에 설지 확신이 없었다. 그렇다고 반정사실을 대놓고 이야기하기 도 어려웠다.
그래서 박원종이 교묘하게 한 마디를 물었다.
"그대는 누이가 중요한가? 딸이 중요한가?"
신수근은 그 뜻을 금방 알아차렸다. 그리고는 다음과 같이 말했다.
"비록 지금 임금이 포악하다고 하나, 세자가 총명하니, 걱정할 수 없다."

신수근의 선택에 따라서 어떻게 보면 조선의 역사가 뒤바뀔 수도 있었던 사건이었다. 그의 말을 들은 박원종은 기밀이 새어나갈 것을 우려한 나머지, 그를 죽이게 되었다.

의정궁주 묘가 사각형인 이유

호 림 아빠, 그런데 의정궁주의 무덤은 둘레가 사각형인데, 다른 무덤들은 모두 원형이에요. 왜 그렇죠?

아 빠 오, 호림이도 제법 관찰력이 있는 걸? 우리나라의 전통장묘법은 시대에 따라서 약간

둘레가 사각형인 의정궁주 묘

씩 다른 점이 있어. 특히, 불교가 성행하던 고려시대와 유교가 성행하던 조선시대 장묘법의 큰 차이점 중의 하나가 무덤의 외형이야. 왕릉을 제외하고, 고려시대의 무덤은 사각형이 많은 반면에, 조선시대로 들어오면서 사각형 무덤이 점점 원형으로 바뀌게 돼. 조선 초기에는 아직 고려의 관습이 많이 남아 있어서 사각형의 무덤이 많은데 의정궁주도 조선초기의 사람이라 무덤이 사각형인 듯해.

엄 마 고려시대의 사람인 최영 장군의 묘도 둘레가 사각형이란다.

아 름 묘 앞에 놓인 시설물 중에서 가운데 등받이 없는 원형의자처럼 생긴 돌이 있는데 저건 뭐예요?

아 빠 그것은 향로를 올려놓는 향로석이야. 원래 왕릉에서의 제사는 왕릉 바로 앞에 있는 정자각이라는 건물에서 지내기 때문에 봉분 앞의 큰 돌은 능에 묻힌 혼령이 나와서 자기에게 제사지내는 것을 내려다본다는 뜻으로 혼유석이라고 불러. 하지만 왕릉이 아닌 일반 묘의 경우에는 제사를 봉분 바로 앞에서 지내고 제사음식도 봉분 앞의 상석에 진설해야 하기 때문에 향불을 피울 향로가 필요한 거야.

연산군묘의 향로석

연산군이 갑자기 폭군으로 변한 이유

호 림   아빠, 연산군은 즉위하고 난 뒤 잠시 동안은 정치를 잘하다가 갑자
        기 폭군이 되었다고 했는데, 그 이유가 궁금해요.

아 빠   그 이유는 왕의 권력인 왕권과 신하들의 권력인 신권의 부조화 때문
        이야. 조선은 전통적으로 신권이 강한 나라이기 때문에 역대 왕들
        은 신하들의 벽에 부딪혀서 자신의 뜻을 관철하지 못한 경우가 많
        았어. 그래서 연산군은 집권 초기에 강력한 왕권을 원했던 것 같아.

아 름   맞아요. 사극을 봐도 신하들이 모두 모여서 "아니 되옵니다. 통촉
        해주소서"라고 하면 임금도 어쩌질 못하는 경우를 많이 봤어요.

아 빠   조선은 사헌부司憲府, 사간원司諫院, 홍문관弘文館으로 이루어진 삼사三
        司라고 특유의 관청이 있었는데, 국왕과 국정에 대한 광범위하고 강
        력한 간쟁과 감찰을 기본 임무로 갖고 있었어. 즉, 목숨을 걸고라도
        국왕이 잘못하는 일에 대해서는 비판을 했다는 뜻이야. 그런데 이

삼사의 중요한 직책을 '사림파'가 장악하고 있었어.

엄 마 　이성계가 역성혁명에 성공한 조선 건국 초기에서부터 계유정란으로 조카 단종의 정권을 찬탈한 세조 임금의 시기까지는, 집권사대부의 주류가 정권창출에 공이 많은 공신들로 이루어진 '훈구파'였단다. 그런데 시간이 가면서 점점 공신들의 숫자는 줄어들고, 그 대신 출신지역에 근거지를 두고 성리학으로 무장한 지식인들이 서서히 중앙 정계로 등장하기 시작했는데 그들을 가리켜 '사림파'라고 했어.

아 빠 　그런 사림파가 초기에 집중적으로 중앙정계에 진출한 분야가 바로 삼사三司 등 주로 언론이나 문필 기관의 관직이었어. 그리고 기존 정치세력이었던 훈구파 계열의 비리를 비판하는 언론활동을 활발히 전개하였지.

호 림 　그렇다면, 훈구파와 사림파의 불꽃 튀는 진검승부는 피할 수 없게 되었군요!

연산군묘

무오사화와 갑자사화의 본질은 정권쟁탈전이다

아 빠 그 첫 싸움이 바로 무오사화야. 무오사화의 뜻은 무오년에 사림들
이 화를 당했다는 뜻이지. 아무튼, 첫 싸움에서는 보기 좋게 사림
파가 졌어.

아 름 역사 시간에 사화라는 말을 많이 들었는데 그 뜻이 사림들이 화를
당했다는 뜻이었네요. 아빠처럼 쉽게 설명해 주면 역사도 참 재미
있을 텐데, 왜 무조건 외우라고만 하는 건지… 어쨌든, 무오사화의
자세한 내용이 궁금해요.

아 빠 이극돈, 유자광 등 훈구파들은 정권을 독차지하기 위해서 반대파인
사림파를 제거할 계획으로 1498년 '성종실록'을 편찬할 때, 사림
파 김일손이 사초에 삽입한 김종직의 조의제문弔義帝文이 세조가 단
종으로부터 왕위를 빼앗은 일을 비방한 것이라고 하면서 연산군에
게 고발했어.

엄 마 조의제문은 쿠데타를 일으킨 항우에게 살해당한 중국 초나라의 의
제義帝를 추모하는 글이었는데, 결국 연산군의 증조할아버지인 세조
를 비판한 글이야.

아 빠 그렇지 않아도 삼사를 장악하고 사사건건 국왕에 대한 견제와 비판
을 해온 사림파가 눈엣가시였던 연산군은 이 기회에 사림파를 제거
하고 강력한 왕권을 확립하려고 했어. 그래서 실록 제작에 직간접
적으로 관여한 사림파를 선왕을 능멸한 죄로 처단했어. 이렇게 해
서 국왕에 대한 견제세력의 중추역할을 담당했던 사림파가 힘을 잃
자, 연산군은 강력해진 왕권을 국정개혁 등 건설적인 부분에 사용
한 것이 아니라, 방탕한 생활과 개인적인 욕망을 채우는 데 썼어.

예를 들면 전국에서 미녀들을 선발해서 궁중에서 흥청이라는 이름을 붙인 뒤에 각종 연회를 열어서 놀아났고, 사냥에 빠져서 곳곳에 출입을 금하는 금표를 설치하고, 금표안의 모든 민가를 철거시키는 일을 저질렀어.

엄 마 흥청망청이라는 말은 연산군이 홍청들을 데리고 연회에서 놀던 것을 가리키는 말에서 유래가 되었고, 연산군이 설치한 금표 중 하나는 아직도 고양시 대자동에 남아 있단다.

아 빠 무오사화의 결과는 과도한 재정지출에 따른 국가경제의 파탄으로 이어졌어. 이때까지만 해도 사림파만 화를 입었고 훈구파는 정치적인 이득을 보았어. 하지만 국가재정이 바닥을 드러내자 연산

연산군시대금표비

군은 훈구파의 재산까지도 몰수하려고 했어. 그 와중에 훈구파 내부의 세력다툼에서 밀린 임사홍이 연산군의 생모였던 폐비윤씨가 사사당한 사실을 고해바쳤고, 연산군은 그것을 빌미로 폐비사건에 조금이라도 관여한 자를 색출해서 임사홍 일파를 제외한 훈구파와 사림파 모두를 대상으로 또 한 번 사화를 일으켰어.

엄 마 그 사화를 갑자년에 일어났다고 해서 갑자사화라고 부른단다.

연산군에 대한 재평가가 필요한 이유

아 빠   연산군은 폐비윤씨를 복위하려고 했지만 당시 사림파는 폐비의 일은 절대 입 밖에 내지 말라는 성종의 유지를 주장해서 폐비의 복위를 반대했고, 연산군의 친할머니인 인수대비 역시도 극력 반대했어. 그렇지만 연산군은 인수대비와 다투다가 머리로 인수대비를 들이받았고 그 후유증으로 인수대비는 며칠 뒤에 사망했어. 그리고 폐비 사태를 주도했던 모든 인물에게 죽음보다 더 심한 고통을 주었어.

엄 마   심지어 한명회 등 이미 죽은 사람들조차 관을 파내고, 시신을 참수하는 부관참시를 했단다.

아 빠   연산군은 인수대비의 초상 때에도 정상적으로 3년 상을 치르지 않고 이일역월제以日易月制, 또는 역월지제易月之制라고 해서 하루를 한 달로 계산하고, 3년 상 대신 25일상을 치르는 단상제短喪制를 단행해서 만인으로부터 지탄의 대상이 되기도 했어. 하지만 이런 연산군에 대한 종합적인 평가의 일부에는 실제 있었던 사실과는 달리 정치적으로 이용된 부분도 많은 것 같아.

아 름   그 모든 것이 역사에 기록된 사실이 아닌가요?

아 빠   역사는 승자의 기록이라는 사실에 유념해야 돼. 따라서 객관적인 사료를 바탕으로 연산군에 대한 적절한 재평가가 이루어져야 할 필요가 있어. 예를 들면, 중종실록에는 연산군이 사냥과 유흥의 목적으로 민가를 철거하였다는 기록이 있지만, 연산군일기 9년 11월 2일자 등의 기사에서는 연산군이 민가를 철거한 목적이 국법에 따라 궐담 100척 이내에 있는 민가만 철거하라고 명했고, 그것도 소정의 보상금을 지급하고 또한 장차 다시 집을 세울 터까지 제공하라고 했어.

엄 마 중종실록의 기록은 반정세력의 정권탈취에 대한 정당성을 위해 연산군을 이용한 듯 하군요.

아 빠 또한 연산군이 사헌부, 홍문관, 성균관 등을 기생들이 있는 집단으로 바꾸었다고 하는 기록도 있는데 이 기생들은 원래부터 존재하던 가무악단이었어. 큰어머니인 월산대군의 부인 박씨를 겁탈했다는 이야기도 떠돌고 있지만, 박씨는 당시로는 노인 대접을 받던 50대였고 연산군은 혈기왕성한 20대의 나이였기 때문에 이런 이야기 역시 반정세력이 자신들의 정당성을 내세우기 위해 조작된 것이라고 보여.

아 름 아빠 말씀을 듣고 보니 우리 역사는 그냥 무조건 외워서 될 것이 아니네요?

호 림 그렇다고 별다른 뾰족한 방법이 있는 것도 아닌데….

아 빠 이렇게 하면 되겠구나! 너희들은 학교에서 배우는 역사를 일단 받아들이되, 그 자체가 진실이 아니라 승자들의 일방적 주장이라고 생각하면 돼. 그리고 나중에 너희들이 성인이 된 다음에 시간적인 여유가 생기면 다시 한 번 우리 역사를 공부하되, 시험의 관점이 아닌 우리의 정신적 자산을 풍요롭게 하는 인문학의 관점에서 주체적으로 접근을 해 봐.

엄 마 나도 대학시절 읽었던 교양서 에드워드 카[E. H. Carr]의 '역사란 무엇인가[What is history?]'를 다시 한 번 읽어 봐야겠어요.

장녹수(張綠水, ?~1506)는 연산군의 후궁이다.

아버지는 충청도 문의현령을 지낸 장한필이고 어머니는 첩이었다. 그 때문에 녹수는 성종의 종제인 제안대군의 노비로 살아야 했다. 노비라는 신분적인 한계, 그리고 첩의 자식이란 것 때문에 항상 불행한 삶을 살아야 했던 그녀는 몸을 파는 일도 했고 제안대군의 가노와 결혼해 아들을 낳기도 했다.

그렇게 뛰어난 미색은 아니었으나, 가무(歌舞)를 비롯한 다방면의 예술분야에 천재적인 재능을 겸비하여 그 소문이 자자했다. 연산군은 그 소문을 듣고 녹수를 입궐시켜 숙원에 봉하고 항상 그녀와 함께 했으며, 1503년에는 숙용에 봉하게 된다.

왕의 총애를 바탕으로 그녀의 오빠 장복수와 그의 아들을 양인의 신분으로 올려놓게 된다. 그러나 권력을 함부로 남용하여 백성들의 원성이 하늘을 찔렀으며, 이는 연산군이 몰락하게 되는 하나의 원인이 되었다. 결국, 그녀는 1506년 음력 9월 2일, 중종반정으로 그 영화의 빛이 바래고 만다.

장녹수의 최후는 비참하였다. 반정이 성공하고 연산군이 폐위된 후, 반정군들에게 붙잡혀 군기시 앞에서 참형(斬刑) 되었는데, 수많은 사람들이 참수당한 그녀의 시체에 돌을 던지며 욕설을 퍼부었다.

(자료출처: 위키백과)

이미지 출처

*본 책을 위하여 사진촬영에 적극 협력해 주시고
또한 귀한 사진자료들을 기꺼이 제공해 주신 데
진심으로 깊은 감사를 드립니다.